Network Advertising

网络广告学

（第三版）

3rd Edition

刘 勇 主 编

林红珍 副主编

21世纪高等院校市场营销专业规划教材

▶ 国家级一流本科专业建设点教材

东北财经大学出版社 大连
Dongbei University of Finance & Economics Press

U0648962

图书在版编目（CIP）数据

网络广告学 / 刘勇主编 . —3 版 . —大连：东北财经大学出版社，2024.5
（21世纪高等院校市场营销专业规划教材）
ISBN 978-7-5654-5225-3

Ⅰ . 网… Ⅱ . 刘… Ⅲ . 网络广告–高等学校–教材 Ⅳ . F713.852

中国国家版本馆CIP数据核字（2024）第 071867 号

东北财经大学出版社出版
（大连市黑石礁尖山街217号　邮政编码　116025）
网　　　址：http://www.dufep.cn
读者信箱：dufep@dufe.edu.cn
大连天骄彩色印刷有限公司印刷　东北财经大学出版社发行
幅面尺寸：185mm×260mm　　　字数：308千字　　　印张：16.5
2024年5月第3版　　　　　　　2024年5月第1次印刷
责任编辑：蔡　丽　张晓鹏　　　　　　责任校对：刘贤恩
封面设计：原　皓　　　　　　　　　　版式设计：原　皓
定价：49.00元

教学支持　售后服务　联系电话：（0411）84710309
版权所有　侵权必究　举报电话：（0411）84710523
如有印装质量问题，请联系营销部：（0411）84710711

序言

随着网络的飞速发展，全球的网络广告也迅猛地发展和普及开来，传统企业与传统营销人员都面临着互联网的机遇与挑战。网络广告的迅速发展对中国广告人才市场提出了新的需求。为了适应新形势，国内高校的广告学、电子商务等专业也相应调整并完善了课程设置。为满足教学需求，我国出版了众多版本的网络广告学教材。这些教材主要可以归为两类：一是传播类；二是电子商务类。

传播类的教材比较典型地按照传统广告学的思路设置其结构，重点介绍广告学的基本概念与相关理论，内容系统全面，观点清晰明确。虽然名称为"网络广告学"，却很难体现出互联网背景的特殊性，某些章节内容与市场营销的其他课程存在过多的交叉与重复，且对增强学生实际能力的实训、实践环节关注不够。电子商务类的教材则太偏重技术，教材里大部分内容都是关于如何使用软件进行网络广告的设计与制作的；虽然也有一部分内容介绍广告理论，却流于空洞，缺乏一定的系统性和应有的理论深度。

本教材在思想观念上以培养高质量的集网络广告策划、设计、评估于一身的复合型营销人才为目标来设计教材结构与内容，从市场营销、工商管理和传播学的视角来进行编写，同时结合了互联网媒介的特殊性，注重把握广告学的基本概念和知识体系；同时，融合了国内外新的理论研究成果，积极总结国内外网络广告的实践经验。

在体系结构上，本教材涵盖了网络广告的基本理论与实际投放两个方面。本教材从理论上介绍了网络广告的发展、基本的网络广告形式、社交媒体广告的特征、网络广告的传播性质等，并通过具体论述网络广告的策划、投放、创意制作和效果评估来提升学生的实操能力，全面阐述了网络广告的诉求、策划、创意、效果、规制等核心环节。

在编写形式上，本教材的各章通过"引例"展开教学内容，并运用大量网络广告案例支撑理论介绍，在有效地调动学生的学习兴趣及积极性的同时，帮助学生切实理解教学内容，并激活学生的创新思维。本教材在每章后配有实际案例分析练习，为学生的自主学习提供了必要条件，增强学生的实操能力。同时，本教材通过"网络广告理论前沿"内容，使学生了解网络广告较新的研究动态，把握网络广告行业的未来发展趋势。尤为重要的是，本教材配有"学思践悟"栏目，宣传党的二十大精神，努力践行习近平新时代中国特色社会主义思想进教材、进课堂、进学生头脑。

此外，编者在编写过程中注重将抽象的理论融于浅显易懂的文字中，使学习变得轻松、愉快。

综上所述，本教材由于指导思想明确、体系结构合理、基本内容完整科学，尤其是贯穿全书的丰富典型的案例，具有较强的实用性。本教材力求在阐述网络广告理论体系的同时，对实际应用和操作技巧给予读者具体的帮助，希望能够让市场营销专业、电子商务专业、其他工商管理类专业的学生以及广告爱好者在不枯燥、不生硬的环境下接受和理解网络广告学的相关知识。

田志龙

于华中科技大学

第三版前言

　　1994 年，第一则网络广告诞生了，从此网络广告进入了公司、广告人、广告研究者的视野。网络广告形式多样，充满了无穷的魅力。随着网络技术的发展，网络广告成为广告中最引人注目、增长最快的一种形式。我国网络广告市场更是迅猛发展，目前已成为全球第二大互联网广告市场。2023 年，中国广告业务收入为 13 120.7 亿元，比上年增长 17.5%。互联网广告发展迅猛，全年实现互联网广告发布收入 7 190.6 亿元，比上年增长 33.4%；在广告发布业务中的占比从 2019 年的 58.7% 上升至 82.4%。传统媒体加快数字化转型，以电视台为代表的事业单位，互联网广告业务增长 8.3%。广告业集约化发展明显，北京、上海、杭州、深圳和广州等地收入合计占全国总量的 74.0%，成为我国"五大广告中心"。

　　虽然"网络广告学"课程和以往的"广告学"课程有很多相似的地方，但是它在很多方面发生了变化，出现了让我们去进一步研究和探讨的课题，也出现了和以前的研究相矛盾的地方。

　　本教材共分为 9 章，对经典广告学理论只是进行了简单的介绍和描述，比如各个章节中的基本概念和基本理论。本教材的第 1 和第 2 章主要介绍了基本的网络广告形式、特点，以及网络广告的发展等内容。第 3 章是社交媒体广告。社会媒体广告随着智能手机在世界范围的快速普及而变得越来越重要，因此本教材单列一章进行说明。第 4 章主要讨论了网络广告传播及受众心理，包含网络广告跨文化传播。在国际商务交流活动越来越频繁的今天，在网络广告比传统广告更容易被其他国家人看到的网络世界，其实文化差异还是存在的，因此仍然需要关注不同国家的人群对跨文化广告的接受度。第5章为网络广告策划，其在基本概念上和广告策划差异不大，但是在具体的时间、时机选择上还是会和传统的广告策划存在差异。第6章为网络广告的投放与预算。网络广告的计价和传统广告的定价方式是不太一样的，虽然该章也在其他的网络广告学教材中用专门章节来说明，但是本教材站在广告主的角度上讨论了如何来进行网络广告平台的选择和投放。第7章是网络广告创意与文案。这一章充满了艺术性，纯粹的理论不足以表现网络广告创意的魅力，因此本章应用大量的案例来进行讨论。第8章是网络广告效果评估，借用了大量的案例。第9章是网络广告法律政策与规制，介绍了网络广告的内容准则和行为规范、网络广告违法的法律责任等。

本教材以思想政治教育为引领，融入党的二十大精神。党的二十大报告指出："用社会主义核心价值观铸魂育人，完善思想政治工作体系，推进大中小学思想政治教育一体化建设。坚持依法治国和以德治国相结合，把社会主义核心价值观融入法治建设、融入社会发展、融入日常生活。"本教材在部分章通过"学思践悟"栏目的形式，结合党的二十大报告内容，引导学生深入社会实践，关注现实问题，使他们既灵活地应用专业知识，又遵纪守法，经世济民，坚定中国特色社会主义道路自信、理论自信、制度自信、文化自信，努力践行习近平新时代中国特色社会主义思想进教材、进课堂、进头脑，达到价值塑造、知识传授、能力培养三位一体的育德树人之效。

本教材的二维码搭载了若干彩色图片，通过数字化阅读方式，使学生更鲜活、深入地学习课堂知识。本教材第二版更新了部分数据、图片、案例等资料；增设了"学思践悟"栏目。本教材第三版进行了数据更新，替换了更加符合新媒体环境的案例和资料，对习题也进行了优化，在大部分章后面增设了在线测试题。

本教材由刘勇任主编，林红珍任副主编。本教材从市场营销、工商管理和传播学的视角来进行编写，引用了近年来的各种国内外的网络广告案例来进行理论阐述，同时引用了大量专家和学者的一些比较新的广告思想，希望能够让市场营销、电子商务以及其他工商管理类专业的学生、广告爱好者在不枯燥、不生硬的环境下接受和理解网络广告学的相关知识。

在本教材的编写和修订过程中，编者参考和引用了大量文献，但由于不具备广泛且深入地查询馆藏资料的条件，以及电子数据资源的覆盖范围有限，在脚注和"主要参考文献"中可能没有列全资料来源，或者所列的可能不是最早来源的作者的作品，请相关作者谅解；若相关作者与本教材编者联系，编者愿意根据引用作品的篇幅而提供相应的字数报酬。在此，编者向所有的相关作者表示衷心的感谢。

　　本教材获得湖北省教育厅社会科学研究重点项目"高校教师新信息技术平台的接受和持续使用研究——以师生感知效能为视角"（22D019）的支持。非常感谢华中科技大学田志龙教授为本教材作序；同时，本教材得到了武汉科技大学管理学院营销管理系各位老师的支持，尤其是林红珍、杨文、温琼娟老师等，在此对他们以及帮助校对的各位营销与电商专业的学生刘超杰、邓楚君、董琨祺、赵洪玉、魏长琦、刘秀、刘称红、胡梦玲、夏小婷、朱莹、郭冰雪、唐伊芮、吴紫琴、张娜等，以及东北财经大学出版社的责任编辑，一并表示感谢！同时感谢授权给本教材使用广告图片的各家公司——支付宝（中国）网络技术有限公司、广汽传祺汽车销售有限公司、京东到家、海尔集团等，谢谢这些公司对本教材的大力支持！

　　由于本教材的编者学识和教学经验有限，在编写过程中难免存在疏漏和不妥之处，敬请各位教师、学生和其他读者交流指正。

编　者

2024 年 2 月

目 录

第 1 章
网络广告导论

学习目标

了解网络广告的基本含义及发展历史
理解广告和网络广告的区别和联系
理解网络广告的优势和劣势
掌握网络广告对企业、顾客和社会的价值

广告是人与人沟通的行业。我们应永远力行这个原则。

——李奥·贝纳

网络
广告学

ADVERTISING

引例

网络广告的诞生

1994 年 10 月 14 日是网络广告史上的里程碑，美国著名的 Wired 杂志推出了网络版的 Hotwired，并首次在网站上推出了网络广告。这立即吸引了 AT&T 等 14 家客户在其主页上发布广告，10 月 27 日，当一支像素为 468×60 的旗帜广告出现在页面上时，网络广告便正式诞生了。值得一提的是，当时的网络广告点击率高达 40%。

1997 年 3 月，Chinabyte.com 获得第一笔广告收入，IBM 为 AS400 的宣传付了 3 000 美元广告费。这是中国互联网历史上的一个里程碑。在此之前，中国互联网企业完全处于"烧钱"状态。虽然当时风险投资对互联网这个产业趋之若鹜，互联网的创业者们完全不用为钱发愁，这 3 000 美元相比当时互联网企业获得的风险投资是那么微不足道，但是，万事开头难，有了 Chinabyte 这个榜样，网络广告开始成为互联网企业最直接、最有效的盈利模式，中国网络广告市场也在这一天开始发展，并逐渐形成了每年数十亿元的产业规模。

资料来源 [1] 肖明超. 互联网广告带来的传播进化 [J]. 广告大观（综合版），2012（6）：33-34. [2] 杨剑. 中国网络广告十年发展历程 [EB/OL]. (2007-04-09) [2024-03-16]. http://www.techweb.com.cn/news/2007-04-09/179293.shtml.

1.1　广告的一般知识

1.1.1　广告的定义与特点

1.1.1.1　广告定义的演变

广告（advertising）是为了某种特定的需要，通过一定形式的媒介，公开而广泛地向公众传递信息的宣传手段。广告有广义和狭义之分，广义的广告包括非经济广告和经济广告。非经济广告指不以营利为目的的广告，又称效应广告，如政府行政部门、社会事业单位乃至个人的各种公告、启事、声明等，主要目的是推广。狭义的广告仅指经济广告，又称商业广告，是以营利为目的的广告，通常是商品生产者、经营者和消费者之间沟通信息的重要手段，或者企业占领市场、推销产品、提供服务的重要形式，主要目的是提高经济效益。

专家、学者对广告的定义和认识随着时间的推移或多或少发生了一定的变化，不同国家的人对广告的认识也并不完全一致。1890 年以前，西方社会对广告较普遍认同的一种定义是：广告是有关商品或服务的新闻（news about product or service）。

美国现代广告之父 Albert Lasker 认为，广告是印刷形态的推销手段（salesmanship in print，driven by a reason why），英文强调的是利用一个合理的理由来进行销售。

1948 年，美国市场营销协会定义委员会（Committee on Definitions of the American Marketing Association）对广告下了一个有较大影响力的定义：广告是由可确认的广告主对其观念、商品或服务所作的以任何方式付款的非人员性的陈述与推广。

美国广告协会对广告下的定义是：广告是付费的大众传播，其最终目的是传递信息，改变人们对广告商品的态度，诱发其行动而使广告主得到利益。

《韦伯斯特词典》对广告下的定义是：广告是在以直接或间接的方式强化销售商品、传播某种主义或信息、召集参加各种聚会和集会等的意图下开展的所有告知性活动的形式。

《简明不列颠百科全书》（第 15 版）对广告下的定义是：广告是传播信息的一种方式，其目的在于推销商品、劳务服务，取得政治支持，推进一种事业或引起刊登广告者所希望的其他的反应。广告通过各种宣传工具，传递信息给它想要吸引的观众或听众。广告不同于其他传递信息的形式，它必须由刊登广告者付给传播媒介一定的报酬。

在《中华人民共和国广告法》（以下简称《广告法》）中，广告是指商品经营者或者服务提供者通过一定媒介和形式直接或者间接地介绍自己所推销的商品或者服务的商业广告活动

总而言之，广告可以被认为是运用媒体而非口头形式传递具有目的性信息的一项活动。它旨在唤起人们对商品的需求并对生产或销售这些商品的企业进行了解和产生好感，告知提供某种非营利性的服务以及阐述某种意义和见解等。

1.1.1.2 广告的特点

广告不同于一般大众传播和宣传活动，主要表现在：

❶广告是一种传播工具，是将某一商品的信息，由该商品的生产或经营机构，即广告主传递给一群用户和消费者。

❷作广告需要付费。

❸广告进行的传播活动是有说服力的。

❹广告是有目的、有计划、连续的。

❺广告不仅对广告主有利，对目标对象也有好处，它可以使用户和消费者得到有用的信息。

1.1.2　广告的分类与作用

1.1.2.1　广告的分类

（1）按媒介的表现形式划分

❶印刷广告，包括报纸广告、杂志广告、说明书、挂历等。

❷电子广告，包括短视频广告、电视广告、广播广告、电子广告牌、电话广告等。

（2）按接收方式划分

❶视觉广告，包括报纸、杂志、海报、传单、招贴、日历、户外广告、橱窗布置、实物和交通等广告形式。

❷听觉广告，包括无线电广播、有线广播、宣传车、录音和电话等广告形式。

❸视听结合的广告，主要包括电视、电影等广告形式。

（3）按传播信息的时间长短划分

❶瞬时广告，如广播、电视、幻灯片、电影等广告形式。

❷短期广告，如海报、橱窗、广告牌、报纸等广告形式。

❸长期广告，如产品说明书、产品包装、厂牌、商标、挂历等广告形式。

（4）按传播内容划分

❶综合性媒体广告，是指能够同时传播多种广告信息的媒体，如报纸、杂志、广播、电视等广告形式。

❷单一性媒体广告，是指只能传播某种或某一方面广告信息的媒体，如包装、橱窗、霓虹灯等广告形式。

（5）按广告影响范围的大小划分

❶国际性广告，是指为了配合国际营销活动，在产品出口目标国所作的商品广告。它以本国的广告活动为母体，而后进入国际市场进行广告宣传，使出口产品迅速地在国际市场上占有一席之地，为产品赢得声誉，扩大产品的销售，实现销售目标。

❷全国性广告，是指选择在全国性广告媒介上进行刊播的广告。其目的是引起全国范围内的消费者的普遍反响，产生对其产品的认知与认购。

❸地方性广告，是指选择在地方性媒体上进行刊播的广告，主要针对区域性消费者。

（6）按广告产品的不同划分

❶大众性产品广告，是主要针对终端普通消费群体的必需品的广告，消费者对产品的了解较多，不需要专门的知识。

❷专业性产品广告，是主要针对一些需要较多专业知识的特殊产品的广告，如机械设备等，通常其市场客户较多。

1.1.2.2 广告的作用

广告的特殊作用在于它可以通过传达产品或者企业的各种信息，树立品牌形象、吸引消费者、促进销售。其具体包括以下几个方面：

（1）传递信息

今天的市场经济体系是建立在全球范围内的社会化大生产基础上的，信息是企业生存与发展的必要条件，企业必须使消费者了解有关商品的信息，才能获得被选择的机会。广告通过信息传播，实现生产与生产、生产与流通、生产与消费、流通与消费之间的联系，成为企业必不可少的信息通道。

（2）树立品牌形象

企业的形象和品牌往往是依靠持续不断的广告宣传来塑造和强化的。在市场竞争日趋激烈、产品高度同质化的今天，品牌日渐成为商家重要的竞争手段。而广告是塑造品牌最有力的手段，它使某一商品与相同商品相比具有与众不同的特性和品牌形象。

（3）促进销售

广告可以进行产品信息的告知，突出产品的质量和功能；可以促使消费者关注产品，并对其产生兴趣，加深对产品的认知和了解，刺激目标客户的购买欲望，并促使消费者产生购买行为。

（4）满足消费者的审美等需求

一支色彩绚丽、形象生动的广告作品，能以其非同凡响的美感增强广告的感染力，使消费者沉浸在商品或服务形象带来的愉悦中。广告是广告主或者广告设计者对物质文化和生活方式的再创造，通过夸张、联想、象征、比喻、诙谐、幽默等手法对画面进行美化处理，使其符合人的审美需求，满足消费者的审美情趣。

1.2　网络广告概述

1.2.1　网络广告的含义与本质

1.2.1.1　网络广告的含义

互联网是一种全新的广告媒体，传播速度快、效率高，不仅成为众多国际、国内著名大公司的重要信息传播媒体，也成为众多中小企业发展壮大的有效途径。

网络广告就是在网络平台上投放的广告，是利用网站上的广告横幅、文本链接、多媒体等，在互联网上刊登或发布广告，通过网络传递给互联网用户的一种高科技广告运作方式。简而言之，网络广告是指利用互联网这种载体，通过图文或多媒体方式发布的营利性商业广告或公益性广告，是在网络上发布的有偿或者无偿的信息传播广告。

当然，网络广告并不仅限于放置在网页上的各种规格的旗帜广告、电子邮件广告、搜索引擎关键词广告，还包括社交媒体广告、网络视频贴片广告等，可谓五花八门，种类繁多。网络广告也因此成为最主要的网络推广方法之一，在网络营销中具有举足轻重的地位；与传统的五大传播媒体（报纸、杂志、电视、广播、户外）广告相比，网络广告有得天独厚的优势，是实施网络营销的重要组成部分。

1.2.1.2　网络广告的本质

无论以什么形式出现，网络广告的本质都是向互联网用户传递营销信息，是对用户注意力资源的合理利用。其本质包括以下三个方面：

（1）网络广告需要依附有价值的信息和服务载体

用户通常为了获取对自己有价值的信息而浏览网页、阅读电子邮件，或者使用其他有价值的网络服务载体，如搜索引擎等。网络广告是与这些有价值的信息和服务载体相互依存的，离开了这些对用户有价值的载体，网络广告便无法实现网络营销的目的。用户获取信息的行为要求网络广告具有针对性，否则网络广告便失去了存在的价值。网络广告的效果并不单纯取决于网络广告自身，还与其所处的环境和依附的载体有密切关系，即网络广告和这些载体要有契合性。这也说明了为什么某些形式的网络广告可以获得较高的点击率，如搜索引擎关键词广告和电子邮件广告等，而网页上的一般旗帜广告和按钮广告的点击率在持续下降。

（2）网络广告的核心思想在于引起用户的关注和点击

网络广告承载信息有限的缺点使得其难以单独承担直接销售产品的职责。网络广告的直接效果主要体现在浏览和点击上，因此网络广告的核心思想在于引起用户的关注和点击。这与搜索引擎传递的信息只发挥向导作用是类似的，即网络广告本身所传递的信息不是营销信息的全部，而是为吸引用户关注专门创造并放置于容易被发现之处的信息导引。这些可以测量的指标与最终的收益之间存在相关关系，但并不是一一对应的关系，浏览网络广告者并不一定点击，但是浏览在一定程度上可以形成转化。这也给网络广告效果的准确测量带来了难度，而且某些网络广告形式，如纯文本的电子邮件广告等，本身也难以准确测量其效果。

（3）网络广告应体现用户、广告客户和网络媒体三者之间的互动关系

网络广告具有交互性，因此有时也称为交互式广告。在谈论网络广告的交互性时，通常从用户针对网络广告所作出的行为方面来考虑，如在一些富媒体广告中，用户可以根据广告中设定的一些情景作出选择；在即时信息广告中，甚至可以实时和工作人员进行交谈。这种交互其实并没有反映出网络广告交互的完整含义。网络广告交互性的真正意义在于用户、广告客户和网络媒体三者之间的互动关系，网络媒体提供高效的网络广告环境和资源，广告客户可以自主地进行广告投放、更换、效果监测和管理，而用户可以根据自己的需要选择自己感兴趣的广告信息及其表现形式。只有三者之间建立了良好的互动关系，才能营造最和谐的网络广告环境，才能使网络广告真正成为大多数企业都可以采用的营销工具，网络广告的价值才能最大限度地体现出来。

1.2.2 网络广告的特点

与传统广告相比，网络广告具有以下一些特点：

1.2.2.1 跨时空性

传统的广告媒体包括报纸、广播和电视等。这些广告媒体在很大程度上受到版面、时间和空间的限制，容易错过目标受众，从而影响对产品的宣传。

网络媒体则突破了时间与空间的限制，具有很强的灵活性。由于网络广告的存在形式是数字代码，因此可以说网络广告的空间是无限的，企业可以充分利用这一空间宣传和展示自己的产品。比如，消费者可以详细了解某款手机的重量、待机时间、尺寸大小等各种信息，而这在传统广告中是无法实现的。

网络广告不受时空的限制，传播范围极广，可以通过互联网24小时不间断地把广告信息传播到世界各地。只要具备上网条件，任何人在任何地点都可以随时浏览广告信息，这是传统广告媒体无法做到的。

1.2.2.2　互动性

传统广告媒体受时间、空间和成本的限制，广告的信息传送和客户反馈是单向的。网络广告与传统广告最本质的区别在于其双向互动性。在网络广告的传播过程中，受众可以根据自己的需求主动浏览并点击网络上的广告，甚至可与广告主进行互动性对话。

利用交互性，用户可对广告信息进行主动的取舍，对于感兴趣的广告，可以调出更详细的资料、更多所需的信息。对企业来说，可以及时地根据接收者需求的变化调整所发送的信息，使其更好地满足受众的需求。

比如，海尔推出了用户驱动的实现大规模定制的平台COSMOPlat，开创了"社群用户规模定制＋预售预约"的众创定制模式，用户可以在COSMOPlat上参与产品交互、设计、采购、制造、物流、体验和迭代升级等环节。用户在平台上可提出自己的需求和创意，与平台设计师一同参与到商品设计、研发的整个过程中，把创意变成现实，这种互动设计的过程能充分享受到控制权与娱乐感。

1.2.2.3　可测可控性

"无法衡量的东西就无法管理"，网络广告通过及时和精确的统计机制，使广告主能够直接对广告的发布进行在线监控。传统广告只能通过并不精确的收视率、发行量等来统计受众数量，而网络广告可以即时衡量广告效果。通过监测广告的浏览量、点击率等指标，广告主可以统计出有多少人看到了广告，其中有多少人对广告感兴趣并进一步了解了广告的详细信息。因此，较之其他广告形式，网络广告使广告主能够更好地跟踪广告受众的反应，及时了解现实用户和潜在用户的需求。

企业利用网络广告管理软件，通过对服务器上Log文件的分析，可以十分便利地统计出网络广告的被访问情况。比如，用户是什么时候通过什么浏览器来访问相关广告的，他们浏览了多长时间等。尽管利用这种方式仍然很难准确地统计出有多少用户是因为看了网络广告才最终购买的，但是定量化的分析对广告主和广告发布者评价网络广告的营销效果仍然是十分重要的。广告主和广告发布者可以此为依据，不断地对网络广告进行改进。

1.2.2.4　可链接性

具有可链接性是网络媒介区别于传统媒介的一个优势，网络广告可以充分发挥这一优势。网络广告不但可以被观看，还可以被点击，从而链接到下一个页面，而在这个页面里，又有更多可以点击的地方，链接到更多的下一层页面（如图1-1所示）。当然，从下一层页面也可以轻松地返回上一层页面。在不断的互相链接中，广告信息被逐渐扩大化，人们不再是一下子接收全部广告信息，而是逐渐地、立体地接收这些信息，效果不言而喻。从创意上来说，利用网络可链接性的优势布局规划，将每一层的页面相互链接并融合成为一个整体，可使网络广告呈现出更好的效果。

图1-1　链接式广告

1.2.2.5　多样性

网络广告有很多种形式，每种形式又有各自的特点。网络广告既可以是平面广告、全屏广告、按钮广告、软文广告，又可以是声音广告、视频广告；既可以是纯粹的广告传播，也可以是消费者口碑加上企业信息内容；既静，又动，还可以互动。网络广告在某种程度上结合了各种传统媒体广告的特色，企业可以通过网络全方位地传递企业自身及产品和服务信息，充分利用网络广告形式和内容的多样性来打动消费者。

如海尔的广告宣传，既有百度搜索关键词广告，也有自己的官方网页宣传，还有在爱奇艺上的视频贴片广告，形式可谓丰富多彩（如图1-2至图1-5所示）。这种多样性又加深了消费者对海尔产品和品牌形象的认知，使得消费者对海尔的认识更加立体和多层次。

图1-2 海尔官方网站广告

图1-3 海尔的关键词广告

图1-4 海尔的网页链接广告

图1-5 海尔的视频插播广告

1.2.3 网络广告的价值

1.2.3.1 网络广告对广告主的价值

（1）通过内容吸引客户，提升品牌知名度

传统广告往往受制于时间、版面、形式，无法通过有意义又有意思的内容来吸引消费者，或者无法用大量的信息来进行消费者告知、对产品进行详尽介绍。而网络广告可以和内容进行很好的结合。一般来说，网页上可以用文字详细地描述有关公司、产品或者品牌的丰富信息，而且图文兼备，消费者会在阅读内容的同时，对企业品牌产生认知和好感。

（2）与销售建立直接关联，增加产品销量

对广告主而言，网络广告还具有投放和变更便捷、迅速的优势，能做到经营决策变化与广告变化之间的无缝链接。很多时候，与企业网站、网上商店等网络营销手段相结合时，网络广告其实也可以算是一个销售平台，能直接促进销售。当然，网络广告对销售的促进作用不仅表现为直接的在线销售，也表现

为获取产品信息后对线下销售的促进。

（3）维护客户关系，提高客户价值

通过网络平台，企业可以获得有关消费者行为的各种海量数据。比如，通过受众点击，网络广告可以了解用户的网络浏览行为、特定需求和购买特点；通过在线问卷调查，可以了解消费者对网络广告效果的评价、对新产品的看法。这些信息不仅成为网络调研内容的组成部分，也为建立和改善顾客关系提供了必要条件，从而可以更有针对性地为目标客户提供产品和服务，提高客户价值。

（4）加强与潜在消费者的沟通，增加客户数量

网络广告是向用户传递信息的一种手段，因此可以理解为信息沟通的一种方式，通过网络广告投放，不仅可以将信息发布在自己的网站上，还可以将其发布在用户数量更多、定位更精准的网站上，或者直接通过电子邮件发送给目标用户，从而获得更多用户的注意。此外，用户可以和企业进行互动，在线留言反馈，企业可以迅速掌握用户的相关信息，缩短沟通时间和提高沟通质量。

1.2.3.2 网络广告对广告受众的价值

（1）引导消费观念

当下，消费者的消费习惯越来越受到广告的影响，广告可以引导他们的消费观念，进而改变他们的消费习惯。传统广告是为了吸引消费者走进商场，而网络广告让消费者直奔产品而去。网络广告的内容逐渐强化为交易，吸引消费者直接通过网络从广告页面点进去购买。

（2）帮助受众选择合适的产品

网络广告能够提供有关企业、产品和服务方面的详细信息，会告知消费者产品的核心功能、使用方法、售后服务；广告受众同时可以在网络上进行多方比较，这有利于受众作出正确的选择，购买到自己喜欢和需要的产品。

（3）提供方便高效的购物渠道，节约了受众的时间

现在人们的生活节奏越来越快，工作压力越来越大，城市交通越来越拥堵，许多人不愿意再把难得的休息时间浪费在交通和购物上，特别是对那些时间、精力宝贵，以购物的方便性为原则，不将逛街、购物当作乐趣的人来说，网络广告提供了一条极佳的渠道。

（4）丰富受众的娱乐生活

很多网络广告和消费者感兴趣的内容交叉在一起，界限越来越模糊，有时候消费者本来是在浏览自己感兴趣的内容，不知不觉地就接收到了广告信息。

还有一些网络广告本身拍得比较有趣味性和娱乐性，内容比较丰富，可观赏性较强，丰富了受众的娱乐生活。

1.2.3.3 网络广告对社会的价值

（1）网络广告的经济价值

网络广告的经济价值主要体现在以下方面：

一是网络广告具有沟通产销、刺激需求的功能。企业的产品生产、销售与消费者的购买在时间、空间上都存在距离，网络广告传播的企业信息和商品信息能在一定程度上缩短甚至消除这种距离。网络广告的沟通是通过不断地刺激消费者的需求来实现的。

二是网络广告具有加速流通、扩大销售的功能。网络广告能对信息和传播方式进行有效的控制，利用网络媒介更好地细分市场；结合多种创意，网络广告加速流通的优势更加明显。

三是网络广告具有利于竞争、促进生产的功能。

（2）网络广告的文化价值

网络广告的传播功能、推销功能和审美功能都是以文化的形式呈现并发挥作用的。网络广告传播的信息为消费者所接受，要以文化和心理的认同为前提；网络广告说服消费者作出购买行为，要靠文化和艺术的说服力量；网络广告给消费者审美的愉悦和情趣，更要靠文化的魅力。

网络广告的文化价值具有潜藏性和无形性的特点，有时候很难精确地计算出网络广告在现代社会中的文化影响究竟体现在哪几个方面，具体影响了哪些人群，对不同人群的影响力有多大。但是我们清楚地知道这些影响到处都有，影响着普通大众的日常生活，也影响着一个社会的文化发展。当然，人们对网络广告有时候也持批评和否定的态度，这多源于网络广告对社会文化产生了一定的负面影响。但这也恰恰说明了网络广告的文化影响力，提醒广告主在注重网络广告正面文化效应的同时，关注网络广告的负面文化影响。

1.2.4 网络广告的优劣势

1.2.4.1 网络广告的优势

以网络信息平台为支撑的网络广告拥有许多传统媒体广告无法比拟的优势。当前，网络广告的主要优势体现在以下几个方面：

（1）精准投放，直接"命中"潜在用户

利用传统媒体作广告，很难准确地知道有多少人收到了广告信息；在互联网上可利用权威公正的访客流量统计系统，精确地统计出每则广告被多少用户浏览，以及这些用户浏览的时间分布和地域分布，从而有助于广告主正确地评估广告效果，审定广告投放策略。利用软件技术，客户还可以指定某类专业人群作为广告传播对象，而不必为与此广告无关的人付费。

（2）灵活，时效性更强

一般来说，在传统媒体上作广告，发布后很难更改，即使可以改动，往往也需付出很大的代价。而在互联网上作广告，能按照需要及时变更广告内容。由于互联网采用了开放式的体系结构，可以使具有不同的软硬件环境、不同网络协议的网络互联，真正做到资源共享、数据通信和分布处理，因此，网络广告信息可以准确、快速、高效地传达给每一个潜在客户。

（3）信息容量大，内容更丰富

互联网为企业提供的信息容量是不受限制的。企业或广告代理商可以提供相当于数千页计的广告信息和说明，而不必顾虑传统媒体上每分每秒增加的昂贵的广告费用。以网络上一个小小的广告条为例，企业主可以把自己的公司及所有产品和服务，包括产品的性能、价格、型号、外观形态等一切详尽的信息，制作成网页放在自己的网站上，这在传统媒体上是无法做到的。

（4）非强迫性传送资讯，内容营销成为广告主的有力工具

众所周知，报纸广告、杂志广告、电视广告、广播广告、户外广告等都具有强迫性，都千方百计地吸引你的视觉和听觉，强行将信息灌输到你的脑海中。而网络广告可以说是按需广告，具有报纸分类广告的性质，却不需要彻底浏览，它可自由查询，将你感兴趣的资讯集中呈现给你，从而节省了时间，避免了无效的、被动的注意力集中。

企业可以把内容与网络融为一体，如可以把企业名称、产品品牌编进网页文章中，这种内容性较强的广告可以减轻消费者的抵触心理，在不知不觉中将企业信息和产品信息推送给消费者。企业也可以利用微电影等手段让消费者在感受电影之美的同时不知不觉地了解品牌。如2016年世界知名服装品牌博柏利（Burberry）发布了一部微电影，短短两分多钟的微电影，选用了豪华的演员阵容，通过各种情节展示了博柏利公司的服装特色和发展历史，影片情节动人，歌曲优美，在YouTube上一推出，点击率就过千万。

（5）费用相对较低且效果更好

网络广告的价格与传统广告相比较低。由于网络广告可以根据广告主的需求来选择更准确的发布方式，并可根据点击或者购买量来进行广告费用的核算，大大减少了广告费的浪费情况，因此费用更低。网络广告又能以图、文、声、像相结合的方式传送信息，提高了受众对产品和服务的感知度，强化了受众的体验，让受众有身临其境之感，并能在网上预订、交易与结算，这大大增强了网络广告的实效。

1.2.4.2　网络广告的劣势

网络广告除了具有比传统广告明显的优势外，当然也存在一些问题和不足之处，具体说来包括以下几点：

（1）网络信息纷繁复杂，降低了消费者的决策效率

随着网络用户的不断增加，网络广告的数量也呈几何级数递增。在多样化的信息来源条件下，消费者每天接触到的信息纷繁复杂，从而产生了信息过多的困扰，或者说即使消费者接收了这些信息，但是有时候信息之间存在一定的矛盾，让消费者无所适从，没有办法作出正确的判断。例如，有的洗面奶广告说每天要多次彻底清洁肌肤，而有的护肤品广告说洗脸次数如果过多，可能会使面部肌肤更干等。

（2）网络广告过于泛滥，引发了消费者的抵触行为

很多时候，在创意比较好的情况下，适量的网络广告消费者是可以接受的。但是很多企业的网络广告过于频繁、强硬，使消费者感觉不舒服和产生抗拒心理。比如，有的弹出式广告出来得非常突然，消费者一般看都不看就会选择关闭。许多消费者干脆装上弹出式窗口拦截器，将这类广告彻底拒之门外。还有一些邮件广告大量地塞进顾客的邮箱中，是人们正常邮件数量的数倍，消费者被迫收取并花大量的时间来清理这些垃圾邮件；有的旗帜广告飘来移去，干扰和遮挡了消费者的视线。这些都直接降低了消费者的阅读效率，也会影响他们的情绪。

（3）网络虚假广告过多，消费者的信任度相对较低

网络上的信息五花八门，很多信息是未经证实的、虚假的。虽然《广告法》已经颁布，但是虚假网络广告仍然较多，夸大事实、乱吹一气的问题比较严重。相对于传统广告，消费者对网络广告的信任度较低。比如，某电商企业的很多广告要求消费者转发或者鼓励自己的朋友注册，来免费或以非常低的价格获得产品，但这种优惠并不是真实的，这只是商家获得更多消费者个人信息的一种手段。久而久之，消费者对这种广告的信任度就降低了。

（4）网络广告在某种程度上侵犯了消费者的隐私权

由于网络广告的精准投放需要高度依赖互联网技术下的网络用户行为数据，

但并非全部信息的获得都征得了用户的同意，因此暴露用户的网络行为、侵犯用户的隐私权等现象经常发生。如未征得用户的同意，利用Cookies技术将用户搜索的关键词和计算机IP地址记录下来，并通过记录搜索用户的个人信息，分析相关数据、挖掘信息，转发或者泄露给网络广告商。网络广告商就会根据相关数据来进行精准广告投放，有些广告可能是用户不排斥的，但有些广告会给用户带来困扰和使他们不满。

1.3　网络广告的发展

1.3.1　我国网络广告发展的关键历史事件

从本章引例可知，1997年3月是中国互联网历史上的一个里程碑，中国网络广告市场开始发展。

1997年4月，ChinaByte由国际权威的媒体监测机构AC Nielsen旗下的专业公司实行站点访问流量的第三方审计，迈出了与国际接轨的第一步。广告最重要的是受众与效果，第三方媒体监测可以全面、公正地让企业了解到广告的效果，从而打消企业在投放网络广告时对效果的顾虑。而这种监测也进一步检验了网络广告的实用性，为网络广告在广告市场上占据一席之地打下了良好的基础。

1998年4月，Zdnet（www.zdnet.com.cn）成为中国首家英特尔认证的"优化内容"站点；6月，SRSNet（现在的新浪）成为中国第二家（非传统媒体第一家）英特尔认证的"优化内容"站点。得到英特尔公司认可的信息产品生产商可在获得英特尔"优化内容"认证的网站上做广告，还可获得高额费用返还。

1998年7月，国中网（中华网前身）宣布"98世界杯网站"获得了200万元的广告收入。200万元对当时的网络广告商而言，无疑是一笔巨额收入。以此为界，中国网络广告进入了快速发展期。

1998年7月23日至25日，ChinaByte举办了"网络广告，现在就是未来——1998 ChinaByte网络培训"活动。有了市场就要充分地挖掘与利用，ChinaByte在这一点上又一次走在了前面。虽然当时的培训内容可能比较浅薄，还不是很全面，但正是这种一步步探索、试验，让中国网络广告市场逐步走向辉煌。

1998年12月，ChinaByte以6万美元的重金购买了世界上权威的网络广告管理软件Net Gravity，搜狐等公司随后也加入购买的行列。Net Gravity是当时世界上最好的网络广告管理软件，它可以最合理地分配、使用、监测网络广告，从而让使用者获得最好的回报。而中国最早获得网络广告收入的ChinaByte，在为自己的客户服务方面毫不吝啬，在得到厂商广告费用的同时，也以最正规、有效的服务回报了客户。

1999年1月，新浪拿到IBM 30万美元的广告订单，这是当时最大的单笔网络广告订单。虽然国中网半年前的200万元广告订单与这个单子的金额不相上下，但国中网的订单是由多个企业的投入组成的。新浪拿到的这笔30万美元的订单，则预示着中国网络广告市场已经成熟，中国的互联网企业完全可以通过网络广告这种模式养活自己，并产生可观的利润，这意味着网络广告的春天从此到来。

1999年4月中旬，DoubleClick公司派员来京，与传立、新浪、搜狐等公司洽谈合作。DoubleClick是当时全球最大的网络广告代理机构，DoubleClick进入中国市场，说明中国的网络资源已经吸引了国际的关注，这为中国互联网企业在国际上打响自己的名声、进军国外广告和资本市场打下了良好的基础。

2000年4月30日，北京广播学院成立网络传播学院，开设网络广告专业。中国高等学府也开始意识到网络广告在未来的价值。

2000—2002年，随着互联网公司进入寒冬，网络广告的发展也进入蛰伏期。不过，表面上的平静并不能阻止网络广告继续发展，虽然发展的幅度比较小。相关统计数据显示，2001年中国网络广告市场的规模为4.1亿元人民币，2002年达到4.9亿元人民币。在那段时间，中国网络广告市场不显山不露水，慢慢地积攒力量，等的就是一个时机，一个爆发的时机。而就在2002年，搜狐在网络广告收入的支持下，实现了盈利。

2003年春，非典（SARS）突然暴发，众多公司、企事业单位放假，人们都在家中坚守，不敢轻易出门，这让传统的平面广告以及路边广告等的效果大打折扣，部分在家中无事的人们选择上网打发时间。这让很多一直青睐传统广告模式的企业看到了机会，于是网络广告在2003年开始爆发。数据显示，2003年中国网络广告的市场规模急剧增至10.3亿元人民币，增长幅度达112%。

2004—2005年，由于互联网环境的转变，众多互联网公司开始盈利，大批风投重新进入互联网产业。而网络广告市场的规模也稳步扩大，增长率在70%以上。

2006—2007年，传统的网络广告模式已经不能满足客户的需求，网络广告模式百花齐放，而网络广告代理公司也成为资本的宠儿。中国排名前两位的网络广告代理公司好耶与华扬联众陆续被收购。

2008年的北京奥运会使网络广告的发展达到了一个高峰，2009年的金融危机让网络广告更加生机勃勃，2011年中国网络广告收入达到537.7亿元，超过了报纸广告收入。

2012年，中国网络广告市场规模达到773.1亿元，较2011年增长43.8%，增速略微放缓，网络广告市场进入相对平稳的增长期。

2014年，中国网络广告迎来发展高峰，市场规模达到1 540亿元，较2013年增长53.5%。2014年，网络广告市场规模首次超过电视媒体广告，网络广告的崛起已经势不可当。

2015年，中国网络广告市场规模达到2 184.5亿元，同比增长41.9%，连续6年增速保持在35%以上，稳坐国内第一大广告媒体宝座，成为社会媒体中的焦点。

2016年，在中国广告市场各渠道中，网络广告占比超过一半，达到68%，而传统媒体（包括电视、报纸、广播和杂志）广告占比总和为32%。在网络媒体的冲击下，传统媒体逐渐衰落。另外，从2016年各渠道市场的增速来看，网络广告的市场规模增速高达36.1%；而在传统媒体中，报纸广告的市场规模增速为-35.4%，杂志广告为-19.8%，电视广告为-4.6%。2016年，中国网络广告市场规模达到2 902.7亿元，同比增长32.9%，与2015年相比增速有所减缓。在移动广告方面，2016年中国移动广告的市场规模达到1 750亿元，同比增长75.4%，继续保持高速增长态势。移动广告整体的市场增速远超网络广告市场的增速，2016年移动广告的占比超过60%，随着用户使用习惯的转移，未来移动广告在整个网络广告市场中的占比将持续提高。2016年搜索引擎类广告市场增速有所放缓，市场占比下降近5个百分点至26.5%，首次跌破30.0%。

2017年，中国网络广告收入约为2 975.2亿元人民币，再次成为全球第二大市场，仅次于美国。随着数字技术的发展，网络广告和消费者细分市场也出现了巨大的增长势能。智能手机在重塑全球娱乐及媒体市场，这一趋势促使市场焦点和投资再次回到互联网接入服务和广告上。

2018年，中国网络广告总收入约为3 694亿元人民币，较上一年增长了24.2%，占GDP的比重约为4.2‰，较上一年上升0.6‰。搜索类平台广告虽在网络广告份额排行榜中仍位居第二，但在整个网络广告收入中的比例下降到21%，百度在中国网络广告收入TOP10企业中的排名由第二位降至第三位。

2019年，中国网络广告总收入约为4 367亿元人民币，相较上一年增长18.2%，增幅较上年同期略有放缓，减少了5.96个百分点，但仍保持平稳增长的态势。从广告依托的平台类型来看，2019年来自电商平台的广告占总量的35.9%，稳居第一，比2018年增长3%；搜索类平台广告以14.9%的份额仍居第二位；视频类平台广告收入同比增长43%，取代新闻资讯类平台，成为第三大网络广告投放平台。

2010—2019 年中国五大媒体广告市场规模统计表见表1-1。

表1-1　　**2010—2019年中国五大媒体广告市场规模统计表**　　　　单位：亿元

收入＼年份	2010	2011	2012	2013	2014	2015	2016	2017	2018	2019
网络广告收入	337.1	537.7	773.1	1 100.0	1 540.0	2 184.5	2 902.7	2 975.2	3 694.0	4 367.0
电视广告收入	796.6	934.5	1 046.3	1 119.3	1 172.9	1 084.6	1 049.9	1 234.4	1 564.4	1 341.1
广播广告收入	96.3	123.3	136.2	139.9	143.0	145.4	147.6	136.7	136.7	128.8
报纸广告收入	439.0	469.5	555.6	512.2	503.2	232.5	137.2	348.6	312.6	373.3
杂志广告收入	30.8	52.1	83.3	78.1	77.2	40.7	29.1	64.9	58.8	67.6

2020 年是中国互联网营销突破创新之年。面对重重困难，我国互联网营销不仅呈现出极强的韧性，还为拉动实体经济提供了基础保障，为实体经济复苏开启了新路径。根据《2020 中国互联网广告数据报告》，2020 年，中国网络广告收入为 4 971.61 亿元，比 2019 年增长 13.85%，增幅较上年减缓 4.35 个百分点，但仍维持增长态势。其中，视频平台广告收入增速最快，较上年增长了 64.91%，达 903.53 亿元；电商平台广告收入增加 17.26%，较上年提升 37%。

2021 年，在国家政策的有效引导与防疫抗疫举措得力的支撑下，我国实现了全社会各行业的稳步复苏。2021 年，中国互联网广告市场规模约为 5 435 亿元人民币，较 2020 年增长 9.32%，增速较上年下滑 4.53 个百分点；从广告形式收入占比情况看，电商广告维持了 2020 年的市场份额；展示类广告近 5 年来首次出现 6.58% 的下降，市场份额也由上一年的 34% 下滑至当年的 29%；搜索类广告持续式微，市场占比连续 3 年下滑至 11.9%；由于视频直播市场的持续火爆，视频类广告继续强势增长，市场占比已达 20.4%，年增速也较上一年进一步提高，达 52.68%。

2022 年全年中国互联网广告收入为 5 088 亿元人民币，同比下降 6.38%，减少 347 亿元。从媒体平台类型看，视频平台市场占比 23.03%，是第二大类广告平台；从广告形式看，视频广告市场占比 22.19%，是第三大类广告形式。在视频类别中，短视频是唯一在媒体平台与广告形式上都呈现增长的品类，也是 2022 年唯一增长的品类。

2023 年，中国互联网广告市场规模约为 5 732 亿元人民币，较 2022 年上升 12.66%。市场经历 2022 年结构化调整与资源优化配置后，再次呈现出增长态势，说明中国互联网广告市场韧性十足。具体来看，电商平台广告收入规模达 2 070.06 亿元，依然牢牢占据互联网广告市场渠道类型收入头把交椅；视频与短视频平台合计广告收入已达 1 433.08 亿元，成为互联网广告主投放的第二大渠道类型，并依然保持高速增长态势。2023 年，短视频平台的广告收入相较上一年增长 23.28%，规模已达 1 058.40 亿元，其与电商渠道是仅有的两个收入规模突破千亿元的渠道类型，合计市场规模占比超过 54%（电商平台占 36.1%，短视频平台占 18.5%），占据互联网广告收入规模的半壁江山。

1.3.2 网络广告的未来趋势

1.3.2.1 移动互联端快速发展，网络广告收入倍增

普华永道发布的《2023 至 2027 年全球娱乐及媒体行业展望》显示，中国网络广告市场规模将以 9% 的年均复合增长率增长，2023 年已达到 5 732 亿元。移动互联网广告将主导中国互联网广告的增长，预计 2027 年其在中国互联网广告总收入中的占比将增至 84%，这一占比将继续为全球最高。移动互联网广告收入的增长率高于有线互联网广告收入，移动互联网广告 2022—2027 年预计复合年增长率达 12%，而有线互联网广告预计复合年增长率为 -2%。视频类广告是增长最快的领域，其中移动视频互联网广告的年复合增长率预计为 13.7%。

1.3.2.2 网络广告与内容的全面结合

当前，单纯的硬广告效果正在下滑，品牌如果不能提供个性化内容，将存在疏远消费者的危险。One Spot 发布的内容营销报告《内容营销个性化势在必行》显示，如果营销内容与消费者的兴趣不相关，45% 的消费者不会花时间阅读；如果品牌不提供个性化内容，42% 的消费者不会对该品牌的产品和服务感兴趣；50% 的消费者表示，如果品牌在个性化内容营销方面做得好，他们愿意支付更多来购买商品和服务。

当前，消费者更倾向于购买能够提供个性化营销内容的品牌商品，且最重视告知和指导方面的内容。"传播把人们的时间及注意力打成碎片，人们的生活场

景进入移步换景的新时代，对于强行插入的硬广告，用户的关注度与接受度较弱，往往被随手刷过，品牌的传播价值有限"，因此从广告形式方面看，基于内容的原生个性化广告，更能获得广告主和消费者的青睐。

1.3.2.3 网络广告发布更科学、更精确

随着现有网络广告投放环境的不断改善，以及广告主对网络广告的认识不断加深，网络广告代理商会根据广告主提出的多项条件找到目标受众，如人口属性、地域限制、预算水平甚至兴趣爱好等，并基于这些条件筛选媒体，进行广告投放和优化。例如，谷歌推出的 PMP 私有广告交易市场通过为 Ad Exchange（互联网广告交易平台）买卖双方提供首选交易（preferred deal）和私有竞价（private bidding）两种新的交易方式，既实现了像程序化购买一样高效精准，又确保了媒体覆盖和品牌安全的投放效果。

1.3.2.4 网络广告的娱乐性与创新性更强

互联网的发展让全民娱乐成为可能，任何与娱乐有关的事情都会被快速传播。网络广告的发布、传播、效果也会受到用户体验的影响，消费者更喜欢或者更在意的广告无非是与自己的切身利益相关、与自己所处的社会地位相关、标新立异、娱乐性强的广告。

1.3.2.5 网络广告的传播趋于规范化

广告发布者、广告主不要从"硬"到"软"走得太偏。2016年9月1日，《互联网广告管理暂行办法》正式施行，将微信、今日头条等客户端发布的广告也纳入互联网广告的监管范围。《广告法》明确禁止发布软文广告，如果在公众号上以原创图文的形式发布广告，也必须标注"广告"二字，否则将会受到查处。此外，国家市场监督管理总局与腾讯公司达成协议，对微信公众号的广告进行监测。

2023年5月1日，《互联网广告管理办法》正式施行。该办法进一步明确了广告主、互联网广告经营者和发布者、互联网信息服务提供者的责任；对人民群众反映集中的弹出广告、开屏广告及利用智能设备发布广告等行为作出规范；细化了"软文广告"、含有链接的互联网广告、竞价排名广告、算法推荐方式发布广告、利用互联网直播发布广告、变相发布须经审查的广告等重点领域的广告监管规则；新增了广告代言人的管辖规定，为加强互联网广告监管执法提供了重要制度保障，对新形势下维护互联网广告市场秩序，助力数字经济规范、健康、持续发展具有重要意义。

网络广告理论前沿（一）
CPW定价模式

在CPW定价模式中，广告商支付给主播的广告费是每人次观看的固定费 t_w。假设广告发布主播总是接受一个非负的中标报价，即 $p_i>0$。

如果广告商 i 赢得竞拍，则广告商 i 的收益为：

$$\pi_i = m_i(\alpha e_i + \beta e_z) - qt_w - \frac{e_i^2}{2}$$

相应地，广告发布主播的收益为：

$$\pi_z = qt_w - \frac{e_z^2}{2}$$

命题1　在CPW定价模式中，广告商 i 的出价为：

$$p_i^{CPW} = \frac{\beta + \sqrt{2\alpha^2 + \beta^2}}{2} m_i$$

B型广告商可能赢得竞拍的概率为：

$$E[Pr(i=B)]^{CPW} = \frac{1}{2}$$

广告商与主播的最优努力水平分别为 $e_i^{CPW} = \alpha m_i$，$e_z^{CPW} = t_w$。

证明：对 π_i、π_z 求一阶偏导，即 $\partial\pi_i/\partial e_i = 0$，$\partial\pi_z/\partial e_z = 0$，得 $e_i^{CPW} = \alpha m_i$，$e_z^{CPW} = t_w$；此时，若广告商 i 赢得竞拍，其收益为：

$$\pi_i = \frac{\alpha^2 m_i^2}{2} + \beta m_i t_w - t_w^2$$

由于广告商在第二价格密封拍卖中会以其真实价值出价，即 $\pi_i=0$，解得：

$$p_i^{CPW} = t_w = \frac{\beta + \sqrt{2\alpha^2 + \beta^2}}{2} m_i$$

可知边际利润 m_i 较高的广告商会赢得竞拍。

由于广告商的边际利润 m_i（i=D，B）均匀分布在（0，1）上，则B型广告商赢得竞拍的概率为：

$$E[Pr(i=B)]^{CPW} = E[Pr(m_B > m_D)]^{CPW} = \int_0^1 \int_{m_D}^1 dm_B dm_D = \frac{1}{2}$$

命题1揭示了广告商的边际利润 m_i 和消费者敏感性系数 α、β 对其提交的出价有积极的影响。在CPW定价模式下，广告商承担观看直播的消费者是否购买的不确定性风险，因为赢得竞标的广告商需要为每人次用户观看向主播支付广告费，即使这些观看直播的用户量没有转化为购买量。而相应地，当消费者对广告商、主播努力水平的敏感性系数大于0，即广告商与主播的努力对购买率提升有促进作用时，广告商会倾向于提交较高的出价。另一方面，广告商的出价不会受其类型（D/B 型）的影响，两种广告商的出价策略是一致的，且边际利润更大的广告商会赢得竞拍。可见，CPW 定价模式为两种类型的广告商提供了公平的竞争环境，只有较高边际利润的广告商才具备竞争优势。

命题 1 进一步表明广告商的最优努力水平与其出价 p_i 和支付 t_w 无关，因为消费者进入直播间观看广告商的产品广告时，该观看的成本就变成了沉没成本。当每次广告商的边际利润 m_i 更大，或者消费者对其努力的敏感性系数 α 更大时，广告商会采取更为积极的努力策略提升其购买率。相应地，在 CPW 定价模式下，广告发布主播的努力动机来自广告商的出价，广告商较高的出价会激励主播努力吸引更多的用户观看直播，并从每次观看中获取更大的收益。

命题 2　在 CPW 定价模式下，广告商与广告发布主播的收益如下：

$$\pi_i^{CPW} = \frac{\beta + \sqrt{2\alpha^2 + \beta^2}}{6}$$

$$\pi_z^{CPW} = \frac{(\beta + \sqrt{2\alpha^2 + \beta^2})^2}{48}$$

证明：在 CPW 定价模式中，广告商 i 的出价为：

$$p_i^{CPW} = \frac{\beta + \sqrt{2\alpha^2 + \beta^2}}{2} m_i$$

广告商以较高的边际利润 m_i 赢得竞拍，并支付较低的出价。假设 m_D、m_B 随机均匀分布在（0，1）上，则：

$$t_w^* = \left. \frac{\beta + \sqrt{2\alpha^2 + \beta^2}}{2} m_i \right|_{\min(m_D, m_B)}$$

赢得竞拍的广告商收益可表示为：

$$\pi_i^{CPW} = \left. \frac{\beta + \sqrt{2\alpha^2 + \beta^2}}{2} m_i \right|_{\max(m_D, m_B)} - \left. \frac{\beta + \sqrt{2\alpha^2 + \beta^2}}{2} m_i \right|_{\min(m_D, m_B)}$$

主播的收益表示为：

$$\pi_z^{CPW} = \left. \frac{t_w^2}{2} \right|_{\min(m_D, m_B)} = \left. \frac{1}{2} \left(\frac{\beta + \sqrt{2\alpha^2 + \beta^2}}{2} m_i \right)^2 \right|_{\min(m_D, m_B)}$$

结合均匀分布的特征，计算广告商的收益为：

$$\pi_i^{CPW} = \left\{ \frac{\beta + \sqrt{2\alpha^2 + \beta^2}}{2} \times \left(\int_0^1 \int_0^{m_D} m_D \, dm_B dm_D + \int_0^1 \int_{m_D}^1 m_B \, dm_B dm_D \right) \right.$$

$$\left. - \frac{\beta + \sqrt{2\alpha^2 + \beta^2}}{2} \left(\int_0^1 \int_0^{m_D} m_B \, dm_B dm_D + \int_0^1 \int_{m_D}^1 m_D \, dm_B dm_D \right) \right\}$$

$$= \frac{\beta + \sqrt{2\alpha^2 + \beta^2}}{6}$$

同理，求解主播的收益为：

$$\pi_z^{CPW} = \frac{(\beta + \sqrt{2\alpha^2 + \beta^2})^2}{48}$$

总之，在 CPW 定价模式下，广告商需要按观看直播的用户量支付广告费，广告商承担了消费者是否购买的不确定性风险。当广告商、主播努力效果较低，即消费者对广告商、主播努力的敏感性系数 α、β 较小时，将直接降低广告商的收益，而此时广告商较低的竞拍出价也影响了主播的收益。可见，尽管 CPW 定价模式下广告商承担了消费者是否购买的不确定性风险，但这种风险影响了广告商的出价行为，最终直接决定了主播的努力水平及收益。实际上，CPW 定价模式下主播采取努力策略的目的是吸引更多的用户关注，并没有期望提高用户的购买率，因为主播的收益与消费者是否购买无关。主播这种缺乏努力提高购买率的动力体现了委托代理关系中的道德风险问题。

资料来源 李莉，胡娇. 基于效果定价模式的网络直播广告定价决策研究 [J]. 管理工程学报，2024（1）：193-204.

学思践悟

广告宣传也要导向正确

党的二十大报告指出："要加强全媒体传播体系建设，塑造主流舆论新格局。"广告宣传是媒体宣传的重要组成部分，也有导向问题。好的广告，能够传播正能量，弘扬社会正气，倡导正确的价值观，引导健康的消费观；不良的广告甚至虚假广告，可能误导消费者，助长奢靡之风，败坏社会风气，甚至给消费者带来财产损失，最终也会损害媒体的公信力。

广告宣传讲导向，需要从如下方面做工作：

第一，坚持真实性原则。真实性原则不仅是新闻的底线，也是广告工作的底线。作为广告从业人员，首先要对广告的真伪负责，严把广告宣传的真实关，不能什么钱都收。近些年，虚假广告给许多消费者、投资者带来了巨大的财产损失，也使媒体的公信力受到伤害。媒体的把关人首先要把住真实这个底线，这既是责任，也是义务。

第二，要依法合规经营，守住《广告法》这个底线。《广告法》是指导广告宣传的基本准绳。《广告法》要求，广告应当真实、合法，以健康的形式表达广告内容，符合社会主义精神文明建设和弘扬中华优秀传统文化的要求。所有的广告活动都必须符合《广告法》的要求，违反《广告法》，必然会在导向上出问题。

第三，要处理好媒体的自身利益与公众利益的关系。要注意广告的"时度效"，不能只追求媒体自身利益的最大化而放弃了社会责任。比如，有一次，一家党报接到一则广告，内容是一个艺人的粉丝祝贺他生日。这则广告并不违反《广告法》的规定，但作为一家党报，刊登这样的广告就有助长社会追星之嫌，这家党报最终还是放弃了这则广告。再如，有的媒体在一个时间段内集中刊登了很多奢侈品广告，这些广告并不违法，但鼓励追求奢华享受、倡导不健康的消费观，不利于社会风气的净化。

第四，要下功夫做好公益广告宣传工作。优秀的公益广告作品能够传播社会主义核心价值观，传播正能量。好的公益广告也能成风化人、凝心聚力。比如，中央电视台播出的公益广告"回家篇""爱，是我们一生的课程""家乡的滋味"都能触动人们内心中"最柔软的部分"，引起人们长久的回味和感动。近年来，《人民日报》《光明日报》《经济日报》等主流媒体围绕社会主义核心价值观、讲文明树新风、最美教师、书香中国等主题开展的公益广告创作，取得了很好的社会效果。我们也期待更多更好的公益广告作品涌现出来，让公益广告春风化雨润万物、成风化人育心田。

资料来源　胡斌. 广告宣传也要导向正确［N］. 光明日报，2016-04-28.

本章小结

广告是为了某种特定的需要，通过一定形式的媒体，公开而广泛地向公众传递信息的宣传手段。它可以传达出平面的信息、品牌、形象，从而吸引消费者。

网络广告就是在网络平台上投放的广告，是利用网站上的广告横幅、文本链接、多媒体等方法，在互联网上刊登或发布广告，并传递给互联网用户的一种高科技广告运作方式。

随着互联网技术的深度发展，以及人们对互联网的理解和认识程度的加深，互联网逐渐成为继电视、报纸、广播、户外之后的第五大广告媒体，网络广告已显示出巨大的发展潜力和强大的生命力。网络广告以其跨时空性、互动个性化、可测可控性等特点区别于传统广告，兼具精准、灵活、丰富等优势，从而在全球市场快速发展，其作用和影响力也越来越大。

当然，作为一种新型的广告形式，网络广告在发展过程中仍然存在一些制约因素，如信息真实度、可靠性不如传统广告，人们对网络广告的接受度和信任度还不高。因此，如何结合网络新媒体广告和传统媒体广告来宣传产品、打动消费者、影响消费者的决策，有待企业和广告理论研究者作更深入的探讨。

复习思考题

一、名词解释

广告　网络广告

二、简答题

1. 什么是广告？什么是网络广告？两者有什么联系？
2. 网络广告的本质是什么？
3. 网络广告的价值是什么？
4. 网络广告的优劣势各是什么？企业在作网络广告时应该注意什么？
5. 网络广告未来的发展趋势如何？

三、案例分析题

2023年9月10日，一位网络主播在直播间的言论引发争议，关于国货彩妆品牌花西子"一支眉笔79元"贵不贵，也引发广泛讨论。与此同时，其他多个品类的老牌国货一反低调的态势，开始抱团互动并以低价实惠迎来了高光时刻。

据澎湃新闻记者的不完全梳理，包括蜂花、鸿星尔克、天府可乐、郁美净、莲花味精在内的多个国货品牌在直播间中进行品牌联动和产品互卖，部分还蹭上"79元"热点上线同价位套餐。其中，天府可乐、郁美净等品牌的董事长还现身直播间和网友互动。

"花西子事件"后，9月11日，上海知名洗护品牌蜂花率先在直播带货平台上架3款价格79元的洗护套餐，并发布视频作品表示"不管工资涨没涨，反正蜂花没涨价"，其间，蜂花还连线运动服饰品牌鸿星尔克进行互动。

在这波操作下，蜂花直播销量迎来翻倍增长。澎湃新闻记者从直播电商数据分析平台"飞瓜数据"上观察到，9月11日当晚，蜂花抖音粉丝增长6 108人，抖音直播涨粉16.3万人；12日抖音粉丝增长7.71万人，抖音直播涨粉21.61万人；13日抖音粉丝增长48.57万人，抖音直播涨粉21.61万人；14日抖音粉丝增长49.73万人，抖音直播涨粉21.61万人。11日当晚抖音销售额超2 500万元，销量也超过了50万单。

蜂花冲锋在前，其他国货品牌紧随其后。

9月13日晚，鸿星尔克在直播间中上线多款标价降至79元的鞋子，还与其他国货品牌联动，其中"鸿星尔克主播用蜂花直播洗头"一度登上热搜。"飞瓜数据"的数据显示，13日晚鸿星尔克抖音直播间的销售额环比增长15～20倍。当晚，鸿星尔克的直播间里除蜂花品牌之外，还有卫龙辣条、老干妈、涪陵榨菜、大白兔、娃哈哈以及汇源果汁等知名国货品牌。14日，鸿星尔克有关负责人回应称，拼盘直播的核心是希望国货品牌要团结，携手做大做强；通过推广更多国货，让大家了解国货。此外，该负责人还表示，连麦是临时的，直播中其他品牌的货物都是电商同事自己在线下商超买的。

9月14日，国产儿童系列护肤品品牌"郁美净"连夜"通网"，在微博官宣全面入驻各大平台，工作人员在直播时表示，主播都是临时过来的，连夜办入职。

只用1天郁美净粉丝就涨至67万，截至14日21时，抖音平台官方旗舰店粉丝突破50万人。当晚，郁美净董事长现身郁美净直播间首播，跳舞感谢观众。

9月14日晚，超25万网友涌进天府可乐直播间，互动留言，参与话题讨论，转发直播，进行商品购买，"95后"主播几度激动到哽咽。当晚，天府可乐董事长还亲自下场直播，除了用朴素的言语表达了"希望国货品牌、民族品牌团结在一起，做大做强"外，还连续喝了两瓶可乐，并用蜂花洗发水现场洗头。随后，天府可乐旗舰店账号先后连线黄花园、天友等本土品牌企业进行互动直播。据天府可乐方面透露，当晚天府可乐线上单店销量同比增长80倍。

资料来源　邵冰燕. 连夜开通直播，齐推79元套餐！国产品牌这波抱团营销耐力如何［EB/OL］.（2023-09-16）［2024-03-16］. https://www.chinanews.com.cn/cj/2023/09-16/10078833.shtml.

讨论：

1. 该案例是如何体现出网络广告的特性的？

2. 相比以前的电视广告，请谈谈你对这些国货品牌网上直播广告的看法。

第1章多选题

第 2 章
网络广告的分类

学习目标

了解网络广告的不同形式及特点
掌握网络广告中关键词广告的特点和搜索引擎的发展趋势
认识电子邮件广告的优势、劣势
了解视频贴片广告、游戏植入广告等新兴网络广告形式

每件商品都有戏剧性的一面，我们的当务之急，就是要替商品挖掘出特点，然后让商品戏剧性地成为广告里的英雄。

——李奥·贝纳

网络
广告学

ADVERTISING

引例

今麦郎网络广告案例

2024年春节，今麦郎是出镜率最高的品牌之一。

电视端，今麦郎两支单品广告先后登陆央视，角逐春节期间收视大盘。黄渤代言的蓝天白云蓝标水，成为荧屏最靓的一抹蓝；茶粹则主要走年轻化洗脑路线，以可爱俏皮正式亮相全国市场。

银幕端，作为多年的合作伙伴，今麦郎弹面在影片《热辣滚烫》的华彩段落中不张扬地露了一把脸。

手机端，今麦郎凉白开携手老艺术家吴彦姝带来健康大片《平淡日子敞开过》，丰沛的人文情怀成为激进时代情绪中的一股清流。

今麦郎董事长曾说："凉白开、今矿的名字本身就是战略，内在品质是定位生态的根，今麦郎要打造1万分的尖刀产品，把良心做进产品，把匠心做进工艺，把爱心献给顾客。"凉白开是中国式生活的浓缩意象，打水、生火、烧开，水壶沸腾时蒸汽喷出、灌装时节节升高的音调，都是慢生活的交响乐。尽管我们脱离那时的日子已久，但听到凉白开的名字仍有怀旧的记忆跳动。这就是凉白开能在后入局瓶装水市场却多年长红的主要差异点——消费者看到其他瓶装水想到的是品牌、是广告，看到凉白开，想到的是生活。所以也就不难看出，今麦郎本次龙年健康大片的人文基因来自何处了。

2024年春节已过，新一年征程已正式启幕。今麦郎用三支广告表达了其2024年龙行万里的决心，今矿、凉白开、蓝标水三款超级单品携品牌全新升级后的新茶饮茶粹齐头并进，集合精英力量向快消领域发起强有力冲击。

资料来源 食业头条. 这个春节，今麦郎刷屏了！［EB/OL］.（2024-03-05）［2024-03-20］. https://mbd.baidu.com/ma/s/LbWRsq0i.

网络广告的形式有很多种，常见的有电子邮件广告、旗帜广告、文本链接广告、插播广告、视频广告等。随着科技的不断发展，网络广告的形式还在不断地更新和变化，出现了多种多样的新的网络广告形式。

2.1　按照网络广告的形式分类

2.1.1　传统网络广告

2.1.1.1　旗帜广告

旗帜（banner）广告又称横幅广告，是互联网界最为传统最为常见的广告形式，也是最早出现的网络广告形式。它和传统的印刷广告有点类似。

旗帜广告是横跨网页上方或下方的小公告牌，当用户单击时，广告链接就会将他们带到广告主的网站或缓冲储存页中。有的旗帜广告位于页面顶部，如顶部通栏广告一般放置在新闻最终页面的顶部，像素大小通常为880×100，这样可以最先进入网民的视野。

创意绝妙的旗帜广告对树立并提升客户的品牌形象有着不可低估的作用。如图2-1所示，"0糖，0脂，0卡"字样吸引力更强，表现更突出，可以吸引受众的注意。受众也可以点击旗帜广告，进入企业网站或者相关页面，浏览更详尽的关于企业和产品的内容。

图2-1　元气森林页面顶部旗帜广告

2.1.1.2　按钮广告

按钮（button）广告是从旗帜广告演变过来的一种广告形式，是表现为图标的一种广告，通常被广告主用来宣传其商标或品牌等特定标志。按钮广告与标题广告类似，但是面积比较小。它有不同的大小与版面位置可以选择，最早是网景公司提供给使用者下载软件用的，后来其规格就成为一种标准。根据美国交互广告署（IAB）的标准，按钮广告通常有4种形式，像素分别是125×125、120×90、

120×60、88×31。按钮广告由于尺寸偏小、表现手法较简单，多作为提示性广告，容量不超过 2KB。

按钮广告能提供简单明确的资讯，其面积大小与版面位置的安排较有弹性，可以放在相关的产品内容旁边，是广告主提升产品知名度的一种相当经济的选择。例如，戴尔曾将一个按钮广告放在一份科技类报纸的电脑评论旁边。一般这类按钮广告不是互动的，当用户点击这些按钮的时候，会被带到另外一个页面。有时这类广告可以提供音效和影像，但要花很长时间下载，因此不是很受用户欢迎。按钮广告的不足之处在于有限性、被动性，因为浏览者只有点选才能看到具体的信息内容。

2.1.1.3 漂浮广告

漂浮广告是指漂浮在网站首页或各板块、帖子等页面上的漂移形式的广告，可以是图片，也可以是 Flash 动画。首页和各板块及帖子页面都可以是独立的广告位，可以自动适应屏幕分辨率，不被任何网页元素遮挡，同时可以支持多个图片漂浮。各网络论坛为了取得宣传网站的效果，经常使用该类广告。

漂浮广告就像永不消失的"幽灵"，在用户浏览网页的时候，它会一直沿着设计好的路线漂移。路线设计不好的漂浮广告会分散用户的注意力，影响其正常浏览，更有甚者把广告置于账号登录的入口，用户必须点击广告才可以使之关闭。

2.1.1.4 画中画广告

画中画广告是指在文章里强制加入广告图片。例如，在新闻里加入 Flash 广告，广告和文章混杂在一起，读者有时无法辨认是新闻图片还是广告。

画中画广告一般像素为 360×300 或 360×408，在电脑显示屏上所占比例较大，在内页中具有相当大的吸引力，加上 Flash 的动态与声音效果，其点击率比旗帜广告要高。

画中画广告常处于浏览者浏览页面的必经之地，不容易被忽略；干扰度低，用户浏览广告时，不容易被其他内容干扰注意力；页面承载的容量大，互动性强。由于面积较大，而且由 Flash 技术制作，因此，画中画广告可承载的内容明显多于普通广告形式。广告主可以据此制作一个微型网站，用户通过对广告的点击，可以选择将更多的信息呈现在自己面前，而不用离开正在浏览的页面。

2.1.1.5　全屏广告

全屏广告是指在用户打开当前网页时，强制插入一个广告页面或弹出广告窗口（如图 2-2 所示）。它有点类似电视广告，都是打断正常节目的播放，强迫用户观看。这种广告有各种尺寸，有全屏的，也有小窗口的，而且互动的程序也不同，从静态到全动态的都有。

图 2-2　梅赛德斯-奔驰官网全屏广告

2.1.1.6　弹出式广告

当用户浏览某网页时，网页会自动弹出一个很小的对话框，随后，该对话框或在屏幕上不断盘旋，或飘浮到屏幕的某一角落，当用户试图关闭时，另一个会马上弹出来，这就是互联网上的"弹出式广告"。

这种广告更能吸引浏览者的注意力，但其被关闭的概率比漂浮广告高。广告主非常喜欢应用这种弹出式的广告形式，他们认为这样会吸引客户的注意力，为此愿意支付更多的费用，甚至很多大企业也会在自己的网站上使用弹出式广告来吸引客户的注意力，如广汽集团官网首页的弹出式广告（如图 2-3 所示）和京东的"红包"弹出式广告（如图 2-4 所示）。

在线旅游服务站点 Orbitz 赋予了弹出式广告更多的趣味性。该公司 2016 年与芝加哥 Otherwise 广告公司进行了合作，将其发布的弹出式广告变成了一系列小游戏和谜语节目。比如，有这样一个游戏型弹出式广告：屏幕上首先出现一只母鸡，如果你点击它的羽毛，这只母鸡就会下蛋，你再点击这个鸡蛋，就会进入Orbitz 网站。Orbitz 先后发布了 20 多个类似的游戏型弹出式广告，网站访问量明显提高。

但这也许是个错觉，已经有很多调查显示，网民对弹出式广告这种霸道的形式感到厌烦。事实上，弹出式广告的问题也使网络服务商们陷入了两难境地。为了满足客户的要求，微软的 MSN 不得不提供拦截弹出式广告的技术工具。与此同时，这些拦截工具不可避免地将其自身提供的弹出式广告封杀掉，这就有可能导致自身网络广告客户的流失。如谷歌采取了拦截弹出式广告的措施后，谷歌的许多网络广告客户就不得不选择其他合作伙伴了。与常规的条幅广告相比，弹出式广告的点击率为 2%，是条幅广告点击率的 4 倍之多。正是由于这个原因，网络广告的大客户们仍然希望保留原来的弹出式广告，只不过在具体表现形式上变得更温和些了。其中，最显著的变化是在浏览器被关闭时才弹出广告。另一个变化是广告的出现频率有所降低，如《纽约时报》网络版站点，读者在 24 小时内只能看到一次弹出式广告。

图 2-3 广汽集团官网首页
弹出式广告

图 2-4 京东的"红包"
弹出式广告

2.1.2 搜索引擎广告

搜索引擎广告包括关键词广告、竞价排名等形式。搜索引擎排名并不是无价值的游戏，而是整个网络广告中最为重要的一个类别，是利用搜索引擎的特性（地理、语言、用户群）等进行的一种广告投资行为。几乎所有使用过互联网的人都使用过搜索引擎。在 PC 互联网时代，搜索引擎一直是网民使用各类互联网服务的主要入口；在移动互联网时代，由于受到手机端各类垂直应用的分流影响，搜索引擎在网民日常生活中的重要性有所下降。2023 年互联网搜索引擎报告显示："工作学习搜集信息，材料需要"是用户在 PC 端/移动端首要的使用目的，在 PC 端达到 72.7%。数据显示，广告主比往年更加注重自身营销的预算压力、平台扶持策略和 ROI，其中平台的知名度占 81.7%。广告主更倾向于通过与周围同行、朋友交流和关注行业媒体来进行投放决策，其中与周围人交流占比 63.3%。

用户对本地化、个性化、智能化搜索的需求日益旺盛，推动搜索引擎企业不断加大在前沿技术领域的投入。2016年，各大搜索引擎企业纷纷推出以人工智能（AI）为核心的新产品，在信息搜索的广度、连接服务的横向拓展范围已接近天花板的情况下，新技术应用对推动搜索产品向更加精准的纵深方向发展具有重要意义——搭载语音和图像识别、基于大数据的信息推荐、人机交互等技术几乎成为搜索产品的标配，用户能够享受到更加个性化、场景化和更加精准的信息搜索服务。如今人工智能更是得到迅速发展。

2023年3月，百度率先发布了知识增强大语言模型——文心一言。10月，文心一言的基础模型升级到4.0，理解、生成、逻辑和记忆四大人工智能基础能力全面提升。到2023年年底，文心大模型4.0的整体效果进一步提升了32%。

360推出的360智脑是一款人机交互产品，主要是探索全新的人机协作模式，激发使用者的创造力和想象力，是360集团打造的自研"360版Chat-GPT"。

2024年1月19日，凭借自研大模型能力，夸克App全新升级多个功能板块和智能工具，推出搜索问答产品"元知"，并上线夸克PC版以及夸克听记等新产品。围绕智能助手的定位，夸克将为用户提供"内容产品+智能工具"的服务矩阵，提供三端一体化的AI信息服务体验。

人工智能技术的蓬勃发展，将在搜索引擎领域使各种搜索技术得到进一步提升，进而使搜索回归本质，满足用户迅速找到所需要信息的需求。而这一尝试必将给搜索引擎行业市场格局带来翻天覆地的变化。

2.1.2.1　关键词广告

关键词广告是广告主根据自己的产品或服务的内容和特点，确定相关的关键词，撰写广告内容，并在搜索引擎上投放的广告形式。当用户搜索到广告主投放的关键词时，相应的广告内容就会展示出来（关键词有多个广告主购买时，根据竞价排名原则展示），并在用户点击后按照广告主对该关键词的出价收费，未点击不收费（如图2-5所示）。

关键词广告具有以下特点：

（1）具有极强的针对性

在搜索的时候，客户的需求已经通过关键词展示出来，搜索引擎根据客户的需求，给出相应结果，因此广告投放完全是精确匹配，直接针对有需求的客户。

图 2-5 搜索"海尔"关键词推送的广告截图

（2）可跟踪广告效果

好的搜索引擎可以提供广告的数据资料，由此生成完整的报告，方便广告主掌握广告的投放效果，及时调整相应的营销战略。

（3）受众广泛

截至 2023 年 6 月，我国搜索引擎用户规模达 8.41 亿，较 2022 年 12 月增加 3 963 万；2023 年 4 月，传统搜索引擎平台的"全端"月活用户行业渗透率为百度 96.3%、360 搜索 41.0%、搜狗搜索 31.7%。

2.1.2.2 竞价排名

竞价排名是搜索引擎关键词广告的一种形式，按照付费高者排名靠前的原则，对购买了同一关键词的网站进行排名（如图 2-6 所示）。竞价排名也是搜索引擎营销的方式之一，2000 年由美国著名搜索引擎 Overture①首次采用，目前被多个著名搜索引擎采用。中文搜索引擎百度、一搜等都采用了竞价排名的方式。

图 2-6 搜索"华为"关键词推送的广告截图

---

① 2003 年 7 月被雅虎收购。

竞价排名的基本特点是按点击付费，广告出现在搜索结果中（一般是靠前的位置），如果没有被用户点击，则不收取广告费；在同一关键词的广告中，每次点击支付价格最高的广告排在第一位，其他位置同样按照广告主自己设定的广告点击价格高低来决定广告的排名。

2.1.2.3　搜索引擎的发展趋势

（1）搜索技术与人工智能技术深度融合

当前，搜索引擎企业正加快内容和服务生态布局，加速推进 AI 商业化，开拓市场，进入发展新赛道。搜索技术与人工智能技术深度融合，在信息多样性、搜索便捷度、结果准确性等方面大幅提升用户的搜索体验。目前，市场上主流搜索引擎的机器识别技术已经能够以较高的成功率探测或者识别语音、图像、视频等，进一步帮助用户实现所想即所搜、所搜即所得；人工智能机器人辅助搜索，已经成为各大搜索引擎的标准配置，如百度的"度秘"、搜狗的"语音助手"、必应的"小冰"等，正逐渐受到用户的认可和欢迎。

（2）社交、新闻、专业问答等垂直搜索发展迅速

当前，综合搜索引擎已出现信息分类搜索的垂直化、专业化发展趋势。一方面，搜索信息的种类更加丰富，如搜狗搜索相继接入微信、知乎等，并与微软必应达成合作，在社交、新闻、专业问答、英文和学术搜索等垂直领域强化优质内容的吸收力度，构建新型内容生态，形成差异化竞争力；另一方面，搜索引擎针对用户在新闻热点、公益查询、应用分发、商品消费等不同领域的搜索需求，推出了更加智能、全面、专业的搜索产品。

（3）链接消费支付场景的搜索成为搜索企业转型的突破点

当前，移动端垂直应用极大丰富，导致移动搜索流量入口的地位下降、商业变现效率降低。搜索广告收入增长已进入瓶颈期，成为制约行业持续健康发展的难题。与此同时，社交、购物等特定需求 App 吸引大批流量，搜索的入口优势受到显著削弱，寻求新增长点成为当务之急。例如，百度搜索直达的实物商品、本地生活服务、金融产品、文化产品等品类持续丰富，购买与支付方式也越发简便。此外，搜狗搜索、360 搜索、神马搜索等也已经上线网络购物和 O2O 生活服务平台业务，并取得了一定的业绩。

搜索引擎本身的发展也存在诸多不稳定因素，给整个搜索引擎广告业带来了相当大的冲击。首先是困扰企业网站的恶意点击，不管是竞争者消耗对手广告成本的点击行为、搜索引擎广告联盟网站为获取广告佣金的点击行为、竞价排名代理服务商为获取代理佣金的点击行为，还是访客无意间的误点击行为，都实实在

在地增加了广告主的广告成本。另外就是搜索引擎中所包含的虚假信息、错误信息，消费者一旦遇到这些问题，就可能失去对企业主、搜索引擎平台的信任，影响到企业和平台的发展。因此，柳庆勇在其文章中提到要用五方三阶段的把关机制对搜索引擎信息的真实性、可靠性进行控制和筛选。[①]

2.1.3 文本链接广告

文本链接（text link）广告是一种对浏览者干扰最少的有效的网络广告形式，一般不超过 10 个字，发布在网站首页、频道首页等重要推荐位置上。文本链接广告是以文字链接的广告，即在热门站点的网页上放置可以直接访问的其他站点的链接，通过用户对热门站点的访问，吸引一部分用户点击链接的站点。

链接式广告所占空间往往较小，在网页上的位置也比较自由，它的主要功能是提供供应商指定网页（站点）的链接服务，也被称为商业服务链接广告。链接广告的形式多样，一般幅面很小，既可以是一个小图片、小动画，也可以是一个提示性的标题或文本中的热字。

2.1.4 富媒体广告

在互联网发展的初期，由于带宽的原因，网站的内容以文本和少量低质量的 GIF、JPG 图片为主。随着技术的进步以及消费市场的成熟，出现了声音、图像、文字等多媒体组合的媒介形式，人们把这些媒介形式的组合叫作富媒体（rich media），把应用这些技术设计的广告叫作富媒体广告。富媒体广告由 2D 及 3D 的 Video、Audio、HTML、Flash、DHTML、JAVA 等形成效果，这种广告技术与形式在网络上的应用需要相对较多的频宽。富媒体技术能够增强广告的互动性，提供更广阔的创意空间。区别于传统的 GIF 图片和简单的 Flash 动画，富媒体广告结合了声音、视频及动态脚本技术，能够通过定制实现个性化的创意和页面效果。富媒体广告一方面可以实现把广告主在电视台播放的广告放在互联网上，并可实时汇总用户观看数据（比如，看到哪里关掉、看了多长时间、是否点击进去，以及其他一些调查活动）；另一方面可以配合其他页面元素，整合进各种创意中。

---

① 柳庆勇. 搜索引擎竞价排名广告中的把关人探析［J］. 三峡大学学报（人文社会科学版），2020，42（2）：83-87.

2.1.4.1　富媒体广告的优势

（1）超大容量

富媒体广告容量可达300KB甚至以上，是普通广告形式的10倍，创意空间不再受到限制，大大增强了网络广告的表现力。

（2）丰富的效果满足了不同广告主的需求

音频、视频广告可以实现流畅播放，并可实现互动游戏、互动调研、互动演示等多种互动需求。

（3）不妨碍内容的正常浏览

富媒体广告突破了互联网广告带宽瓶颈对内容容量的限制，广告的下载是在用户浏览间隙完成的，也就是带宽空闲时在后台进行。由于富媒体广告是独立于网页内容之外的，其下载完全不占用页面请求的带宽。也就是说，广告的下载对浏览者的正常浏览行为没有任何影响。

2.1.4.2　富媒体广告的分类

（1）游戏广告

游戏广告是指以游戏的形式来放置广告、以游戏为载体来进行广告宣传，是利用互动游戏技术将嵌入其中的广告信息传达给受众的广告形式，通过受众与游戏的互动来提高广告的认知度。一般来说，广告位设置于游戏公告页、服务器选择页、账号密码输入页和人物选择页这四大页面上。这些地方均为用户进入游戏（场景）的必经之路，能确保将广告信息传达给游戏用户，如开心农场中的广告植入。

（2）声音广告

声音广告是一种在网络上兴起的广告传播方式。与传统的网络文字、图片广告不同，声音广告由专业人员录制，将音频放到网站首页上，访问者只要登录网站就可以同步收听到广告，具有很强的覆盖率，而且通过录制人员对广告词的声音演绎，可大大提高广告的接收率。

（3）三维视频广告

与幅式广告的用户和网站交互不同，三维视频广告让消费者和网络里的模拟产品互动。三维视频广告的界面属性为检视产品提供了天然的方法，并体现出了"对象交互性"（如图2-7所示）。比如，消费者检视产品时可以旋转三维产品，以便从各角度观察，对细节处或放大或缩小，甚至可以通过指定的动画试用某些产品功能。当前，三维视频广告正被越来越多的设备网站、电子产品网站甚至服饰网站所使用。

图2-7　可口可乐2023年兔年新年三维广告

（4）视频贴片广告

大多数视频贴片广告都会放在网络电视剧或者电影的前面，但是经常会出现消费者没有耐心而关闭广告的情况，于是谷歌提出了6秒视频贴片广告的策略，要求网络广告主在更短的时间内讲述丰富的内容，避免被消费者关闭。原Face-book公司①采取的策略则是剧中插播广告，也就是影片播放到一半的时候插播广告。这种剧中广告为什么行得通呢？因为播放剧前广告可能会导致某些没有耐心的人关闭视频，而播放剧中广告的时候消费者已经开始观看视频，他们更有可能坐着看完广告，然后继续看剧。插播广告会导致视频中断，由此给观众带来的影响可以通过有效的定位来减轻，如果你正打算购买一台新的洗衣机，也许你真的不介意看一个洗衣机广告。随着越来越多的消费者使用广告拦截器屏蔽剧前广告，许多企业都将剧中广告视为接触消费者的重要媒介。

（5）Flash广告

Flash动画为网站的产品展示搭建了一个新的平台，这个平台相对于平面产品展示来说更能吸引消费者的注意力。但是这种产品展示的方法对网站建设者的技术水平要求比较高，需要有专门的动画制作部门或者请其他公司制作。

2.1.5　电子邮件广告

电子邮件（E-mail）广告是通过互联网将广告发到用户电子邮箱中的网络广告形式。其针对性强，传播面广，信息量大，类似于直邮广告。电子邮件广告可以直接发送，有时也通过搭载的形式发送，如通过用户订阅的电子刊物、新闻邮件和免费软件以及其他资料一起附带发送。有的网站采用注册会员制，建立忠实

---

①　2021年10月更名为Meta公司。

读者（网上浏览者）群，将客户广告连同网站提供的每日更新的信息一起发送到该网站注册会员的电子邮箱中。

一般来说，电子邮件广告包括以下几种：

❶直接发送式 E-mail 广告：通过直接或间接的方法获取邮件列表，将广告信息发给用户，这是比较常见的一种形式。

❷E-mail 许可广告：将组织或个人创作的内容通过 E-mail 发送给邮件订阅者或者许可发送邮件的用户。

❸E-mail 游戏赞助广告：通过赞助 E-mail 游戏树立品牌。

❹广告赞助 E-mail：当用户收发 E-mail 的时候，广告就会在设定好的版面和设定好的时间播放。

在各类通信渠道中，邮件无疑是最有优势的，具体表现在以下三方面：

❶群发邮件可以长期保存。除非删掉邮件，否则不管是在垃圾箱，还是在收件箱，推广邮件都会一直存在。

❷邮件都是标题展现，避开了内容的信息轰炸，用简短的标题说明内容，让用户自行判断是否打开，用户体验好。

❸推广邮件的内容完整。一封正常的广告邮件可以添加文本、图片、链接、附件甚至声音、视频，现有的网络产品基本上全都包含，邮件版面相对较大，能够向用户充分展示、推广产品。

随着电子邮件的使用越来越广泛，电子邮件广告现在已成为使用最广的网络广告形式，许多厂商都采用这种直接而方便的广告形式。但值得注意的是，那些未经同意发送的垃圾广告邮件很容易引起用户的反感。广告主要在真正了解用户需求的基础上适时适量地发送邮件广告，否则只会浪费广告费。传统"撒网式"的邮件推广平台已经不适应客户和时代的要求了。当前，广告主主要选择更为专业的邮件发送平台，这些平台至少要能提供邮件营销方案，支持 API、SMTP 接口调用，进行触发式邮件的发送。比如，新用户注册成功后，自动匹配对应工作流，发送一封欢迎信；或者能够设置危险客户预警，对退订客户进行激励，对沉睡客户触发特殊优惠邮件，重申权益。同时，平台能够区分使用事务类邮件和商业邮件群发系统，并提供完整的送达率、打开率、点击率、退信详情等邮件反馈数据。

目前，移动设备的邮件浏览量逐步攀升，但是依然没有得到足够重视。移动端的用户阅读及使用电子邮件的习惯是一个完全新鲜的命题，而不仅仅是作为日常邮件营销的附加考虑点之一。随着移动及智能设备的推陈出新，未来可能要兼顾手机、平板电脑、智能手表等更多移动邮件应用渠道，观察、分析移动渠道用户的特性，挖掘移动渠道用户的兴奋点，创造并发送更有趣的电子邮件。

当前，个性化邮件越来越受到消费者的青睐和认同，如招商银行的白金卡客户收到的邮件都以客户的姓名作为称呼，而不是"尊敬的××小姐/先生"，这样的邮件抬头让客户更有被重视的感觉（如图 2-8 所示），而且在这样的个性化邮件内还融入了招商银行合作商户的广告信息，更好地培育了客户对招商银行的信任感和忠诚度。

图 2-8　招商银行个性化邮件

2.1.6　其他网络广告

2.1.6.1　网络专题制作

网络专题制作是指根据特定节目、活动制作出相应的专题，企业可以根据专题内容进行活动独家冠名并在专题页面上投放广告。这种专题很多是可预见性专题，以海量的信息为主，往往是比较大的事件，消费者的关注度比较高。企业可以在网页设计上通过一些独特的角度、抢眼的标题、丰富的内容来吸引消费者的注意。

2.1.6.2　网络赞助广告

网络赞助广告是在网络上结合某一特定专栏发布的广告，主要出现在一些综合类网站和门户网站上，企业对感兴趣的内容进行赞助，如世界杯、奥运会、汽车展等，然后提供诸如新闻、娱乐、论坛等方面的内容在各大网站上发布（如图 2-9 所示）。网络赞助一般有三种形式：内容赞助、节目赞助和节日赞助。其优点是广告展示的时间较长且无须和其他广告轮流滚动，有利于提高页面知名度，而且成本低廉；但是其缺点也是明显的，消费者容易忽略此类广告信息，广告效果不佳。

图 2-9　广汽传祺赞助央视网络电视春晚广告

2.1.6.3　嘉宾网络访谈

某些网络栏目、节目的制作组会邀请著名的学者、演艺名家以及热点人物就网友所关注的问题进行访谈。邀请名人是嘉宾访谈节目用得比较多的一种形式。如科技播客 Lex Fridman Podcast 的每档节目时间为数个小时，形式为对谈，中间无剪辑；嘉宾主要是前沿领域的科学家、科技工作者、企业家与其他社会知名人士。[①]

2.1.6.4　网络频道冠名

企业对网络各频道均可进行冠名，包括首页、新闻、体育、娱乐、奥运、经济、科教、法治、电视指南等。现在企业选择网络频道冠名越来越理智，大都会选择与自己的目标客户群体一致的网站和频道来冠名。

比如，安慕希宣布与爱奇艺达成 6.1 亿元的战略合作协议，获得了爱奇艺独家网络播出的《奔跑吧兄弟 6》的冠名权等一系列视频整合营销权益。安慕希之所以冠名是因为该节目与其酸奶产品的核心消费人群（大多是 23～35 岁的年轻白领）比较匹配。因此，它希望从消费者的兴趣点出发，结合产品的高品质美食属性，借势节目高关注度持续提升品牌认知，包围节目进行线上线下整合营销，提升目标人群的偏好，拉动其消费。对一个品牌来说，对年轻人的生活和关注焦点介入得越深，就越容易获得他们的认同感。安慕希正是借由《奔跑吧兄弟》节目和各个嘉宾所传递出的年轻、积极向上的生活方式并将其捆绑在一起，来丰富

---

① "tuzhuxi" 微信公众号. 马斯克的访谈与"中国故事"［EB/OL］.（2023-11-20）［2024-03-15］. https://news.cctv.cn/2023/11/20/ARTIPqMQvv7ro6zJcfxn2ubu231120.shtml.

品牌活力、年轻的形象的。

2.2　按照网络广告的受众分类

一般性网络广告没有固定的受众，而定向广告、分类广告有特定的受众。

2.2.1　定向广告

2.2.1.1　定向广告的含义

定向广告是指网络服务商利用网络追踪技术（如Cookie）收集、整理用户的信息，并按照年龄、性别、职业、爱好、收入和地域等不同标准对其进行分类，记录、储存用户对应的IP地址，然后利用网络广告配送技术，向不同类别的用户发送内容不同的"一对一"式的广告，从而最大限度地提高广告的到达率与点击率。

"定向"实际上是对受众的筛选，即根据访问者的不同决定广告的显示情况。先进的网络技术能够提供多种多样的定向方式，即按照访问者的地理区域显示不同的广告，根据一天或一周中不同的时间显示不同性质企业的广告，根据用户所使用的操作系统或浏览器版本选择不同格式的旗帜广告等。

2.2.1.2　定向广告的优缺点

（1）定向广告的优点

定向广告可以利用海量数据进行用户行为的研究与追踪。例如，根据用户的浏览、购买记录，了解其购买习惯和偏好，为其进行个性化的独一无二的推荐。网络广告主可以针对不同的网民发送相应的信息，即特定的广告针对特定的受众，信息传递模式表现为一对一的映射关系，在广告信息和目标受众之间达成一对一的信息匹配。这种"一对一"式的传播能够大大提高网络广告的发布效率，使得网络广告能够在最合适的时间以最合适的方式触及最合适的消费者。现在购物网站（如京东、淘宝等）以及浏览器、搜索引擎和视频网站（如爱奇艺、优酷等）都在运用"一对一"的精准营销策略。

2014年12月8日，支付宝在其成立10周年之际推出了"10年账单日记"，记录了个人在支付宝上的全部花费，并对未来10年的收入作出了预测（如图2-10所示）。瞬时间，一大波土豪现身朋友圈，感叹画面太美的各路网友不甘拖后腿，纷纷加入"晒账单""看排名""找槽点"的队伍中来。"10年账单日记"利用支付宝用户的好奇心、攀比心和炫耀心理，引发了大规模讨论，一时间走红社交网络。这个营销活动之所以如此成功，在于它以消费者的个性化账单为基础进行定制化宣传，每个人的账单都不一样，每个人都对自己一年的消费额和自己朋友圈中其他人的消费额充满了好奇，支付宝此举拉近了与用户间的距离，大大提高了用户参与度。

图2-10　支付宝10年账单日记广告截图

（2）定向广告的缺点

❶受网络技术条件的限制。定向广告的运用要求有相应的技术支撑：首先，要运用网络追踪技术对用户的信息进行收集、整理；其次，要运用网络广告配送技术，将广告发送出去。这些网络技术是定向广告能够实施的前提，如果网络服务商不具备这些技术条件，就无法进行有效的定向广告投放。

❷运作成本高。定向广告的特点很大程度上在于量身定做，这需要为不同的用户制作不同的广告，无形中增加了广告制作成本；还要考虑庞大的广告传送量。总计下来，定向广告的运作成本要比"地毯式轰炸"类广告高一些。

2.2.1.3　定向广告的发布方法

目前，在国际网络广告界，比较常见的定向广告发布方法多达十几种，在国内比较常用的定向广告发布方法有：

（1）内容定向

内容定向，即定位不同偏好的受众。它是最常用的定向方法，也是广告管理软件最基本的功能之一。广告出现的位置，主要取决于广告主对受众广度的要求，分类页面的访问者一般已经有了明显的内容偏好倾向，投放与访问者偏好一致或相关的广告更容易引起访问者的注意和点击，所以内容定向是最直接的一种定向。例如，如果用户浏览了华为智能汽车的网站，那么网络广告公司可以使用相关的浏览数据，在用户浏览其他页面时为其显示华为智能汽车广告。

（2）时间定向

每一项广告活动、每一次宣传活动，都会有周期的设定。一个广告投放活动项目被设计出来后，在每种媒介、每个媒体上的投放周期就已经确定了。网络广告是以开始日期、结束日期以及投放时段来决定投放周期的。时间定向，即按照时间段和特殊日期进行广告促销。正如儿童食品常常在 18 点左右的动画片前后投放电视广告一样，网络媒体能够通过标准的计算机系统时间来决定广告投放的内容。一般来说，商务类广告适合在白天上班的时间出现，休闲娱乐类广告适合在晚上出现，部分特殊产品的网络广告适合在某些特定时刻出现，如通过网络订购快餐的服务最适合出现在午间和晚间用餐的时间。有些具有时效性的广告就更需要时间定向，如限时抢购活动等。

（3）地域定向

地域定向，即针对某一地区进行广告渗透。由于绝大多数的网络媒体受众是通过固定 ISP 上网的，这就意味着每个在线用户的 IP 地址是相对稳定的，利用国内各 ISP 所属网段，可以很方便地根据访问者的 IP 地址判断其所属地域。有了这个功能，广告主就可以制作针对某一地区的广告，也可以使地方广告主在全国性网站上登载的广告更有效率。

但是 IP 地址有时候也会出现变动，由于国内 IP 库紧缺等原因，IP 库经常会进行动态分配。例如，某 IP 原本属于保定市，但某段时间由于廊坊市移动流量需求过大，运营商便将该 IP 分配给了廊坊市。这就导致基于 IP 地址的广告定向投放时，可能定向不准确，造成一定程度上的投放浪费，于是出现了 GPS+IP 共同进行精准地域定位的办法。如今日头条推出了以 GPS+IP 为标准的第三方监测，在曝光监测时，今日头条通过客户端将 GPS 信息发送给广告主，剩余未授权地理位置信息的用户依然以 IP 为标准监测。

GPS+IP 判定比仅靠 IP 判定更精准，基于 GPS 的精准定向能力，其在广告投放以及信息在某一地域内的精准到达方面有极大的应用空间。以本地商铺为例，它对地域定向有着更高的要求。比如，商场、健身房、餐厅希望每次的广告投放都能真正覆盖到商圈内的人，给店铺引流带来实际效果，这种更为准确的定向能力正好可以满足本地商圈的需求。

（4）行为定向

行为定向是指根据用户的日常浏览习惯，如浏览的网页、停留的时间、点击或者购买的产品、广告或者其他浏览行为来进行用户的识别。例如，某消费者刚在一家电商网站买了些母婴用品，没想到几天内，无论是上新闻网站还是专业论坛，跳出来的都是母婴用品广告。消费者会感觉互联网就像懂读心术一样，仿佛一夜间，网上突然出现了洞悉自己各种喜好的"知音"，不厌其烦地推荐那些自己可能感兴趣的商品。这就是利用Cookie技术追踪、获取人们的上网行为和偏好等用户数据来进行精准的定向广告发布。

（5）其他方式定向

国际上，对访问者域名的判断一般基于".com"和".edu"，前者主要定向商务人士、公司白领，后者主要定向大学生。此外，还有天气定向广告，广告主依据访问接口所返回的天气数据，提取当天气温、穿衣指数、紫外线指数、化妆指数、天气现象等气象参数，筛选出满足气象条件的城市作为广告目标投放区域，针对在不同天气、不同温度下为移动设备用户呈现不同广告创意的目标，提高广告的针对性以及点击转化率。

2.2.2　分类广告

所谓分类广告，是指版面位置相对固定的一组短小广告的集合。它把广告按性质分门别类地进行有规则的排列，以便浏览者查找。大多数网络广告出现的时间和位置是不固定的，而且在浏览者的意料之外，并不一定处在浏览者期待或者寻找的范围内。而分类广告独立成版，信息容量大，分类明晰，检索方便，浏览者会带着需求主动寻找自己需要的分类广告。

网络分类广告是充分利用网络的优势，将大规模的生活实用信息按主题进行科学分类，并提供快速检索的一种广告形式。网络分类广告对广泛的社会信息进行收集、发布，信息内容涉及社会生活的方方面面，多为租让、出售、招商、家政、搬迁、招聘等与人们日常生活紧密相关的小规模商业信息。

网络版面的科学分类，便于浏览者对信息进行比较、选择，同时有利于为网络广告主的广告投放和营销推广提供有效的服务，能够实现广告主和浏览者双方需求服务的最优化。由于价格相对低廉，一般来说，分类广告比较适合地方性的中小企业。

2.3　按照网络广告的投放目的分类

2.3.1　信息告知类广告

信息告知类广告，旨在将某个消息（如产品上市）传播出去，让更多的人知道。比如，海尔智慧浴室新品发布的广告（如图2-11所示）主要是告知新品上市，感兴趣的消费者可以进一步去搜索其他相关信息。

图 2-11　海尔商城官网新品发布广告

2.3.2　品牌宣传类广告

品牌宣传类广告针对某一个品牌进行宣传，目的是提升品牌的知名度和美誉度。比如，爱立信在通信世界网上投放的介绍自己业绩的广告，就属于品牌宣传类广告。

支付宝从成立到现在，广告口号不断改变。"改变，因我而来"，让人们能够立刻联想到支付宝推动的"无现金社会"，并且去思考支付宝的不断发展对人们生活方式的影响（如图 2-12 所示）。

图 2-12　支付宝官网品牌形象广告

2.3.3　促销类广告

促销类广告的目的就是销售产品。比如，海尔 2022 年"618"期间在天猫上发布的广告就是为了促销（如图2-13所示），其明确了促销金额、促销时间，有效地吸引了消费者的注意力。

图2-13 海尔在天猫上发布的促销广告

2.4 按照网络广告的投放位置分类

2.4.1 固定位置广告

固定位置广告是最早采用也是最常见的网络广告形式。它的特点是：在某个或者某一类页面的相对固定位置放置广告，大多数是静态广告。

2.4.2 手机App进入时的开屏广告

开屏广告是基于移动端App的广告样式，即用户启动App时显示的广告。广告展示时间一般为3~5秒，用户可以选择跳过广告直接进入App，形态可以是静态图片、动态图片甚至是Flash。

开屏广告基本上是在移动端占据空间最大的广告形式，其中以美图和36氪为主流，即屏幕上方大部分是广告展示区，下方是自己应用的品牌识别区（包括标识、应用名称和广告标语）。同样，用户拥有是否跳过广告的自主权，点击跳过可以直接进入App。

2.4.3 插屏广告

插屏广告是用户在App上作出暂停、切换等动作时触发的广告，常见于视频和游戏类应用。这种广告通常占据半个手机屏幕，且位于屏幕的正中间。

这种广告形式直接介入用户的使用过程中，会影响用户的操作效率，体验较差。但是由于其占据的屏幕空间较大，用户误操作进入的概率大，对急于进行产品推广和流量变现的广告主来说也是一种不错的选择。

2.4.4　弹窗广告

部分弹窗广告采取后弹模式，也就是说，当页面载入完成后弹出；部分弹窗广告采取关闭触发的模式，即当用户关闭窗口或者离开当前页面的时候弹出。

2.4.5　内文提示广告

内文提示广告，即在内文中选定一些关键字，然后当鼠标移动到上边的时候，使用提示窗口的方式显示相关的广告内容（如图2-14所示）。

图2-14　海尔搜索界面内文提示广告截图

2.5　按照网络广告的活动程度分类

2.5.1　静态广告

静态的旗帜广告就是在网页上显示一幅固定的图片（如图2-15所示），是早期网络广告常用的一种形式。它的优点是制作简单，并且被所有的网站所接受；它的缺点是有些呆板和枯燥，消费者通常容易忽略，关注度比较低，点击率比动态和交互式网络广告要低。

图 2-15　京东网站上周黑鸭的静态广告

2.5.2　动态广告

　　动态旗帜广告拥有会运动的元素，或移动或闪烁（如图 2-16 所示）。它们通常采用 GIF89 的格式，原理就是把一连串图像连贯起来形成动画。大多数动态旗帜广告由 2～20 帧画面组成，通过不同的画面，传递给浏览者更多的信息，也可以通过动画的运用加深浏览者的印象。其点击率普遍要比静态旗帜广告高，而且这种广告在制作上相对来说并不复杂，尺寸也比较小，通常在 15KB 以下。

图 2-16　"百度身边"动态广告

2.5.3　交互式广告

　　当动态旗帜广告不能满足要求时，一种更能吸引浏览者的交互式广告产生了。交互式广告的形式多种多样，如游戏、插播式、回答问题、下拉菜单、填写表格等。这类广告的直接交互比单纯点击包含更多的内容。

2.5.3.1　HTML banners

HTML banners 允许浏览者在广告中填入数据或通过下拉菜单和选择框进行选择。根据相关经验，HTML banners 比动态 banner 的点击率要高得多，它可以让浏览者选择要浏览的页面，提交问题，甚至玩个游戏。这种广告尺寸小、兼容性好，连接速率低的用户和使用低版本浏览器的用户也能看到。实际上，HTML banners 已经成为小型的搜索引擎入口。

2.5.3.2　动态 Flash

动态 Flash 不需要鼠标交互，即可完成动画的播放，这种方式被大量应用在 Flash 广告中。例如，梅赛德斯-奔驰汽车的 Flash 广告没有文案，画面就一个时钟，每过一秒钟就有一辆汽车开出去，用画面的意境体现：还等什么，"Let's talk."（如图 2-17 所示）。

图 2-17　梅赛德斯-奔驰的 Flash 广告

2.6　网络植入广告

2.6.1　网络植入广告的特点

网络植入广告和其他广告形式一样，都有两面性：一方面，可以使受众在不容易产生厌恶心理的情况下接受某种产品或者某一品牌，产生对品牌的良好印象；另一方面，也会因为其隐蔽性，效果不够显著。

2.6.1.1　形式灵活多样

当前，网络广告的植入形式更加多样化，灵活度更高，除了传统的影视植入等形式外，还有花絮植入、线上线下联动植入。在影响受众情绪方面，除了传统的以情动人等手法外，也采用幽默、夸张、自嘲等宣泄式做法。

2.6.1.2　潜移默化地将广告信息传递给目标用户

网络植入广告将产品或品牌以其代表性的视觉符号甚至服务内容策略性地融入电影、电视剧或电视节目中，通过场景再现，使产品或品牌给观众留下印象，继而达到营销的目的。植入广告与传媒载体相互融合，共同构成受众现实生活或理想情境的一部分，将商品或服务的信息以非广告的表现手法，在受众无意识的情形下，悄无声息地灌输给他们，从而取得"润物细无声"的效果。

2.6.1.3　对受众的影响不显著

由于广告主的产品、品牌植入电影、电视剧或者游戏中，有时候消费者的关注点不在这些附属元素上，而只关注剧情或者游戏的进展，因此如果产品和品牌的曝光次数太少，或者和影片、游戏结合得不够紧密的话，受众往往就会忽略；如果产品、品牌和节目的相关性较弱，重复次数又太多，或者喧宾夺主，受众有可能也会反感。

2.6.2　网络植入广告的主要形式

2.6.2.1　网络自制剧植入

（1）台词植入

台词植入就是在电影中巧妙地将品牌植入人物对话中，使之自然而连贯地成为交谈内容之一。

（2）角色植入

角色植入是指根据品牌所具有的符号意义，将某一品牌的商品或服务植入电影中，成为故事主人公个性和内涵的外在表现形式；同时，通过故事情节演绎品牌原有的意义，丰富品牌内涵，增强品牌个性，进一步提升品牌知名度。

（3）场景植入

场景植入主要是指品牌视觉符号、商品本身或商品广告片作为电影或其他媒体的场景或场景组成的一部分出现。相比较而言，这是一种比较消极的被动植入传播方式，更为隐蔽，产品的宣传海报或宣传的产品会直接出现在画面中，不需要电影中的人物用语言来点破。

（4）音效植入

音效植入，即通过旋律和歌词以及画外音暗示，引导受众联想到特定的品牌。例如，各大品牌的手机都有其特定的几种铃音和短信提示音，在影片中，观众即使不能清楚地看到手机上的品牌标志，也可以通过熟悉的铃音或是短信提示音联想到手机品牌；听到主题曲也能使受众联想到品牌。

（5）题材植入

题材植入，即为某一品牌专门拍摄影视剧，着重介绍品牌的发展历史、文化理念等，以提升品牌的知名度。

2.6.2.2　网络文章植入

一是在网络原创小说中，广告植入信息可以体现为小说人物的某种嗜好、对某个品牌的看法、某个日常消费习惯等。

二是在网络新闻中，广告植入信息可以体现为对某个品牌或某个企业的新闻报道。

三是在微信和微博中，广告植入信息可以体现为博主对某个品牌的认可或推崇。比如说微博营销，大部分明星代言人都会通过微博来发布自己的代言信息，使粉丝了解并购买相关产品。

网络文章植入式广告的投放有以下三种方式：

第一，广告主可直接联系网络媒体或者个人博客主洽谈广告投放事宜。以这种方式发布广告，发布位置和质量有保障，但是费用较高，且发布效率低。

第二，广告主可以联系专业的网络软文广告发布机构，由它们将客户的广告信息投放到数以百计的新闻媒体上。此种发布方式效率较高，但是广告发布费用也高。

第三，广告主可以通过广告代理商自主和批量地选择要发布的广告媒体和广告位置。此种方式广告位置有保障，费用也较为透明。

2.6.2.3　网络互动植入

互动工具的快速发展，使得互动植入形式的传播效果更加有效实用。过去互动植入多以短信和奖品互动为主，但多为间接性互动，并不能取得最直接的效果，而且在表现上，总觉得缺少一个过渡环节，稍微显得突兀。随着二维码、微信摇一摇等创新技术手段的出现，原本稍显呆滞的互动植入变得灵活高效，给节目带来了众多细节上的亮点。互动植入合作是推动媒体发展进入5.0时代最有力的武器，技术上的广泛普及势必也会让它成为众多品牌客户相争的"香饽饽"。

所以，品牌客户在没有冠名、特约等植入资源的情况下，重点选择互动植入也是一种好的传播方式。

2.7 移动网络广告

2.7.1 移动网络广告的含义

移动广告或者移动网络广告究竟和传统的网络广告有什么不一样呢？它是否属于网络广告的一个分支呢？现在仍是有争议的问题。结合很多专家的看法，我们认为移动网络广告是基于手机、平板电脑等移动通信终端，利用互联网技术和无线通信技术，主要借助彩信、短信群发、WAP、二维码、手机应用等来满足客户信息需求的各种广告形式。

这样看来，移动网络广告其实和传统的网络广告是有一定差异的，最大的不同就是广告的发布载体发生了变化，一个是PC端，一个是手机、平板电脑等移动端；另外一个明显的差异就是广告尺寸不同，由于屏幕的尺寸差距，广告素材的尺寸也有非常大的区别。同时，移动互联网的快速发展，智能手机、平板电脑的进一步普及，将人们的工作、生活时间分解了，几乎所有空闲的时间都让位给了移动互联网，大大增加了人们的网络表达机会，多样化了用户的使用场景。当然，相比传统的互联网，手机网络仍然存在不稳定、资费较高的问题，这也会影响移动网络广告的发布效果，不过随着网络质量和资费的优化，这种差异将慢慢缩小。

2.7.2 移动网络广告的发展趋势

随着智能手机的普及、移动互联网用户数的快速增长以及移动社交媒体的迅速发展，消费者的上网行为正从传统PC端向移动端进行迁移，从而推动了移动网络广告市场持续快速发展。

中国互联网络信息中心（CNNIC）发布的第52次《中国互联网络发展状况统计报告》显示，截至2023年6月，中国手机网民规模达10.79亿，互联网普及率达76.4%。艾媒咨询发布的《2024—2025年中国品牌营销与千禧青年消费趋势研究报告》数据显示，2023年中国移动广告市场规模为4 646.6亿元，同比增长2.7%。消费者的行为转变及新消费环境均为移动网络广告市场注入了创新动力。随着上游广告主需求的增加及建立广告定价系统，中国移动网络广告市场的规模在2025年有望突破4 800亿元。

2.8 其他新兴网络广告

2.8.1 网络直播广告

2016年，我国网络直播用户规模达3.44亿，占网民总数的47.1%，月活跃用户高达1亿人。从市场的内容板块构成来看，娱乐直播、秀场直播和游戏直播成为网络直播市场的绝对主体和大头，三者之和占比高达96%。2017年，直播带货开始快速发展，用户规模占整个互联网用户规模的比例达到最高点，超过55%。2018—2019年，网络直播全面爆发，到2019年6月，网络直播用户已经达到了4.33亿。自2018年起，抖音活跃用户人数开始快速增长。2020年1月抖音日活跃用户数超过4亿，整体增长趋势仍较快。从2020年开始，直播带货成为零售数字化的重要渠道，关键意见领袖（key opinion leader，KOL）的影响力继续提高，网红获得品牌青睐，吸引了大量粉丝，且投放转化率较高。

2021年和2022年网络直播用户数也在持续增长。截至2023年6月，我国网络直播用户规模达7.65亿，占网民总数的71.0%，月活跃用户高达1亿人。从市场的内容板块构成来看，电商直播成为网络直播市场的绝对主体和大头，占网民整体的48.8%。除此之外，游戏直播与真人秀直播用户规模也在持续增长。

2021年6月至2023年6月中国网络直播用户规模及使用率情况如图2-18所示。

例如，比较流行的红咖社直播平台就是基于大流量和大数据的网络直播广告平台，通过选取适合的网红让广告直接触达潜在用户，使产品被更多人知道、被更多人信任，从而带来销量（如图2-19所示）。

网络直播广告利用互联网的优势，以视讯方式进行网上现场直播，可以将产品展示、相关会议、背景介绍、方案测评、网上调查、对话访谈和在线培训等内容即时发布到互联网上，利用互联网的直观、快速、表现形式好、内容丰富、交互性强、地域不受限制和受众可划分等特点，增强活动现场的推广效果。现场直播完成后，还可以随时为消费者提供重播、点播服务，有效延长了直播的时间，强化了直播内容的最大价值。

（1）发布会直播

说起发布会直播，相信大家都不陌生，如苹果的发布会、小米的发布会和魅族的发布会等。很多手机厂商都利用发布会进行新品宣传，而这无疑是一种很有

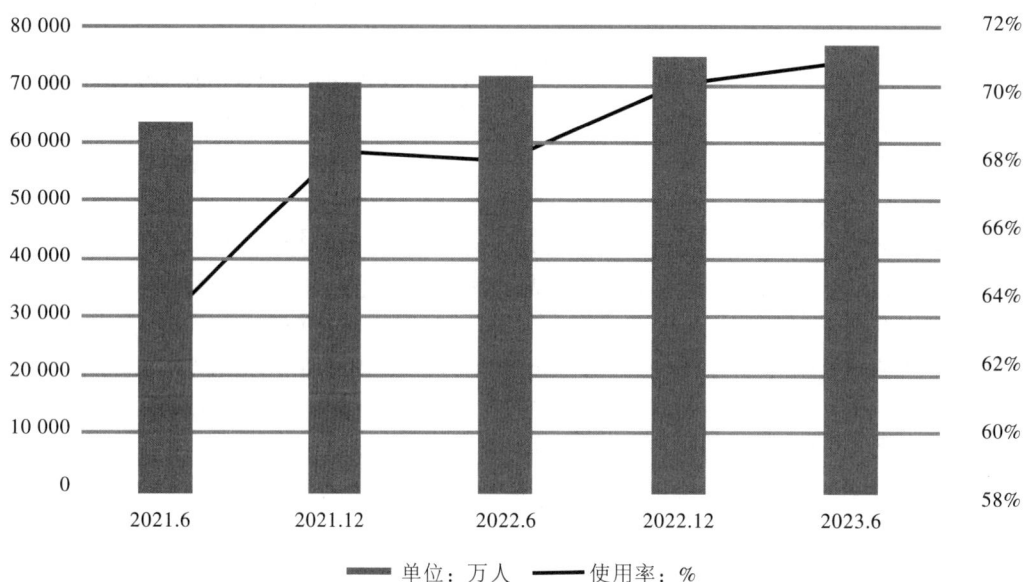

图2-18 2021年6月至2023年6月中国网络直播用户规模及使用率情况

资料来源 中商情报网. 2023年上半年我国网络直播用户规模达7.65亿 占网民整体的71.0% [EB/OL].
(2023-09-14) [2024-03-15]. https://ml.mbd.baidu.com/r/1fGLO4obJDO?f=cp&rs=2310627782&ruk
=YK8hgTJHRmQcb998dRC2cw&u=85f7a09108d7dd40&urlext= % 7B% 22cuid% 22%3A% 22_i2Xa-
laE2u_LuBuj_u2Ful8K-ijPO-ulgOSj8Ya62iKo0qqSB%22%7D.

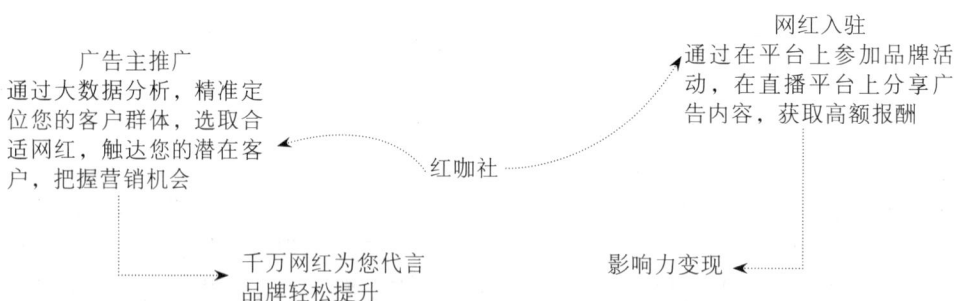

图2-19 红咖社网络直播平台的广告发布模式图

资料来源 佚名. 网红广告投放平台 [EB/OL]. [2024-03-07]. http://www.hongks.com/
ranktg.html.

效的口碑营销方式，配合社交媒体以及新闻媒体，可以很好地将相关信息传递给目标人群。

（2）网红直播

网红直播是目前使用最多的直播方式，利用网红进行产品和服务的直播无疑是一种创新。比如，现在的淘宝店很多都利用网红营销，或由淘宝店主进行直播，吸引粉丝以增加销量。这里的网红不只是帅哥美女，还包括吉祥物等。从洗发水和巧克力等商品的制造商联合利华到包括博柏利和古驰在内的设计师手袋供应商，都竞相利用有影响力的网红来宣传自己的商品。

2.8.2　微电影广告

从2010年开始，充满草根气质的微电影营销登堂入室，成为广告营销市场的新宠。微电影广告是新兴的广告传播形式，是为了宣传某个特定的产品或品牌而拍摄的有情节、时长一般在5～30分钟、以电影为表现手法的广告。它的本质依旧是广告，具有商业性或者目的性。其采用了电影的拍摄手法和技巧，增强了广告信息的故事性，能够更有效地实现品牌形象、理念的渗透和推广，从而取得"润物细无声"的效果。微电影广告虽然是电影，但产品成为整个电影的第一角色或是线索，时间上微电影远比电影短小精悍。

2016年Kenzo以社交媒体为题，拍摄了一部名为"The Realest Real"（《最真实的现实》）的微电影，是Netflix旗下以反思人性为卖点的《黑镜》系列电视剧的姊妹篇；CHANEL则以纪录片的方式诠释品牌内涵，推出了"Outside CHA-NEL"系列短片。此外，博柏利推出了圣诞献礼微电影《博柏利品牌创始人的传奇故事》，由英国实力导演Asif Kapadia执导，时长3分钟，以想象的形式再现并植入了公司的历史和价值观。这些国际大牌之所以耗费财力与精力拍摄这些看似并无直接销售倾向的微电影广告，无疑是想通过电影这一极具情绪感染力的手段提升品牌形象，达到情感营销的目的。

在国内市场上，我们也可以看到很多熟悉的微电影制作是与各种类型的产品进行合作的。比如，网络上一夜走红的微电影《老男孩》，背后是雪佛兰的冠名；《看球记》与佳能合作；《一触即发》《66号公路》则是凯迪拉克的定制作品；同方电视也推出了一部以全维度情感为主线的微电影《看得见的幸福更出色》。观众看电影时可能会对这些作为正片前的广告投放的微电影感到迷惑，因为看不出它们究竟是史诗电影的预告片，还是一个品牌的广告。

网络广告理论前沿（二）

网络直播带货对消费者购买决策的影响研究

现有研究主要围绕网络营销模式中的购买决策与影响因素、直播营销、直播过程与网红特征、网红在直播营销中的作用及经济效应展开。

第一，购买决策反映了消费者从评判需要、搜集信息、分析方案到决定购买和发生购买行为的动态过程。影响消费者购买决策的因素分为性格、收入等个人因素，激励、信息等心理因素，以及文化、价值观等社会因素。在网络营销模式下，聚集于同质空间中的消费者具有高度趋同性、近似性特征，使得个人因素、社会因素的作用不再明显，而平台主播作为载体的营销作用更加重要，更需要从平台营销者这一主体角度重新审视消费者的行为。

第二，直播营销是借助互联网平台，对待销品进行实时介绍、展示、互动的新兴营销方式。它以影像、图文、视频等信息媒介向消费者提供营销信息，通过差异化带货过程促进营销成效提升。

第三，直播过程与网红特征在吸引粉丝、打造营销竞争力方面扮演着重要角色，那些具有自身特质的营销者的作用在社交媒体平台的催化下被成倍放大，直接影响着多个垂直领域的网络群体，因而极富商业价值。一般而言，网络红人在直播过程中传递着颜值、才艺、互动、社交属性，通过将直播内容和爆款产品无缝衔接触发消费体验。

第四，网络主播是移动互联网中因持续展示某种特征并表现活跃而走红的群体，他们依托新兴媒介扮演意见领袖，具有社交范围广、信息传播量大、个人影响力强的特征，可以将自身对产品的倾向和态度传递给粉丝，影响粉丝的购买决策。直播催生了网红经济。社交媒体平台上的网红通过吸引大量观看者，积累庞大的粉丝规模及定向营销群体，并依托IP衍生出一条新业态链。

第五，在网红经济中，并非所有的线上直播都能带来可观收益，而是存在明显的马太效应，即只有那些善于吸引粉丝流量并科学组织营销的头部网络红人，才能实现直播营销成功。

随着互联网技术的演进及对数字化营销的探索，直播带货已成为零售电商的新"风口"，但其营销过程中购买决策的影响因素一直是未解之谜。对直播数据的挖掘可深入了解粉丝的消费习惯，设计更能够吸引消费的直播内容和形式，打造消费者喜爱的爆款产品，推动经济效益提升。

资料来源　刘平胜，石永东. 直播带货营销模式对消费者购买决策的影响机制［J］. 中国流通经济，2020，34（10）：38-47.

品牌强国工程——乡村振兴行动

2021 年 4 月 17 日，中央广播电视总台"品牌强国工程——乡村振兴行动"在重庆启动。该行动利用总台旗下全媒体多平台的传播优势，打造乡村品牌，振兴乡村产业，实现以产业振兴带动乡村全面振兴。

中央广播电视总台结合开展建党百年宣传报道，大力弘扬脱贫攻坚精神，生动讲好"三农"故事，向全世界展现中国乡村振兴的伟大壮举。总台通过提供免费广告、新媒体产品、融媒体传播活动等线上线下优质资源，助力乡村振兴战略，打造乡村振兴品牌。

乡村要振兴，产业兴旺是基础，品牌建设是关键。重庆坚持科技兴农、品质强农、品牌旺农，大力发展小规模、多品种、高品质、好价钱的现代山地特色高效农业，有效带动了农民增收致富。重庆愿以中央广播电视总台"品牌强国工程——乡村振兴行动"为契机，让更多重庆品牌面向全国、走向世界。

据悉，近年来，为助力脱贫攻坚，中央广播电视总台推出了一系列创新举措。总台先后推出大型政论专题片《摆脱贫困》等精品力作，为人类减贫史上这一中国奇迹立下影像"史记"；"广告精准扶贫"项目累计为 23 个省区市和新疆生产建设兵团的 216 种农副产品免费播出广告，投入广告资源总价值达 74.9 亿元人民币，已惠及 387 万贫困户、1 478 万贫困人口；深入推进"春华秋实·国聘行动""买遍中国""公益直播带货"等媒体公益行动。

党的十八大以来，以习近平同志为核心的党中央接过历史的接力棒，把脱贫攻坚作为实现第一个百年奋斗目标的底线任务和标志性指标，举全党全国之力向绝对贫困宣战。习近平总书记亲自指挥、亲自部署、亲自督战，走遍 14 个集中连片特困地区，考察调研了 20 多个贫困村，以钉钉子精神一抓到底。

全党上下快速行动，在精准扶贫方略指引下，瞄准扶持谁、谁来扶、怎么扶、如何退问题，构建了体现社会主义制度优势、行之有效的帮扶体系。每个贫困户脱贫背后，都是一套量身定制的脱贫方案、一个相互协作的系统工程、一场改变命运的硬仗——做到"六个精准"、实施"五个一批",国家扶贫政策精准"滴灌",贫困地区经济社会发展明显加快。经过全党全国各族人民共同努力,完成了消除绝对贫困的艰巨任务,创造了又一个彪炳史册的人间奇迹。

党的二十大报告指出:"我们坚持精准扶贫、尽锐出战,打赢了人类历史上规模最大的脱贫攻坚战,全国八百三十二个贫困县全部摘帽,近一亿农村贫困人口实现脱贫,九百六十多万贫困人口实现易地搬迁,历史性地解决了绝对贫困问题,为全球减贫事业作出了重大贡献。"

资料来源　［1］何蓬磊,刘贤.中央广播电视总台"品牌强国工程——乡村振兴行动"在重庆启动［EB/OL］.（2021-04-17）［2024-03-13］.http://m.chinanews.com/wap/detail/zw/gn/2021/04-17/9456910.shtml.［2］侯雪静.脱贫攻坚战,全面胜利!［EB/OL］.（2021-02-25）［2024-03-13］.https://www.gov.cn/xinwen/2021/02/25/content_5588879.htm.

本章小结

网络广告的形式可谓多种多样,最开始出现的是旗帜广告、按钮广告、全屏广告,然后是声音广告、视频广告、游戏广告、Flash广告。另外,还有近几年发展速度最快、覆盖人数最多的搜索引擎广告等。不仅有纯粹进行企业和产品宣传的硬广告,而且很多网络广告和内容相结合,越来越隐性化、趣味化、娱乐化,如游戏植入广告、网络直播广告、微电影广告等。网红作为新生代的关键意见领袖,对年轻消费群体的影响日益增强,很多电商平台也利用网红直播引流并增加产品销量。

不管是大牌企业还是中小企业,在宣传产品和服务的同时都会考虑消费者的购买心理,希望能在不知不觉中影响消费者的消费行为。当然,由于网络广告形式的多样复杂,对企业来说,如何选择合适的网络广告形式,如何对信息和形式进行有效的整合是比较困难和头疼的事情。尤其是随着智能手机和5G网络的快速发展,移动广告将人们的时间进一步碎片化,信息有时候真的很难到达目标消费者处,或者即使到达,也会让消费者产生困扰,因此如何精准定位、投放高度精准的定向广告将是企业网络广告策略的一大挑战。

复习思考题

一、名词解释

网络媒介　旗帜广告　按钮广告　富媒体广告　定向广告　网络分类广告　游戏植入广告　微电影广告

二、简答题

1. 什么是关键词广告？它有哪些优劣势？

2. 什么是竞价排名？你认为竞价排名存在什么问题？

3. 网络广告常见的形式有哪些？各自的优缺点是什么？举例说明。

4. 网络广告的功能有哪些？

三、讨论题

很多网民认为，某些网络广告会影响网站体验。研究表明，大部分人将来可能都会使用广告拦截技术，因为网络广告越来越让人反感。网络广告可能会以多种方式影响人们的上网体验。例如，手机广告会延长网页加载时间，影响消费者的参与和体验。和影响网站的性能相比，侵入式广告更让人反感。调查发现，弹窗广告是人们最不喜欢的网络广告形式。数据显示，对弹窗广告很反感或不能接受，远超过其他广告类型。其他令人反感的广告类型还包括不可跳过的视频广告和自动播放视频广告。调查还显示，大多数网民都不喜欢收看自动播放声音的手机视频广告。

讨论：网络广告如何才能降低网民的反感度、提升网民的网站体验？

第 2 章多选题

第3章
社交媒体广告

学习目标

了解国内外主要的社交媒体平台
了解社交媒体广告的特点
理解国内外社交媒体的异同点
掌握在社交媒体上发布广告的策略

　　社会化媒体泛滥带来的变化是：每个人的发言都极为容易；每个人的发言的传播可能性和速度都极大提升。也可以庸俗地说，口碑要素在传播中的作用更为突出。

——王连升《社交媒体》

网络
广告学

ADVERTISING

引例

"完美日记"在社交媒体平台的爆火

近些年，中国化妆品行业快速发展，国产化妆品凭借着高速发展的互联网平台找到了突围之路。在竞争激烈的美妆赛道上，完美日记通过推出一系列富有诚意的产品、极具创意和传播性的营销动作打响了品牌名声，从最早的小红书种草到抖音、快手、微信、微博、哔哩哔哩等全渠道覆盖传播，社交媒体广告的发展为完美日记品牌迅速崛起贡献了巨大力量。

发展初期，完美日记将营销重点投放在小红书平台上，通过网络聚集了众多女性交流和分享化妆、穿搭心得，种草产品。此外，在微信平台上，品牌也根据不同人群的不同需求，开设了成百上千个微信号和小程序，统一标志为"小完子"，为数以万计的用户推荐更合适的产品，提供更优质的服务。随着抖音爆火，完美日记把握时机，巧妙地利用抖音短视频平台和消费者进行有效沟通，大大增加了产品的销量，提升了品牌知名度。2019年，完美日记连续17个月荣登天猫眼影品类销售冠军；2020年4月，完美日记成为天猫销量No.1的彩妆品牌。直到2024年，它也依然是中国美妆行业的"增长传奇"。

在传播内容方面，为了让受众减少抵触，完美日记投放的广告趋于故事化、情节化，更注重个性表达，传播场景更加贴合用户的日常生活。"绝美的唇釉"合集用16个系列短视频直观地展现了唇釉色彩和外观的美丽，该作品集的播放量高达4.9亿次；"白胖子的高能搞怪日常"合集打造品牌IP形象，树立了一个可爱但又专业的白胖子小老师形象，与用户建立联系。在话题制造方面，完美日记根据女性的生活和心理推出了"关于女生的未解之谜"系列短视频，引起广泛讨论。尤其是与抖音平台联合发起和举办的巨量文娱百大IP计划《女王剧场》，截至2024年4月，获得了21.1亿次播放量，传播效果显著。除此之外，完美日记还邀请众多与品牌基调相吻合的网红明星合作，巧借明星效应吸引用户消费。

总的来说，完美日记利用社交媒体平台的大数据算法，投放了大量开屏广告、信息流广告，以触达更多的受众，传播了更加立体的品牌形象，促进了品牌的快速成长。

资料来源 蒋潘静."完美日记"抖音短视频广告策略研究［D］.南昌：江西财经大学，2021.

中国互联网络信息中心（CNNIC）第52次中国互联网络发展状况统计报告显示，截至2023年6月，我国网民规模达10.79亿人，互联网普及率达76.4%，我国网民的人均每周上网时长为29.1个小时，呈上升趋势。

We Are Social 发布的《2023年全球数字报告》显示：截至2023年10月，全球已有51.6亿互联网用户、47.6亿社交媒体用户，人们每天花在社交媒体平台上的时间已超过2.5小时，比听广播和看有线电视的时间多40分钟。16～34岁的年轻人在寻找品牌信息时，更有可能访问社交网络，而不是使用搜索引擎，数字广告支出同比增长15.2%。社交媒体逐渐融入人们的生活中，全面而深刻地影响着社会、经济、政治、文化的变革。社交媒体的发展改变了媒介信息环境，也给舆论传播带来了不可逆的挑战。

从全球来看，社交网络营销已经成为更受广告主青睐的营销方式之一；在中国，社交网络营销商业模式也逐渐发展、成熟，产业链各环节均在寻求创新与突破，原生广告形式逐渐丰富，针对社交环境与体验而进行的场景化、精准化营销成为热点。即时通信与短视频的融合成为发展的主要趋势，人工智能等新一代信息技术带来新的发展机会。数据显示，发布生成式人工智能产品后，2023年微软第一、二季度含搜索在内的广告营收同比分别增长10%和8%；百度在线营销和云服务等市场的潜在客户数量3月同比增长超过400%。云计算、人工智能、虚拟现实等新技术迅猛发展，为媒体融合提供了有力支撑，全程媒体、全息媒体、全员媒体、全效媒体特征逐步显现。

3.1 社交媒体的发展现状与作用

社交媒体是人们用来分享见解、经验、观点的工具和平台，对企业而言是一个更好地搜集客户信息、意见和建议，同时传递企业的最新资讯、与客户互动交流的平台。从企业运营的角度来看，中国社交网络营销自发展以来主要经历了三个阶段：从社交媒体平台仅作为新的传播渠道，到增加互动反馈、形成粉丝经济与文化，再到通过技术手段精准投放、有效触达。企业在社交网络营销方面的需求越来越多，社交网络参与品牌营销的程度逐步加深，社交网络营销的价值也得到了更多的体现。

（1）社交媒体推动企业信息透明化

社交媒体比以往任何一次技术革新都更能促进企业的协作精神，使得所有的公司和组织都能处于公众的监督之下，企业对社交媒体的积极性越高，其透明度也就越高。现在很多公司不仅自己发布关于公司产品、服务和员工的信息，甚至要求自己的员工撰写博客，来帮助公众更好地了解公司的内部状况。还有很多公司让客户来发布公司的有关信息。这就意味着企业的信息更加透明、公开化，意味着企业面对环境、产品标准以及消费者和员工权益等问题时，不得不更加慎重。

（2）社交媒体有助于企业提升产品质量，打造消费者真正需要的产品

社交媒体使得所有消费者都可以针对产品发表评论，因此企业的产品必须有过硬的质量，产品质量不过关的企业将会被曝光并最终失败。这也是好的产品往往在传统营销上投入的资金更少的原因所在。社交媒体的存在使得优秀的产品能够获得用户和粉丝的追捧，也使得质量差的企业会面对更多的批评，所以很多具有前瞻性的大企业都会在社交媒体上听取用户的意见和反馈，并借此打造更好的产品。

（3）社交媒体可以让消费者自由接触到各类型企业，并自主控制社交关系

在传统媒体中，消费者无法控制自己与企业之间的关系，基本上是由企业做主。但是在社交媒体中，这种关系发生了逆转，一切关系的控制权都到了消费者手中。消费者可以选择关注或者不关注各个企业的官方网站、它们的产品甚至是员工，至于是否要加入它们的社区，则完全由消费者自己做主。消费者还可以在企业的社交媒体上留言，与企业进行互动，也可以对企业发布的信息不理不睬、置若罔闻。

3.2　社交媒体广告概述

2023 年 12 月，Magna 发布"全球广告预测"报告，称 2023 年全球媒体净广告收入（NAR）达到 8 530 亿美元，相比 2022 年增长 5.5%，2024 年增长率将达到 7.2%。一方面，传统媒体广告收入萎缩，2023 年电视广告收入缩减 6%，平面广告销售额缩减 5%，音频媒体广告收入下降 2%；另一方面，Meta、Tiktok 等社交媒体广告重回上升通道，广告收入增长 15%，达 1 820 亿美元，YouTube、Twitch 等纯短视频平台广告收入增长 9%，达 700 亿美元。

亚太地区广告经济增长 8.2%，高于全球 5.5% 的平均水平，主要由印度（增长 12%）、巴基斯坦（增长 11%）和中国（增长 9.8%）3 个国家推动。其中，社交媒体广告增幅达 16%，占亚太地区广告总收入的 32%，移动设备的普及为社交媒体广告收入的增长奠定了基础。

3.2.1　社交媒体广告的定义

社交媒体广告就是在基于互联网的社会化媒体（social media）上发布的广告。社交媒体就是指互联网上基于用户关系的内容生产与交换平台，如美国的脸书（Facebook）、YouTube等，中国的微博、微信、QQ空间、百度贴吧、知乎、抖音等。

社交媒体广告结合了付费（paid）广告、自有（owned）媒体、赢得的（earned）媒体这三者的优势：精准投放、有原生内容、互动性强并且令人信服（如图3-1所示）。

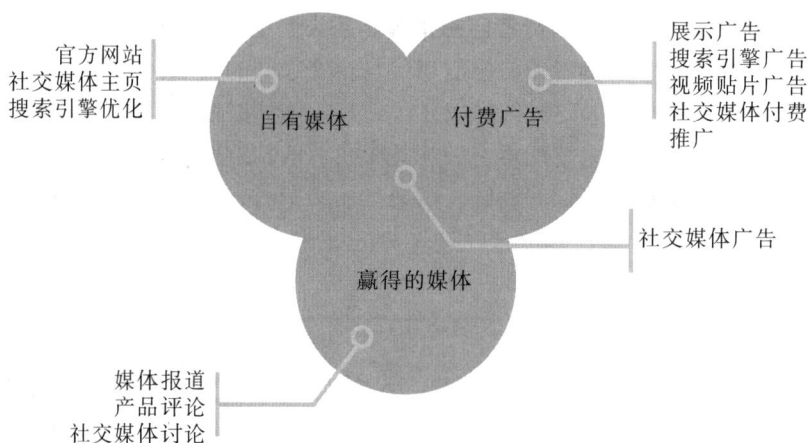

官方网站
社交媒体主页
搜索引擎优化

自有媒体　　付费广告

展示广告
搜索引擎广告
视频贴片广告
社交媒体付费
推广

社交媒体广告

赢得的媒体

媒体报道
产品评论
社交媒体讨论

图3-1　社交媒体广告与付费广告、自有媒体、赢得的媒体的关系图

3.2.2　消费者对社交媒体广告的态度

❶社交媒体的关注度和信任度高。社交媒体不仅被关注，还深受信赖。社交媒体已经成为中国人生活的一部分，这也使社交媒体广告在品类众多的数字广告中脱颖而出。中国用户关注并信任社交媒体上亲友的分享和信息流广告高于网页展示广告、搜索结果中的广告和视频广告（如图3-2所示）。

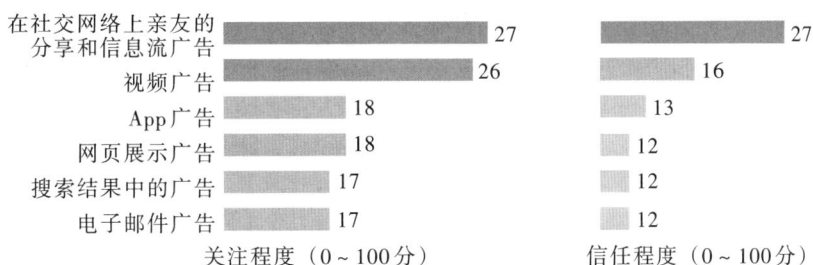

图 3-2 消费者对不同网络广告的关注度和信任度

❷影响消费者选择是否关注的第一因素是广告是否"幽默有趣"，可见广告的创意性很重要（如图 3-3 所示）。

图 3-3 社交媒体用户对广告的兴趣点

❸消费者会关注哪些广告与自身相关，或者关注自身感兴趣的产品、人物等，因此，广告投放的精准性对广告效果也具有重要影响（如图 3-4 所示）。

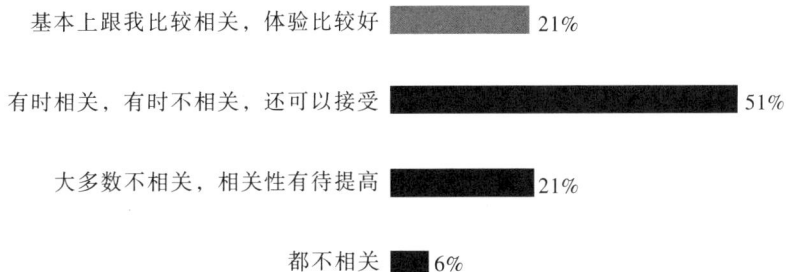

图 3-4 广告产品与消费者的相关性对广告关注度的影响

就广告内容而言，无论是哪种形式的广告，幽默、音乐及故事有趣味性都是提升用户对广告关注度的关键因素。

3.2.3　社交媒体上的广告形式

社交媒体上的广告通常会与用户使用场景相结合，力求提供最佳的用户体验。社交媒体上的广告主要分成两大类：以信息流广告为主，以展示广告为辅。以微信广告为例，它分为朋友圈广告和公众号展示广告；新闻媒体属性很强的微博都有热门话题推广，而具有商务社交基因的LinkedIn除了拥有企业推广快讯之外，还有推广InMail、适合职业环境的E-mail使用习惯。

3.2.4　社交媒体广告与原生广告、信息流广告的区别

原生广告最早由美国风险投资人弗莱德·威尔逊（Fred Wilson）提出。他指出：原生广告是一种从网站和应用软件用户体验角度出发的盈利模式，由广告内容驱动，并整合了网站和应用软件本身的可视化设计。中国最早引入原生广告概念的是凤凰网，凤凰网CEO认为："原生广告是通过融入受众所在的媒体环境，以精确方式推送的，在保障用户体验的同时，提供对用户有价值的信息。"国内外学界和业界目前对原生广告的概念多有讨论，但还没有统一界定。

原生广告是2012年提出的一个概念，目前没有人可以给原生广告一个很明确的定义，各界众说纷纭。BuzzFeed的总裁说："当你采用内容的形式并冠以该平台的版本，就是一种原生广告。"

IDEAinside给出的定义是：原生广告通过"和谐"的内容呈现品牌信息，不破坏用户的体验，为用户提供有价值的信息，并让用户自然地接受信息。它是一种让广告作为内容的一部分植入实际页面设计中的广告形式。

信息流广告是出现在社交媒体用户好友动态中的广告，用户收到信息之后可以进行点赞、评论、点击超链接查看广告详情。信息流广告的投放特点是个性化投放，广告主可以按照自己的需求竞标获取用户标签和受众信息，通过投放平台将广告投送至用户终端。它具有原生属性，但并不能完全避免干扰用户体验的风险。有效的信息流广告要做到能为用户提供真正需要的信息，让用户更有主动权和参与感。

社交媒体广告中既有以内容为主的原生信息流广告，也有展示性的传统硬广告。

3.3 国内主要社交媒体平台广告

3.3.1 微博广告

3.3.1.1 微博广告的产生与发展

微博（Weibo）是基于互联网技术、具有良好互动性的信息传播工具，也是一个基于用户关系的信息分享、传播以及获取的平台。微博是微型博客（Micro-Blog）的简称，也是博客的一种，是一个通过关注机制分享简短实时信息的广播式的社交网络平台。企业或者组织通过官方微博平台来发布产品和服务信息就形成了微博广告，其他个人、企业、组织对企业微博点赞、评论、转发等行为也会形成带有原生内容的微博广告。

面对企业营销需求的更新换代，微博量身打造出了粉丝通、粉丝头条、微博精选、品牌速递等丰富的信息流广告产品矩阵。与此同时，针对客户新品首发、重大促销、限时抢购、重大联合推广、明星代言等需求，微博制订了国内首个社交媒体全覆盖解决方案"Big Day"。与普通社交广告投放相比，微博"Big Day"的最大亮点就是全程跟准用户访问路径，支持基于UID的精准投放触达，并通过大数据洞察消费者的最新需求，激活活跃粉丝和潜在用户；同时，还能通过与具有影响力的官方账号联动，实现社交关系传播，使广告主在社交媒体全平台快速有效地覆盖海量用户的诉求成为可能。

（1）企业利用官方微博发布广告信息

随着微博近年来的强势发展，越来越多的国内企业也将微博平台作为其广告投放的阵地之一。很多企业都通过门户网站上的机构认证建立了官方微博，进行产品的推广和品牌形象的宣传；通过在微博上积聚大量的用户，并与这些用户沟通交流，培养用户对该企业的认可度和忠诚度（如图3-5所示）。

图 3-5 周黑鸭的官方微博截图

（2）借助高人气用户发布广告信息

由于高人气用户拥有数量庞大的粉丝，其影响力和号召力优势明显，借助他们的微博平台发布广告信息，可以在较短的时间内引起网民的关注，有利于提高广告信息的有效到达率。

（3）隐性的微博广告

这种广告的发布并非发布者的主动（观）意愿，而是微博自身的内容对广大网友产生吸引力，其中提及的商品等被大家所认可，很多网友会通过私信、评论等方式询问购买途径、商品价格等，从而间接地成为一种广告。如"食在魔都""全球美食"这类用户，经常在微博上发布美食信息，引起不少微博用户的追捧。

3.3.1.2　微博广告的特点

（1）自主平等的传播理念

微博是个性化、自主化的传播媒介，其传播理念是平等交流、自主互动。它为个人搭建了能够释放个人活动空间和自由的独立平台，使个人拥有了更多的话语权和自主权。

（2）传播即时便捷

在广告竞争白热化的现阶段，传播速度一定程度上对广告效果也起着制约作用，将新产品信息以最快的速度传递给受众以占领市场，是广告主进行广告推广的重要目的。微博用户可以通过电脑端和手机端随时更新产品资讯、打折促销等消息，实现随时随地地发送和接收信息。

（3）互动的传播方式

微博传播的互动性是增强用户黏性、留住用户的重要手段，广告主、广告发布者和广告受众可以通过微博营销实现真正的双向互动。微博广告会以病毒式口碑传播方式，吸引用户主动参与到他需要或感兴趣的相关内容的对话中。企业在与用户的沟通、交流中树立企业形象，打造企业品牌，从而促使用户跟随、关注企业微博。对企业来讲，微博的意义更在于加强对企业目标用户的舆论引导，树立企业的良好形象与信誉。

（4）对碎片化内容进行系统的"碎片传播"

每条微博的字数限制最开始为140个字，这使得用户可以利用任何碎片时间完成信息的传播，这种只言片语的即时表达整合了众多受众的碎片时间，迎合了现代人的生活节奏和习惯。微博广告的"碎片营销"就是把有关企业或者产品的信息从各个角度释放出来，进行系统的"碎片传播"。

3.3.2 微信广告

3.3.2.1 微信广告的产生及发展

"微信"是腾讯公司推出的基于智能手机的即时通信软件，它的迅速推广并结合微营销理念为微信广告的投放提供了机会。微信广告将微信作为传播平台和渠道，对文字、图片、语音和视频进行广告创意，从而将企业和品牌的信息传达给受众和消费者。微信广告的形式主要有漂流瓶品牌广告、会员卡O2O广告、公众号推送广告、定位推送广告和微信小游戏植入广告。

2015年，微信平台发布了新的产品功能，其后台增加了定向条件"兴趣标签"，即根据用户的基础属性、短期行为以及长期兴趣等对其进行分析，提炼出用户的兴趣标签，具体包含教育、旅游、金融、汽车、房产、家居、服饰鞋帽箱包、餐饮美食、生活服务、商务服务、美容、互联网/电子产品、体育运动、医疗健康、孕产育儿等。此外，广告主还可以自定义用户的兴趣标签。而2021年微信8.0版本的小表情可以播放动画，并且可以满屏播放，还有放烟火、"扔炸弹"的表情功能。

2015年1月25日晚，传闻已久的第一条朋友圈广告终于发布。宝马、Vivo和可口可乐齐刷刷亮相，朋友圈炸开了锅，一石卷起满圈风浪。和传统的广告发布不同，这几条微信朋友圈广告都是基于大数据分析进行推送的，根据不同的收入和消费能力，分别向不同的用户推送宝马、Vivo或者可口可乐的广告。企业靠着简单的一则推送广告火了，当然火的不仅有企业，还有微信平台。

3.3.2.2 微信广告的特点

（1）广告更具针对性

微信广告的客户群更具有针对性，如汽车品牌做营销活动，肯定会选择以发布汽车资讯为主的账号，因为关注这类账号的用户大都是汽车发烧友。又如，对于化妆品，消费者可能收到的是不同品牌和价位的化妆品广告。

（2）形式多样

微信广告既可以图文并茂，还可以插入视频和音乐，这样的形式在营销推广的过程中显然会起到吸引用户关注的作用。

（3）互动关系更强

与微博的开放式关注不同，微信上双方之间基本上都是线下认识的朋友关系，是一种强关系，互动性更强。同时，朋友圈成员间信任的传递，有助于受众增强对接触到的广告信息的信任感，为广告的后续传播提供了可行性；和用户之间的互动，能够提升用户对品牌的信任度。

（4）口碑效应明显

如果你朋友圈中的很多朋友都关注并且转发了某个品牌的信息，那么你自然而然地会产生好奇心理，这是口碑营销的第一步。很多企业都采用朋友圈分享的形式来推送产品，这主要是因为除了点对点的营销模式外，一对多也容易产生口碑营销的效果。

3.3.3　QQ空间广告

3.3.3.1　QQ空间广告的产生及发展

作为中国最大的社交媒体平台之一，到2024年，QQ空间的月活跃用户达到6.29亿，受众人群主要是"95后""00后"。腾讯QQ在与消费者沟通的过程中，往往采用交互式的方法。目前，QQ已经覆盖多个主流平台。QQ支持在线聊天、视频通话、点对点断点续传文件、共享文件、网络硬盘、自定义面板和QQ邮箱等多种功能，并可与多种通信终端相连。

QQ空间广告的形式主要有漂流瓶品牌广告、会员卡O2O广告、QQ空间推送广告、定位推送广告和QQ小游戏植入广告等。2016年，QQ空间也引入了直播，与Five口香糖携手，邀请其品牌代言人参与线上直播。为了配合直播活动，QQ空间还为品牌定制了专属商业礼物，让目标受众能与直播明星、品牌亲密互动。

3.3.3.2　QQ空间广告的特点

（1）QQ空间的用户是基于强关系的好友，因此互动性和共享性更强

QQ空间是基于QQ好友关系的大社交媒体平台，用户之间可以进行信息分享和互动，以满足展示、交流、娱乐和生活的需求，这就为内容的传播提供了"信息池"。用户拥有QQ、QQ空间、QQ音乐和QQ宠物等多方社交场景的动态信息，因其强大的熟人关系及社交关系，主动分享和互动的能动性更强。

在2016年里约奥运会期间，可口可乐与QQ空间携手开展了"此刻是金"活动，利用大数据，QQ空间为每位用户打造了一场专属的"时光之旅"，找回每个人的专属黄金时刻，向6.5亿QQ空间用户传递"此刻是金"的含义，并让品牌与受众取得情感上的共鸣。

（2）"95后""00后"是QQ空间的主要用户，因此QQ空间广告的个性化和娱乐性更强

腾讯社交广告擅长对潜在客户进行精准定位，通过深入洞察每个人的个性需求，在多场景的互动中，满足用户内心的情感诉求。《QQ空间"95后"消费观数据报告》显示，"95后"对明星和游戏话题的兴趣远高于非"95后"。在相关话题的"说说"中，"95后"的比率超过七成。他们对娱乐性话题的关注度极高，明星效应在新生代群体中的影响力不言而喻。QQ空间的用户对游戏、明星、电影、综艺等方面所表现出的兴趣都带有明显的互联网烙印，在互联网和社交网络上难以引起注意的事物很难引起他们的兴趣。

QQ空间也是"00后"最喜爱的板块。"00后"对QQ空间表现出了较强的倾诉欲，有60%多的空间说说来自"00后"。现在的QQ空间已经叠加了包括小游戏、小视频在内的各种轻功能，也是各大游戏厂商重点关注的广告素材投放渠道。

3.3.4 抖音广告①

3.3.4.1 抖音广告的产生和发展

抖音最初是由字节跳动推出的一个短视频分享平台，用户主要通过发布短视频展示自己的生活、才艺和创意，形成一个内容分享和传播的社交网络。随着用户规模的扩大，抖音逐渐成为全球范围内最受欢迎的社交媒体平台之一，并开始探索商业化转型之路。为了实现盈利和持续发展，抖音引入了广告投放服务，除了传统的横幅广告和插播广告外，抖音还推出了原生广告、挑战赛广告、明星代言广告等多种形式，使广告逐渐融入用户的内容浏览体验中。抖音广告业务不断扩展，除了针对大众用户的广告投放外，还推出了更多专业化和定制化的广告形式，如品牌合作、粉丝引流、直播推广等，以满足不同广告主的需求。

基于平台商业化转型、广告形式创新、大数据精准投放、KOL合作和品牌营销等多方面因素的综合作用，抖音逐渐成为一个有效的品牌营销工具，促进了社交媒体平台商业模式的发展。TikTok与抖音同属一家公司，共享一些技术和资源，被称为抖音短视频国际版。但是二者账号不互通、用户不共享，搜索、推送、运营和变现方式也有所不同，所以本节不讨论TikTok。

① ［1］佚名. 社交平台广告效果如何衡量？抖音推出"有效互动率"［J］. 成功营销，2018（C1）：14-15. ［2］刘婉仪. 抖音原生广告及其传播机制与传播策略研究［D］. 北京：北京外国语大学，2022.

3.3.4.2 抖音广告的特点

（1）广告传播主体多元性

不同于传统广告以传播媒介为主体单方面地向用户传递信息，抖音中的传播主体非常多元化，抖音平台、广告主、创作者和用户四方均可成为广告传播主体。抖音平台主要是发布开屏广告以及广告主投放的单页信息流广告（CPM）；广告主在抖音平台进行蓝 V 企业号认证之后，也可以根据抖音平台赋予的一些特权进行广告的传播；创作者是指抖音上有一定流量的明星和网络红人，在和广告主合作之后发布品牌广告并进行广告传播；用户则可通过转发和分享促进广告传播，因而也是抖音广告的传播主体之一。

（2）广告形式多样性

为了提高广告的曝光率和点击率，抖音在广告形式上进行了不断创新。除了传统的横幅广告和插播广告外，抖音还推出了原生广告、挑战赛广告、明星代言等多种形式的广告，使广告逐渐融入用户的内容浏览体验中，提升广告的触达效果和用户参与度。广告主可以根据品牌需求和产品特点，选择合适的广告形式进行投放。

（3）传播渠道互动性、强移动性

在移动终端普及的时代，抖音用户可以随时随地接触手机，用户可以关注、评论、点赞、分享广告，消费者可以与创作者、品牌方实时互动，形成良好的社区氛围。抖音广告借助这种社交属性，通过短视频、直播、挑战赛等，吸引用户的注意力，实现传播的品效合一。

（4）广告受众精准性、可转化性

抖音基于用户的行为数据和兴趣爱好，为用户推荐个性化的广告内容。这使得广告能够精准地投放给目标受众；抖音广告平台也会为广告主提供实时数据反馈，包括曝光量、点击率、转化率等多项指标，帮助广告主找出对品牌具有强兴趣关联的用户，从而更有效地转化用户。

（5）广告内容娱乐性、高融合性

抖音广告的娱乐性体现为创作者可以通过精美的视觉效果和创意内容吸引用户的注意力，广告主可以通过制作有趣的短视频广告，展示产品特点、品牌形象等。高融合性特点则体现为广告的内容不仅关注品牌特性，还结合了平台的整体调性和创作者的风格定位，降低广告的劝服性，促使消费者接受广告。这种高娱乐性、高融合性的内容特点可以很大程度上消解用户的戒备心理，提升广告效果。例如，抖音平台上的网络短剧博主通过产品与剧情相结合的方式，将广告嵌

入网络短剧中发布。吸引人的剧情和出其不意的广告吸引众多网友追更，甚至追问剧情中出现的其他产品，取得了出人意料的广告效果。

（6）广告效果可量化

广告主总是期望以更少的预算取得更好的广告效果，抖音广告虽然类型多样，但归根到底是通过用户点击、播放、互动实现有效触达的。抖音广告的点赞、播放、评论、收藏、转发等均可通过后台数据清晰量化。除此之外，抖音还正式推出了互动指数，用以衡量抖音用户与品牌广告之间的真正有效互动。

抖音的互动率算法如下：

$$有效互动率 = \frac{有过广告互动行为的UV}{广告曝光UV} \times 100\%$$

广告互动行为包括点赞、评论、转发、关注、进入主页、查看相关音乐以及点击话题等。[①]

3.3.5　小红书广告[②]

3.3.5.1　小红书广告的产生和发展

小红书最初是一个基于社交的电商平台，主要以用户间分享购物心得和海外商品信息为特色，通过让消费者在大量消费情境下进行沟通和交流，挖掘用户的购买需求。随着用户数量的增加，小红书逐渐演变成一个综合性社交媒体平台，覆盖了游戏娱乐、美妆护肤、旅游出行、运动健身、教育科普、母婴家居等众多生活方式领域。用户在社交媒体平台上获取和分享信息，建立起新的网络社交圈，用户行为数据则给平台提供了更多营销机会。

为了实现商业变现，小红书于2017年推出了品牌合作和广告投放服务，进一步拓展平台的商业模式，从单纯的社交电商向内容营销和社交广告转型。小红书的社交分享属性为信息流广告提供了天然温床，广告自然地融入创作内容之中，让消费者不知不觉地被种草。最初的广告以图文分享为主，商家在笔记中插入商品信息。随着短视频火爆，小红书推出了短视频功能，随之而来的是更为隐

---

① 佚名. 社交平台广告效果如何衡量？抖音推出"有效互动率"[J]. 成功营销，2018（C1）：14-15.

② [1] 查紫怡. 社区性媒介平台的信息流广告效果研究——以小红书为例 [J]. 新媒体研究，2022，8（17）：52-56.[2] 周灏，徐嘉敏."小红书"App社区电商的商业模式研究 [J]. 投资与创业，2021，32（4）：127-130.[3] 王崇峰，于文青. 流量小红书：用户与商业的平衡探索 [Z]. 中国工商管理案例中心，2020（7）.

蔽的原生广告植入，用户与商业化、流量与监管出现矛盾。2019年10月14日，小红书整改上架，通过推出品牌号，让用户更好地识别广告，同时让创作者和品牌方通过平台建立直接联系，形成有效的广告生态系统。通过数据分析和智能算法，根据用户兴趣、行为等因素，将广告内容精准地呈现给目标用户。同时，关注用户体验，严格把控广告数量和质量，避免对用户的干扰，保证用户对平台的黏性和忠诚度。

3.3.5.2　小红书广告的特点

（1）高参与度和高互动性放大传播效果

小红书用户以年轻女性为主，她们热爱分享生活的点滴，对美妆、时尚、旅行等领域充满兴趣，这使得小红书平台上的用户参与度非常高，用户之间可以互相关注、评论、点赞，形成良好的社区氛围。广告主也可以通过发布互动帖子、开展话题讨论等形式，与用户进行直接互动，增强品牌与用户之间的亲密关系。KOL或明星可以在广告内容下留言、点赞，并分享给自己的粉丝，从而实现广告传播效果的放大。

（2）原生化整合发挥内容营销优势

小红书广告倡导原创内容和用户体验，鼓励分享真实的生活经验和消费经历，这使得广告内容更具有说服力和可信度。品牌在平台上推广时也需要与平台内容融为一体，通过制作有趣、有价值的内容，融入用户的日常生活和兴趣话题，做到自然而不突兀地呈现。这种原生化整合的广告方式一方面使品牌更容易获得用户的认可和信任，另一方面可以获得用户真实的使用反馈和评价，促使广告主改善产品和服务，增强品牌与用户之间的关系。

（3）KOL合作提高广告影响力

小红书广告借助社区内部的KOL，通过与他们的合作和推荐，实现品牌信息的快速传播和影响力的扩大。例如，美妆品牌广告商与小红书平台上拥有大量年轻女性粉丝的KOL达成合作意向后，这些KOL就会在其账号上发布使用该产品的美妆视频并进行产品推荐，以提升该品牌产品的知名度。这种由社区驱动的广告传播方式，已经成为符合社交媒体用户社交环境和消费习惯的主要广告传播模式。

（4）用户精准定位提高广告转化率

小红书平台拥有强大的数据分析能力，可以根据用户的行为、兴趣、消费习惯等数据绘制出用户画像，然后通过平台独特的用户画像和标签系统，精准地定位目标受众，助力广告主精准投放。这意味着品牌可以根据用户的兴趣、购买行为和社交互动情况，将广告内容展示给最具潜在购买力和影响力的用户群体，提高广告的有效触达率和转化率。

3.4　国外主要社交媒体平台广告

虽然国内还没有开放脸书、Instagram 等社交媒体平台，但是作为广告研究的专家、学者，或者电子商务、新闻传播、广告等专业的学生，或者国内社交媒体的运营人士，还是有必要了解国外的社交媒体的。

3.4.1　脸书平台广告

3.4.1.1　脸书的产生及发展

脸书是美国的一个社交媒体平台，创立于 2004 年 2 月 4 日，总部位于加利福尼亚州的帕拉阿图；2012 年 3 月 6 日发布 Windows 版桌面聊天软件 Facebook Messenger，主要创始人是马克·扎克伯格。通过对用户在平台上的活动信息的搜集、整理，脸书获得了丰富的用户数据，包括收入、婚姻状况、出生地和家庭状况等多个方面。通过对数据进行分析，脸书就可以有针对性地向用户推送相应的产品广告。

自 2014 年 3 月 14 日起，脸书允许广告主在其平台上投放视频广告，同时确保这些视频广告有足够高的质量。目前，视频广告已经成为脸书广告业务中新的增长点。2016 年第四季度财务报告显示：脸书的视频广告业务增长较快，其中帮助摩托罗拉新产品的市场销售额提高了 3.5%。2016 年，脸书每个季度的广告曝光量都增长 49% 以上。广告曝光量的增长意味着广告主将增加在脸书上的广告投入。2016 年 10 月 3 日，脸书在其 iOS 和 Android 版 App 商店中推出了"市场"（Marketplace）功能，允许用户在脸书上购买和销售物品。2021 年 10 月 29 日，Facebook 公司正式宣布战略转型，更名为 Meta（元宇宙）公司，进行品牌重塑，推动公司业务范围从社交媒体扩展到虚拟现实领域。

Meta 公司 2023 年第二季度报告显示，尽管其在年轻群体中的受欢迎程度呈现下滑趋势，但彼时平台全球月活跃用户仍达到 30.5 亿人次，稳居全球社交网络霸主地位。据统计，2023 年 Meta 广告业务总收入突破 1 700 亿美元大关，彰显了其作为全球数字营销巨头的强劲实力。该平台已触及超过 19.8 亿用户，实现了 31% 的同比增长率，同时广告单价下降 6%，进一步提升了广告主的投资回报率。

3.4.1.2　脸书的广告策略

广告主在脸书上投放广告时，系统会引导广告主先确定广告的投放目的。广告主确定投放目的后，脸书会根据投放目的选出最合适的广告类型，然后引导广告主进行后续操作。脸书提供的广告类型包括提高网站点击量的广告、提高网页转化率的广告、提高主页帖文互动量的广告、提升本地市场知名度的广告、增加移动应用安装量的广告、提供优惠券领取的广告、响应活动的广告、提高主页点赞数的广告、推广产品目录的广告、提升品牌知名度的广告、开发潜在客户的广告、提升视频观看量的广告等。

（1）动态产品广告能拉动更多销量

动态产品广告（DPA）是非常引人注目的脸书新广告类型之一——能够提供新的用途，如用相关产品重新定位目标用户，或者尝试转化之前弃置过网站购物车的用户。这种广告引起了极大的轰动，特别是经营很多产品的零售商，因为他们可使用DPA自动推广现有的个性化产品。

（2）允许脸书页面广告出现在更多的App上

2016年1月，脸书推出了Audience Network服务。Audience Network是一种跨应用移动广告服务，以用户在社交网络上留下的信息为基础，内容提供方可以在不同软件中识别用户，并根据他们的资料有针对性地发送推广内容。

举例来说，你在脸书上赞了某品牌的商品，那么当你使用有关的第三方应用时，就有可能看见该品牌向你投放的广告内容；与脸书的其他移动广告服务一样，这些内容可能会以横幅、弹窗或者原生的形式出现。

（3）在脸书的移动广告收入中，以视频广告和Instagram广告的贡献最为显著

在短视频功能Reels的带动下，全球范围内的用户在脸书的应用程序上花费的时间有所增加。2023年，由Reels驱动的Instagram用户时长增长超过40%，年化广告收入超过100亿美元。2021年，Instagram首次贡献了脸书美国广告收入的一半以上，在2023年的广告收入也达到200万美元。

3.4.2　Instagram广告

3.4.2.1　Instagram广告的产生和发展

Instagram成立于2010年。起初，Instagram是一个分享图片的社交媒体平台，数字化发展激发了人们从"文字交流"到"图像交流"的信息传递诉求，所以

Instagram一经推出迅速引起网民的注意。2012年，Instagram用户突破1亿，被脸书以10亿美元的价格收购。此次收购使Instagram得以整合脸书的广告平台和技术资源，为广告创意、定位和投放提供了更多可能性。

2013年，Instagram推出了品牌页面功能，允许企业创建专门的账户来展示和推广其产品和服务。随后，他们还引入了针对企业的广告工具，包括广告管理系统和广告投放接口。为了提供更加个性化和有针对性的广告投放服务，Instagram借鉴了脸书的广告定位技术，引入了基于用户兴趣、行为和偏好的广告定向投放方式，使企业能够更精确地定位受众、制定广告目标和管理广告活动，以提高广告的效果和回报率。

随着广告产品的推出，Instagram广告也开始不断发展和创新。2015年，Instagram推出了Carousel广告，允许广告主发布多张图片或视频，让用户可以通过滑动来浏览内容。这种形式的广告提供了更多的信息和创意展示方式。2021年，Instagram宣布在其短视频服务和与TikTok对标的Reels上投放广告。Instagram Reels主要投放全屏广告和垂直广告，广告可以出现在各个帖子之间，最长可达30秒，并将循环播放。[①]这些不断创新的广告形式使广告更具吸引力和互动性，同时也提供给广告主更具多样化和灵活性的选择。

Instagram作为"图像式社交媒体"[②]的鼻祖，其广告的发展可以说是相当成功的。截至2024年1月，Instagram广告的市场占有率在移动广告市场中排名第四，仅次于脸书、YouTube和WhatsApp。同时，Instagram广告获得了许多企业的认可和广告投放。通过有效的定位和精准的受众触达，Instagram广告成为吸引品牌推广和目标客户的重要渠道之一。

3.4.2.2　Instagram广告优势

（1）视觉效果美观

Instagram是以图片和视频为主要内容形式的社交媒体平台，由其命名——"Instant"（即时的）与"-gram"（记录）可以看出，其平台核心就是图像记录和分享。Instagram广告的一大特点就是不能发布纯文字，必须结合图片进行发布。在这个视觉世界中，广告主往往需要制作高质量、精美的视觉内容才能在众多信息流中吸引消费者的注意，因此平台广告的品质得以保障。此外，Instagram的滤镜、贴纸和故事功能为广告主提供了更多的创意空间，使广告内容更加生动和

① 佚名. Instagram正式推出Reels短视频广告服务［J］. 国际品牌观察，2021（21）：11.
② 姜晓丽. 图像式社交媒体Instagram营销发展的启示［D］. 南昌：江西财经大学，2020.

个性化，甚至还有用户专门寻找制作精良的广告观看，这也为广告主提供了更好的曝光机会。

（2）用户群体庞大

截至 2023 年，Instagram 每月活跃用户已超过 10 亿。此外，Instagram 拥有多元化的用户群，33% 的用户年龄在 18 岁至 24 岁之间，29% 的用户年龄在 25 岁至 34 岁之间。庞大的用户群及多元化的用户分布为品牌提供了接触广泛潜在用户的重要机会。偏大的用户年龄往往也意味着更高的消费层级，Instagram 平台的广告投放往往偏重高品质产品，如高级首饰、专业级产品、家具、服装、中档艺术品、保健品、贵重化妆品。

（3）流量集中、广告信息可追溯

Instagram 没有转发功能按钮，即使目前市场上有名为"Repost"的专门转发 Instagram 的软件，使用 Repost 转发的内容在照片或视频下方会出现原始发布者的信息，保证了所有信息流最后都可以追溯到最开始发布的内容，所有的评论内容也都集中在原始内容信息点。①

（4）商业工具丰富

2015 年，Instagram 启动测试一月有余的广告 API（应用程序接口），通过第三方平台，广告主可以自助购买 Instagram 广告位，进行整体数字化市场定位、追踪、分析，提高广告投放效率，并且 Instagram 广告平台提供了详细的广告分析工具，帮助广告主了解广告的表现，包括观看次数、互动次数、点击次数等关键指标，从而优化广告策略。如今，Instagram 可以为商业用户提供商务账户、购物功能和广告投放服务，为品牌提供更多的推广和销售渠道。根据 Glossy Modern Retail 2023 年的统计报告，Instagram 保持着品牌营销投资回报率最高的顶级平台地位，并占据着各大品牌营销预算的大部分。

3.5　国内外社交媒体的差异

2024 年，在超过 80 亿的全球人口中，社交媒体活跃用户已达到 47 亿。2023 年，Statista 发布的《全球最受欢迎社交媒体排名》显示，在全球范围内，脸书仍然是会员占主导地位的社交媒体平台。脸书是全球拥有最多用户的社交媒体平台，YouTube 位居第二，紧随其后的是 Facebook Messenger，它遥遥领先 What-

① 高灵萱. Instagram 运营模式的成功之道及其借鉴意义［J］. 今传媒，2017，25（5）：93-95.

sApp、Instagram 等服务。TikTok 会员中略低于一半（44%）属于 16～24 岁的年龄段，80% 的用户要么是 Z 世代，要么是千禧一代。微信排名第五，表现亮眼。

3.5.1　社交媒体的主要用户不同

不同社交媒体的主要用户分布是不一样的，能够实现的广告效果也会存在差异。由 Sproutsocial 调研的 2023 年社交媒体用户画像可知（基本数据见表 3-1）：

表 3-1　　　　　　　　　2023年社交媒体用户画像基本数据

项目	脸书	Instagram	TikTok	YouTube
月活跃用户数量	29.63亿	20亿	8.343亿	21亿
主要人群	25~34 岁（29.9%）	18~24 岁（30.8%）	18~24 岁（21.0%）	15~35 岁
性别	女性44% 男性56%	女性48.2% 男性51.8%	女性54% 男性46%	女性51.4% 男性48.6%

从年龄构成上看，脸书仍是消费者与营销人员使用最多的社交媒体平台，但随着新型社交媒体的崛起，用户在脸书上花的时间持续下降，自 2022 年后，年轻用户在持续涌向 TikTok 和 SnapChat；Instagram 用户中占比最高的是 Z 世代以及千禧一代；YouTube 在年轻用户中很受欢迎。

从平台特性上看，Instagram 目前在向电商方向转型，后续会出现更多社交、购物功能的调整；TikTok 除了普通社交功能外，广告与客户关系整合等功能也在逐渐成熟；YouTube 大多数用户的使用目的是娱乐，而不是特意寻找某个品牌；LinkedIn 具有商务属性，是 B2B 客户最热衷的平台，聚集了全球高收入人群，广告潜力较大；Pinterest 上以购物为核心的有机内容很受用户信任。

3.5.2　用户对社交媒体信息的反应不同

当前，社交媒体对用户购买决策的影响越来越大。在亚太地区，当用户作出购买决策时，通常将网络商品评论列为第三信任的信息来源，排名前两位的分别是家人和朋友。这一点在电子产品、化妆品和汽车的购买行为中表现得尤为突出。但各个国家用户的具体表现略有不同。网络商品评论对印度用户的影响与日俱增，尤其是在消费电子领域。在阅读过网络商品评论的印度人中，55%的人会根据这些评论来制定购买决策。耐用品和消费电子产品是受网络商品评论影响最大的产品，有64%的购买行为都会受其影响。

中外用户在社交媒体上的关注点也是不一样的，微信和脸书上的人群主要关注个人生活类信息的获取和互动，微博上的人群热衷讨论娱乐和社会舆论类资讯，LinkedIn上的用户则倾向于讨论与职场和事业发展相关的话题。图3-6表明了东南亚不同国家的新媒体热门话题。

图3-6　东南亚不同国家的新媒体热门话题

3.6　企业用社交媒体影响消费者的决策过程

社交媒体可以在消费者作出决策过程中的每个阶段影响他们，图3-7是麦肯锡开发的社交媒体影响消费者决策过程的图示，描述了消费者决策过程中的六个阶段和十个最重要的反应。在这十个最重要的反应中，品牌监测，即监测网民对企业品牌的评论是最重要的，因为这是社交媒体的核心功能，与消费者的决策过程息息相关。其余九个反应在图中分成三大类别，分别是运用社交媒体回应客户评论、放大正面立场和活动以及引导消费者在行为和心态上作出改变。

图3-7 麦肯锡基于消费者决策过程的企业社交媒体监测图

3.6.1 监测

企业对消费者进行品牌态度监测，了解网民对自己的产品或服务的看法，即使未直接与消费者互动，也可以从有效的监测中获取有价值的信息，包括从产品设计到营销的所有信息，并针对可能出现的负面评论提出预警。此外，监测得到的信息需要在企业内部快速沟通，也即不论谁负责品牌监测，都要确保将信息传递给相关部门，如沟通、设计、营销、公关或风险控制等部门，让相关部门能针对问题快速响应。

随着互联网技术及信息产业的快速发展，在线评论数据每天以指数级态势增长，形成了以网络为媒介的口碑传播途径。在线评论潜在的网络口碑传播带来的社会舆论效应极大地影响了在线市场决策方向，使得网络口碑舆情监测变得愈发重要。从消费者真实体验的网购平台中提炼在线评论数据，构建基于在线评论情感隶属度模糊推理的网络口碑监测评估模型，通过模糊数学算法和模糊推理系统，计算情感强度并推理网络口碑舆情监测评估结果，有助于企业实时监控网络口碑舆情，加强产品的正面口碑传播，有效规避口碑风险和用户流失。①

3.6.2 回应

被动的监测仅仅是起步而已，精确到单个对话，在个人层次上作出回应，则是社交媒体的另一种运用形式。有些时候，监测的问题是关于客户服务和销售方面的，那么在这方面的回应一般都会产生正面积极的效果。不过媒体上消费者的

---

① 张艳丰，李贺，彭丽徽，等. 基于情感隶属度模糊推理的网络口碑舆情监测评估实证研究——以手机品牌在线评论数据为例［J］. 图书情报工作，2016（23）：119-127.

留言更多的是对企业不太有利的，属于危机公关事件。

举例来说，2023年6月20日，一位顾客在胖东来内与员工发生争执的视频引发舆论。随后，胖东来对此事进行了调查。尽管两次调查的程序有出入，但我们看到调查是从员工到管理层，几乎所有相关人员都参与了。胖东来在2023年6月25日形成了一份8页的调查报告，在6月29日将其发布在胖东来的官方抖音号上。这份调查报告有点有面，有奖有惩，有理有据，公开透明，既解决了顾客的诉求，又维护了员工的正当权益。胖东来对这件事的真诚回应不仅上了热搜，还被全网夸赞，成功化解了这次事件的危机。[①]

通过回应、反驳负面评论，强化正面信息的重要性只会与日俱增。有责任采取行动的部门不一定只是营销部门，需要传递的信息也依情况而异。所有的回应都是越快越好，快速采取行动的关键在于持续、主动地监测社交媒体，哪怕周末也不例外。快速、透明、诚实的回应有助于企业正面影响消费者的观感和行为。

3.6.3　放大

放大的意义包括在设计营销活动时，把驱动因素包含在内，激发人们更广泛地参与和分享，而不是在营销活动规划结束之际才想到"我们应该在社交媒体上开展点儿活动"，然后把电视广告搬到YouTube上。社交网络营销方案的核心必须是扩展体验式，即顾客通过与品牌、产品的其他用户和产品爱好者对话，扩展个人体验。也就是说，借由持续进行的方案，与顾客分享新内容，并向顾客提供分享的机会。社交媒体的营销方案基本上都应提供顾客觉得很棒的分享体验。因为对顾客而言，能激发他人兴趣的内容，就好比得到荣誉奖章一样令人兴奋。

在决策过程初期，消费者会从众多品牌和产品中优先选出几个选项。在这一阶段，介绍和推荐是强而有力的工具。以"京东到家"为例，消费者每推荐一名首次购买者，该网站就给推荐人一份奖金。研究显示，此类顾客的直接推荐所激发的参与率往往比传统在线广告高出30倍左右。

消费者一旦决定购买某件商品，企业就可运用社交媒体提高其参与率，培育其忠诚度。例如，支付宝为提升品牌知名度，在某年春节之前推出了一项活动：只要集齐五福，就可以瓜分2亿元红包大奖。结果，支付宝帮360搜索创

① 雨辰. 胖东来的8页顾客员工争执调查报告，堪称公关回应天花板［EB/OL］. (2023-07-01)［2024-03-15］. https://www.sohu.com/a/693176793_100117963.

造了全民"搜福"的新纪录，把自己也送上了热搜榜，并在一定程度上慢慢形成了自己的社交方式，拉近了与用户之间的距离。

营销人员也可培育自身品牌和产品的在线社群，一方面，强化消费者对商品的认知和需求；另一方面，为消费者提供引导，让其购买的商品发挥最大效用。例如，芯片巨头高通成立了粉丝社群"骁友会"。在骁友会的活动中，骁友们经常对高通的信息传播、产品提出宝贵意见，这些意见后续都被传递给内部，帮助内部团队设计出更好的产品和方案。

3.6.4　引导

社交媒体能帮助企业积极主动地引导长期消费行为的改变。以百岁山为例，在消费者普遍认可两元瓶装水的情况下，百岁山推出了一款 3 元高端矿泉水，打造了"水中贵族"的一系列广告，通过欧式城堡、贵族公主、奢华豪车等欧式贵族元素树立品牌形象，迅速占领消费者心智，征服市场，助推消费者"饮用水消费升级"。至今，百岁山在中国天然矿泉水行业已经连续 14 年销量第一，即便后来有诸多品牌介入，位置也不曾动摇。

营销人员也可运用社交媒体，借由产品上市引爆热潮，如同小米手机在平台上进行饥饿营销的手法。此外，在消费者准备购买之际，企业也可通过社交媒体适时推出针对性方案和产品，激发点击率和销售量。

此外，在消费者购买商品后，企业可利用社交媒体倾听消费者的意见。以较低成本获取消费者对提升产品竞争力的洞见，逐渐成为社交媒体的最大优势之一。近些年，自媒体平台迅速发展。各大公司都开设了不同平台的自媒体账号，不仅可以推广自身品牌与服务，还可以加强与消费者的联系，倾听消费者的宝贵建议。

3.7　企业发布社交媒体广告的策略

3.7.1　企业发布社交媒体广告的误区

3.7.1.1　没有制定好策略就进行社交媒体推广

一开始就确定社交媒体营销的目的，能帮助企业更好地制定策略。你的目的是提升品牌知名度还是增加网站流量或潜在客户？你是否希望将社交媒体作为额外的客户支持渠道？对一些企业而言，社交媒体营销的目的可能是多方面的，特别是其受众数量增长后。

任何营销工具都有其适用性，这种适用性取决于产品和行业特性。的确，不同的社交媒体均有各自的特点，而这些特点对不同的企业和产品来说，有可能帮助其取得良好的营销效果，但也有可能限制其营销策略作用的发挥。企业自身所属的类型、行业特征、产品特点和其目标客户的消费特征等都决定了哪一种社交媒体更适合自己，以及是否能取得预期的营销效果。不同的社交媒体在用户"购买旅程"中所扮演的角色不同。

因此，企业在没有结合自身特点和定位的前提下，在没有考虑到自己的目标群体在哪种社交媒体上活动时，便盲目跟风选择各类社交媒体进行营销，最终取得的效果也有可能是事倍功半的。

3.7.1.2　不懂得倾听、不回应受众

无论你是否懂得倾听，你的现实客户和潜在客户都会谈论你的公司。所以，采取积极主动的做法可以防止一些小事故变成更大的公关问题。

由于社交媒体的大众参与度高，而平台上的信息又往往呈碎片化，且体量大、内容冗杂，其中不乏夸张或违背事实真相的虚假信息；同时，社交媒体的另一特征，即信息传播速度快、范围广，使得大量真假混杂的信息犹如病毒般在人与人之间快速传播。在社交媒体互动特性的推动下，这些在用户之间快速传播的大量或实或虚的信息给企业品牌造成了正负两方面的影响——它有可能有效提升品牌的价值，也有可能对现有的品牌价值进行削弱。对企业来说，其很难控制社交媒体中信息传播的方向、传播的速度和范围，同时也很难预测传播行为所造成的结果。在舆论效应发展极强的社交媒体平台中，如何引导受众进行积极良性的互动、把控好消极的互动，是社交媒体营销永久的话题。

企业可以使用多种社交媒体监控工具，包括 HootSuite、Social Mention 和 Mention。这些工具的免费版可用功能有限，虽然付费版包括了内容编排、分析和报告功能，可以用来分析与受众的互动效果，但监控工具能做的只有这些。当消费者在你的社交媒体主页上留言时，快速回应非常重要。在脸书上，如果你能做到快速回复，就有机会获得"Very responsive to messages"（回复率非常高）的主页徽章，让访问者知道他们可以在此得到快速回复。

3.7.1.3　不尝试新办法

对不同版本的电子邮件、数字广告、网站进行测试和实验是很常见的做法，

而对社交媒体来说也应该这样。例如，在 2015 年前后，视频直播似乎还不是很受关注。然而，现在有许多企业正在使用视频直播来吸引受众。企业也可以尝试将视频直播与其业务相结合，包括采访专家或合作伙伴、展示新产品等。例如，腾讯在推出新的游戏产品"龙之谷"时与斗鱼直播平台合作，在斗鱼上聘请主播进行了游戏玩法指导直播。各种平台的视频直播在 2020 年后得到了快速发展，在引流效果上表现突出，推广效果也更加明显。

3.7.2　提升社交媒体广告效果的策略

3.7.2.1　采取整合传播策略

美国广告代理商协会曾为整合营销传播作了如下定义："这是一个营销传播计划概念，要求充分认识用来制订综合计划时所使用的各种带来附加价值的传播手段，如普通广告、直接反应广告、销售促进和公共关系，并将其结合，提供具有良好清晰度、连贯性的信息，使传播影响力最大化。"在新媒体技术发展迅猛的今天，广告投放不应该只局限于某一特定媒体。企业投放广告时应该充分整合各种社交媒体，发挥媒体间互动的优势，推动消费者对产品和品牌的持续关注。随着社交媒体平台的日趋多样化，针对不同人群，品牌需侧重不同的平台，以取得更好的触达效果。

例如，奥迪 Q5L 于 2021 年 5 月 28 日正式上市之前，奥迪官方通过市场调研，决定将"自由在 Q 我"打造成产品 IP，自 5 月 20 日起，在微信视频号、微博、抖音、小红书、B 站等社交媒体平台共发布 51 条 Q5L 相关内容，为产品预热。其中，在微博平台打造的#自由在 Q 我##2021 你想带谁去私奔##郑钧的私奔 2021#3 个超高热度话题共计收获曝光量 3 亿+、互动量 6 万+，建立了用户心智定位。在产品上市期，全新奥迪 Q5L 符合自由理念的音乐会活动发布，再次引起阶段性话题讨论，#自由在 Q 我#微博话题阅读次数 1.6 亿、讨论次数 3.5 万，抖音话题播放次数 1 494.7 万，取得了不错的广告效果。在产品发布之后，奥迪持续发力，打造#1 000 个人心中的 1 000 种自由#的阶段话题，成功实现销售转化。

3.7.2.2　充分借助意见领袖的影响力

拉扎斯菲尔德认为，意见领袖是指那些在人群中热衷传播信息和表达意见的人，或是比同伴更多地接触媒介或信息源，并热衷传播信息和表达意见的人，或者同时是某一方面的专家，他们的意见往往能左右周围的人。在自媒体舆论行为中，意见领袖是指在信息传播与意见表达方面能够对他人产生重要影响的人。自媒体爆炸式的传播力和影响力使得意见领袖中继、过滤信息的作用随之增强。无须面对面交流，只要微博意见领袖发布一条信息，就有可能对成千上万的受众产生影响。这种交互传播比传统的人际交流更加有效。公交车、电梯、快餐店等场所随处可见"微博控"，微博在分权的同时，也在加剧着以名人为代表的意见领袖的集权。名人意见领袖由于拥有众多粉丝和关注，他们发出的声音更容易影响周围的人。

广告主发布微博广告时，可以充分发挥微博意见领袖的影响力和号召力，通过意见领袖和粉丝接力式的转发，最大限度地传播广告信息。如今，"美妆博主""时尚达人"等意见领袖在受众中的信任度越来越高，作为产品的使用者，他们的体验感受更容易说服品牌的潜在用户，影响力大于品牌的直接推荐。意见领袖总是能将组织和媒体构建的符号系统转化为群体成员最容易接受的符号要素；同时，通过意见领袖的传播，受众除了可以得到已知的信息外，还可以收到更多的未知信息。意见领袖的判断和倾向在无形中影响着受众的态度和行为，而且这种影响在社交媒体平台上被广泛传播，由最初的一对一发展到一对多。可见，意见领袖成为消费者的态度和行为的有力影响因素，是品牌向潜在用户传播信息的关键节点。因此，企业可以考虑将培养意见领袖纳入社交媒体营销策略中。

企业需选择适当的意见领袖，他必须是该品牌的潜在支持者，对产品有好感，认同品牌理念。企业可以通过定期邀请意见领袖参加企业活动、沟通产品信息和试用新产品、提供行业知识等，逐渐将其转化为品牌的忠实消费者、代言人甚至是品牌营销人员。通过对行业和品牌的深度接触与了解，企业所培养的意见领袖不仅能够有效传播品牌信息，吸引众多粉丝关注品牌、体验产品，更能够在危机事件发生后获得第三方舆论的支持，缓解大众对品牌的负面态度及对企业造成的负面影响。

3.7.2.3　制作容易引发消费者共鸣的软广告

在情感消费时代，消费者购买商品所看重的已不只是商品数量的多少、质量的好坏以及价格的高低，还有一种情感上的满足、一种心理上的认同。要想吸引用户的关注，唤起用户的共鸣，就要从用户的情感需求出发，与其进行情感层面的交流；同时，企业不能忘记传播品牌理念。因此，企业要将"讲故事"整合进社交媒体的营销策略中，让营销人员学会讲关于企业或品牌的故事，将其发展历程呈现在消费者面前，让消费者感受到这是一个有血有肉、真实存在的品牌。

在社交媒体中，广告主与消费者的地位也发生了改变。消费者不像在传统媒体中那样被动地接收广告信息，他们可以自由选择是否接收社交媒体中广告主发布的信息。在这种情况下，将广告转换为消费者易于产生共鸣的软广告，效果可能会比较好，消费者在无形中认可并接受广告产品是广告最大的成功。企业如果错误地理解用户的需求和偏好的话，后果是非常严重的。

例如2023年4月底，美团官宣了新的到店业务品牌"美团团购"，推出以"省"为核心价值的口号——"让你省个够"。紧接着在2023年母亲节，"美团团购"发布这样一则广告：不只想跟妈妈说一句"母亲节快乐"，我们还想跟妈妈说这样一句话："不用那么省！""不用那么省"不仅是把妈妈的话还给妈妈，更是我们对妈妈爱的回应。这则广告非常明确地传递出能够帮你省钱的核心利益点，既讲好了情感故事，又高效输出了"美团团购"能带给顾客的核心利益点。[①]

3.7.2.4　善于运用社交媒体中特有的传播方式

社交媒体有区别于传统媒体的语言和传播方式。用流行的语言发布广告信息可以进一步拉近与消费者之间的距离。广告主应该充分了解社交网络语言。懂得社交媒体中的特有语言，会将广告内容传播到不同的圈子中，有利于形成共同的语义空间，强化传播效果。

除了语言的特殊性外，高质量的图片和具备传播效力的文案对社交媒体平台来说也非常重要。不过微信、脸书是比较生活化的平台，对广告素材的要求并不那么高，有些相对模糊的图片可能会获得更好的传播效果。但微博的要求较高，需要广告主对素材有较为严格的管控和选择，并且为了取得更好的广告效果，广告主挑选的素材和文案还应当更加贴近平台用户的行为习惯和喜好。

3.7.2.5　重视移动社交媒体

随着移动互联网的发展，如今的移动终端既能满足人们的生活需求，又能满足其娱乐需求，这也是在我们身边出现越来越多的"低头族"的原因。人们通过手机、平板电脑等移动终端设备可以轻松获取自己需要的内容，当然也包括随时随地地挑选和购买商品，尤其是随着社交媒体平台支付功能的日趋完善，移动社交媒体营销势必成为未来企业社交媒体营销的重要组成部分。

移动社交媒体营销不仅可以实现消费者与企业的面对面沟通，巩固消费者与企业之间的关系，还可以使消费者的购物过程更加方便快捷，同时还可享受折扣

---

① 佚名. 美团团购劝所有双标妈妈：不要那么省［EB/OL］.［2024-03-05］. https://www.digitaling.com/projects/246805.html.

优惠。通过扫描二维码、定位和摇一摇等，人们可以随时随地地了解产品信息及其特点，即时与客服人员进行交流互动，完成购物体验。移动社交媒体营销的优势之一就是可以抓住潜在消费者的碎片时间，为其打造有价值、有新意、吸引眼球的内容，并通过手机游戏、视频营销等形式引起消费者的关注，向其提供品牌信息，提高消费者对产品的认知度和好感，从而促使其消费。

网络广告理论前沿（三）
新媒体时代短视频广告营销创新策略

在新媒体时代背景下，诞生了诸多新式传播媒介，目前的营销模式呈现出新的特点。短视频凭借其门槛低、成本低、流量高等优势，获得了广告商的青睐。

短视频广告的优势主要有以下几点：

第一，目标精准。短视频广告可以利用大数据的优势，帮助企业从海量用户中精准定位目标客户，并向其传递广告信息。

第二，互动性强。用户在使用短视频观看广告时可以通过点赞、评论、转发等方式进行社交互动。

第三，传播度高。任何用户都能够随时随地观看和分享视频。

第四，传播效果好。目前，短视频通过各种技术形成感官刺激，更能引起用户的情感共鸣。

以此同时，短视频广告的问题也非常突出：

第一，广告创意不足，内容同质化严重，难以吸引消费者的关注。

第二，市场划分不够细致，产品定位模糊，渠道开发力度不足，受众体验感差，广告收益不高。

第三，存在过度营销，广告与消费者接触次数过多会导致消费者产生消极心理。

第四，平台引导不足，短视频广告质量良莠不齐，导致资源浪费和违法违规。

针对以上优势和问题，广告主在进行短视频广告营销时可以采取以下创新策略：

（一）细化产品内容，提升广告营销质量

在进行广告策划之前做好市场调研，结合产品定位具体描述目标市场和目标客户。内容生产者在创作广告内容时需要考虑到受众的心理特点来适当调整以往的叙事方式。

（二）丰富广告产品形式，精准定位受众需求

突出短视频广告的互动功能，设计互动类型的短视频广告，在高质量互动中加深受众对产品信息的认知与印象，提高转化率。基于大数据技术分析短视频广告受众的消费习惯，采用受众定向策略来发挥大数据信息优势及社群效果。

（三）重视受众反馈搜集，创新广告营销策略

动态化跟踪受众实时反馈来获取有效数据，并据此观察目前的短视频广告投放频次、量级是否超出科学标准，以便及时作出调整；根据企业发展各个阶段的不同诉求，设计符合对应发展特征的创新广告营销策略。

（四）科学评估广告成效，定期升级营销战略

筛选具有一定独立创新能力的短视频博主进行合作，并对合作对象所发布的广告成效进行客观评估。重视广告营销的口碑积累，促进品牌可持续发展。

资料来源 ［1］贾蕾. 探究新媒体时代短视频广告营销的创新策略［J］. 上海商业，2021（12）：40-42.［2］邵慧. 新媒体时代短视频广告营销创新策略研究［J］. 广东经济，2023（17）：81-83.

学思践悟

短视频信息流广告规制困境

短视频传播技术的成熟、用户媒介使用习惯的变更，以及社会大环境的影响，推动了信息传播的短视频化成为网络空间的常态，其体现出的巨大商业价值也吸引了越来越多的商业企业参与进来。作为集中体现短视频商业价值的核心业务板块，短视频信息流广告发展迅速，但由于目前政府与市场在短视频平台监管方面的失灵，用户隐私泄露、虚假商品广告横行、诱导消费行为频发等乱象层出不穷，短视频信息流广告陷入治理困境。目前，短视频信息流广告存在以下问题：

第一，广告精准定位，侵犯用户隐私权。短视频信息流广告的一大特点就是利用用户的网络信息，并基于算法进行分析，形成用户画像，进行精准广告投放。但其搜集用户信息、判断用户偏好的过程中所涉及的用户隐私问题一直未得到解决。

第二，宣传虚假商品广告，侵犯消费者权益。短视频信息流广告往往是广告发布者利用其影响力在短视频平台上进行有关商品的介绍、体验等。表面上看是以自身的信誉为担保让用户相信

商品的质量，但是一旦消费者发现商品存在问题，很难让广告发布者承担责任，更无法维护自身的权益。

第三，广告无明显提示，侵犯消费者的知情权。短视频信息流广告由于其广告的隐蔽性，使消费者难以辨别广告的本质，极容易受到诱导而购买商品，这种诱导行为侵犯了消费者的知情权。

与此同时，政府对短视频信息流广告的监管也存在监管难、追责难等问题。一方面，政府监管存在技术有限，人工成本过高，证据收集、保存不易，难以彻底消除广告源等问题，造成追责困难；另一方面，我国行政体系落后，目前对广告行业的监管交由市场监督管理部门执行，其监管遵循的是"举报-回应"的原则，没有民众举报，则政府也难以察觉，且广告行业准入门槛低，信息纷繁复杂，导致管理问题应接不暇。

对于以上问题，南昌大学公共政策与管理学院的袁青霞援引公共治理理论进行应对策略设计，主张引进多元主体协同治理机制，推动管理的主体由单一转向多元，建立以政府为主导、多元主体参与治理的治理体系。同时，她提出借鉴美国网络广告的治理经验，建立信息披露制度，细化法律、法规规定；凝聚行业力量，加强行业协会自律监管和平台自我管理；健全广告审查机制，建立立体行业监督模式，改进短视频信息流广告规制策略。

资料来源　袁青霞. 公共治理视域下短视频信息流广告规制困境的应对策略［J］. 新闻传播，2024（1）：100-102.

本章小结

如今，社交媒体已不仅指QQ、微博、微信等，小红书、抖音等短视频交流平台大量涌现，网络社交的形式呈现出多样化趋势，社交媒体广告也越来越丰富。社交媒体广告不再只是干巴巴的推广信息、传统的展示广告，还包括好友对服务或者商品的关注和转发的信息，以及各个品牌的合作明星、网红等意见领袖发布的信息和言论。

在中国，微信、QQ、微博、小红书、抖音五大社交媒体的网民日活跃度、对网民的总体覆盖率一直保持平稳或是持续提升态势，尤其是在18～25岁的年轻人中占有极其重要的位置。当前，社交媒体不断向大龄群体渗透，使得社交媒体用户的平均年龄趋于增高。从社交媒体上网民的生活态度来看，网购、宅、参与公益、注重内在、品质生活等理念得到更多认同。

社交媒体对网民生活的积极作用是多重的，其意义远超出社交本身；积极作用中最重要的是加强了网民与朋友、家人的联系；是了解社会热点、增长知识的重要途径。但社交媒体也存在负面作用，如阅读时间减少、隐私安全隐患和损害健康等。

随着社交媒体平台的日趋多样化，企业针对不同人群，需要应用不同的平台进行营销，以取得更好的触达效果；社交媒体上的广告需要强调内涵和品质，要应用整合营销传播理念，精耕细作，找到对的平台、对的时间节点，将对的信息传达给对的消费者。

复习思考题

一、名词解释

社交媒体广告　意见领袖

二、简答题

1.讨论国内外社交媒体的异同。

2.请分析网络意见领袖和传统意见领袖的异同。

3.你有微信、微博、QQ、抖音、小红书账号吗？请描述你在这些社交媒体平台上的行为异同。

4.如何选择合适的网络意见领袖替企业发布广告信息？

5.请讨论不同类型的企业如何选择适合的社交媒体平台进行广告投放。

三、案例分析题

小米SU7发布

小米官宣造车备受关注。2023年年底，雷军先行公布小米汽车技术，此后小米SU7售价成为外界最为关注的话题。

直到2024年3月28日，小米汽车召开上市发布会，邀请车圈大佬参与，如北汽集团、长城汽车、蔚来汽车、小鹏汽车和理想汽车的董事长。

造车3年，小米SU7的售价终于揭开面纱。小米集团创始人、董事长兼CEO雷军在小米汽车上市发布会上宣布，小米SU7标准版售价为21.59万元，Pro版售价为24.59万元，Max版售价为29.99万元。

"4分钟大定破万，7分钟大定破2万，27分钟大定破5万。"

小米SU7正式上市之夜引人注目。

2024年4月3日上午，小米SU7首批交付仪式在北京亦庄的小米汽车工厂总装车间举行。从上市到交付，小米仅用了5天时间。据悉，首批交付的车型为小米SU7创始版。除了在现场将车辆交付给首批车主外，雷军继续在社交媒体平台上为小米刷热度。雷军在微博上发文称：3年前的豪言壮语，如今已变为现实。我将亲自将一台台崭新的小米SU7交到首批车主手中。

2024年4月18日下午4点，雷军通过抖音平台进行了一次针对小米SU7车型的对话性直播。此次直播是自小米汽车发布会20天后雷军的首次公开露面，地点选择在小米汽车的北京交付中心。雷军亲自驾驶小米SU7出现在镜头前。得益于居高不下的热度，直播一开场便迅速吸引了超过10万名观众的关注，在短短20分钟内，点赞数量飙升至4 400万。

在直播中，雷军回应了外界对小米汽车部分车型性价比低的质疑，坦言当前没有纯电轿车是盈利的，市场上最极端的案例是每辆车亏损高达十几万元。他指出，在这一巨额亏损的行业背景下，讨论性价比为时尚早。

雷军对小米汽车的初步表现表示满意，尽管从发布至今仅有20天，他认为第一阶段的成果已初显。他透露，目前全国已建成29个小米汽车交付中心，但实际销量已远超最初预期，高出3至5倍。

资料来源　[1] 陈维城. 小米SU7定价出炉，雷军三年造车能否"封神" [EB/OL]. （2024-03-28）[2024-04-20]. https://baijia-hao.baidu.com/s?id=1794785031255546637&wfr=spider&for=pc . [2] 文夕. 刚刚，首车交付！雷军发声，叫我雷厂长 [EB/OL]. （2024-04-03）[2024-04-20]. https://me.mbd.baidu.com/r/1h0slViItI4?f=cp&rs=167446286&ruk=YK8hgTJHRmQcb998dRC2cw&u=392d6f9965855071&urlext=%7B%22cuid%22%3A%22_i2XalaE2u_LuBuj_u2Ful8K-ijPO-ulgOSj8Ya62iKo0qqSB%22%7D. [3] 刘泽然. 雷军在小米SU7发布后首次直播 [EB/OL]. （2024-04-18）[2024-04-20]. https://me.mbd.baidu.com/r/1i9310tBFRu?f=cp&rs=72790518&ruk=YK8hgTJHRmQcb998dRC2cw&u=65f740b9568bf115&urlext=%7B%22cuid%22%3A%22_i2XalaE2u_LuBuj_u2Ful8K-ijPO-ulgOSj8Ya62iKo0qqSB%22%7D .

讨论：结合本章知识点，谈谈小米SU7发布是如何利用社交媒体获得巨大成功的。

第 4 章
网络广告传播及受众心理

学习目标

掌握传统环境和互联网环境下的传播规则
了解网络广告受众心理活动过程
了解网络广告受众的逆反心理
认识跨文化广告传播中的文化差异
掌握跨文化传播的要点

分享，在网络时代成为传播的新法则。

——日本电通广告

网络广告学

ADVERTISING

引例

　　近年来，新茶饮品牌蜜雪冰城凭借社交媒体的品牌传播火遍大街小巷，迅速实现市场扩张，从"网红神曲"到"雪王黑化"，富有感官冲击力的营销引起粉丝的追捧，也影响了普通大众的消费心理和行为。

　　作为当下新茶饮品牌的代表之一，蜜雪冰城的出圈与其 2021 年在 B 站发布的主题曲有关。其原曲是美国乡村民谣《哦，苏珊娜》，因旋律轻快风靡全球。蜜雪冰城在不改变旋律的基础上重填歌词，"你爱我，我爱你，蜜雪冰城甜蜜蜜"，简单易记且紧扣品牌名称，形成了极强的记忆点。在蜜雪冰城主题曲小有名气时，社交媒体平台中出现了到蜜雪冰城线下门店唱主题曲可以获得免单福利的"传言"，不少消费者在好奇心的驱使下纷纷赶赴线下门店又唱又跳，线下门店的工作人员则表示并未正式发布过这样的活动。但借着这波热度，蜜雪冰城在 B 站、微博等平台发布了主题曲 MV，并推出了带 #蜜雪冰城主题曲# 话题送周边的福利活动，以全新的方式满足了消费者的情感需求。自 2021 年 6 月上传 B 站至 2024 年 3 月，蜜雪冰城主题曲 MV 中英文双语版已有 2 146.6 万次播放量。

　　"雪王黑化"则是将 Logo 中白白胖胖的雪王变成了一个"黑煤球"，雪王从"纯白"到"纯黑"的色彩变化，收割了社交媒体用户的注意力。不仅如此，蜜雪冰城还特意将这一视觉刺激暴露在用户视线所及之处，不仅将线上的外卖平台、微信公众号、抖音号、微博号等头像纷纷换成了"黑雪王"，还在线下门店同步推出"黑雪王"人偶。而面对"雪王黑化"这一话题冲上热搜，蜜雪冰城官方没有第一时间解释雪王变黑的原因，反而让网友进行猜测。在符号内容结合传播渠道带来的视觉化认知刺激下，品牌成功吸引社交媒体用户驻足，提高了微博话题热度，阅读量超 5.5 亿次，评论量超 7.7 万条，得到了 26 家媒体的关注。

　　蜜雪冰城除了通过一系列的话题，引发消费者的社交互动和二次创作，满足消费者的一系列情感需求，为其推出的新口味饮品造势之外，还配合话题推出了"雪王吨吨桶"，购买新品"桑葚莓莓"和"雪王吨吨桶"便可获得"黑化雪王"。蜜雪冰城将产品创新与满足消费者多元化需求紧密相联，线上话题呼应线下实体产品与用户体验，实现了营销延伸的完美闭环。

　　资料来源　马瑜禧. 品牌的符号化营销与传播心理学实践研究——以新茶饮品牌蜜雪冰城为例 [J]. 艺术科技，2024（4）：214-217.

在网络社会，人们联系的实质是希望满足虚拟环境下的三种基本需要，即兴趣、聚集、交流。

第一，兴趣。分析畅游在虚拟社会中的网民可以发现，网民之所以热衷网络漫游，是因为对网络活动抱有极大的兴趣。这种兴趣的产生主要来自两种内在驱动力：一是探索的内在驱动力。人们出于好奇的心理，驱使自己沿着网络提供的线索不断地查询，希望能够找出符合自己预想的结果，有时甚至到了不能自拔的境地。二是成功的内在驱动力。当人们在网络上找到自己需要的资料、软件、游戏，或者进入某个重要机关的信息库时，自然会产生一种成功的满足感。

第二，聚集。虚拟社会为具有相似经历的人们提供了聚集的机会，这种聚集不受时间和空间的限制并形成了富有意义的个人关系。通过网络聚集起来的群体是一个极具民主性的群体。在这样一个群体中，所有成员都是平等的，每个成员都有独立发表自己意见的权利，使在现实社会中经常处于紧张状态的人们在虚拟社会中得到了放松。

第三，交流。聚集起来的网民自然会产生一种交流的需求。随着这种交流频率的提高，交流的范围也在不断地扩大，从而产生了示范效应，带动对某些种类的产品和服务有相同兴趣的成员聚集在一起，形成商品信息交易的网络虚拟社会。在这个虚拟社会中，参加者大都是有目的的，他们所谈论的话题集中于商品质量的好坏、价格的高低、库存量的多少、新产品的种类等；他们所交流的是买卖的信息和经验，以便更大限度地占领市场，降低生产成本，提高劳动生产率。人们对这方面信息的需求是永无止境的。

4.1　网络广告传播的法则

"一切生意都源于信息的不对称。"在网络时代到来之前，这还是一条号称亘古不变的"真理"。但随着网络技术的发展与深化，消费者拥有了越来越优良的信息分享环境，事实再一次向我们证明了"世界上唯一不变的就是变化"。

曾经充斥着大段广告时间的电视、拥有大幅广告版面的纸媒，被互联网打上了"传统媒体"的标签，而移动互联网的出现又将互联网变成了"传统媒体"。传播环境的变化带来了生活的变化，进而推动了营销的变革。从传统大众媒体时代的 AIDMA 法则到传统互联网时代的 AISAS 法则，再到今天由北大刘德寰教授针对移动互联网提出的 ISMAS 法则，消费市场的核心已经发生了重大改变，营销模式也正在发生着哥白尼式的伟大革命，及时关注社会生活形态的变化，对消费者行为模式的细节保持高度敏感，是营销者对这个日新月异的时代最基本的尊重。

4.1.1　传统媒体时代广告传播法则

美国广告学家 E. S. 刘易斯在 1898 年提出了 AIDMA 法则（如图 4-1 所示）。在互联网开始改变人们的生活方式之前，AIDMA 法则一直在指导着有效的广告创意和实效的营销策划。该法则主要适用于信息大量不对称的情况，此时消费者对产品知之甚少，获取信息的渠道也相对单一。因此，整个消费过程比较单一，是单向的漏斗转化。

图 4-1　AIDMA 法则

该法则指出，消费者从接触到营销信息到发生购买行为，大致要经历五个心理阶段：

A：引起注意（attention），广告必须先能引起受众的注意力。

I：产生兴趣（interest），在存在注意力的基础上，使受众产生信息互动的兴趣。

D：培养欲望（desire），激发受众对产品效用的需求。

M：形成记忆（memory），反复地刺激受众的神经，使之潜移默化地将需求与产品相结合。

A：购买行动（action），唤醒用户的消费渴望，获得产品效用。

AIDMA 法则很好地反映了传统媒体环境下的营销关系。企业为了引起关注，不得不利用电视、广播、报纸、杂志这些大众媒体声色并茂地为人们提供大量有关产品和服务等的消费信息。这些信息经过统一编辑后，被迅速地传递到千家万户；作为信息的接收者，人们还在一定程度上解读这些信息，关注企业的产品和服务。但是要使消费者对企业或其产品产生兴趣，首先要使企业的信息能够满足消费者的需求。另外，信息要具有足够的刺激性和较高的出现频率，这也是消费者几乎天天能在电视上看到宝洁、可口可乐等知名品牌和产品广告的原因。

　　AIDMA 法则比较有代表性的案例有很多，如"溜溜梅"广告："你没事吧？你没事吧？你没事吧？没事就吃溜溜梅。"据说该广告是营销大师叶茂中策划的，秉承了他一贯的"洗脑"风格，让"溜溜梅"一夜之间成为全国著名品牌。通过三句同样的话成功地引起了消费者的关注，进而产生疑问，究竟三句话是什么意思呢？然后就会产生去了解的想法，从而产生一定的记忆度，最终选择去尝试一下。

4.1.2　互联网时代网络广告传播法则

　　2005 年，日本广告市场出现了与以往不同的情况：在四大传统广告媒体上投入的金额与前一年相比出现微小的下降；与此同时，网络广告的投入却暴涨了54.8%。这个变化标志着互联网对生活和广告产业的影响力已经初具规模。在这一背景下，日本电通集团率先修改了传统的 AIDMA 法则，提出了 AISAS 法则，用以解释新媒体环境带来的营销新趋势（如图 4-2 所示）。

图 4-2　AISAS 法则

AISAS 法则为：

A：attention，引起注意。

I：interest，产生兴趣。

S：search，搜索信息。

A：action，促使行动。

S：share，分享信息。

　　AISAS 法则中添加了两个来自互联网的典型行为模式——search（搜索）、share（分享）。基于网络特质的 AISAS 法则，不仅要引起消费者的注意，让其产生兴趣，更重要的是让消费者主动参与消费的全过程，并能够在消费后自发地向周围传播信息。AISAS 法则指出了互联网时代搜索和分享的重要性，传统单向的灌输已经过时，互联网给人们的生活方式和消费行为带来了巨大的影响和改变。

AISAS 法则融入了新媒体时代的信息与社交模式，通过互联网搜索，将消费者的欲望更直接地转换成为可以度量的、更有效的信息补缺行为。

首先，搜索引擎技术赋予人们使用信息的权利，人们可以通过网络主动、精准地获取自己想要的信息。消费者在作出购买决策的过程中，常常会利用互联网搜索产品信息，并与相关产品进行对比，再决定其购买行为。

其次，BBS、博客、SNS 等技术平台的普及，还赋予了人们发布和分享信息的权利，于是，消费者在消费的过程中，还可以作为发布信息的主体，与更多的消费者分享相关信息，为其他消费者的购买决策提供依据。

在 AISAS 法则中，share 是一个重要的环节。消费者在社交媒体平台上分享图片、视频，更多的是分享购物经验、使用心得、商品评论、日志、链接等，作为其他消费者的消费参考，让其他消费者消费时更理智。消费者在社交媒体平台上分享的内容、形式、数量，会影响到其他消费者信息搜寻的有效性。

例如，大众点评可以将消费者分享的点评信息和评分展示出来，帮助其他消费者了解商家的实际情况，从而作出更理性的消费决策。同时，商家通过消费者的真实反馈了解到对自己的评价，提升服务品质。但不管怎样，产品质量都是非常重要的，它是理念传播的基础，产品质量必须与理念传播的内容保持一致，否则只能加速产品被淘汰的速度。

基于 AISAS 法则的广告创意，围绕消费者的兴趣，以一个核心创意为圆心，设计不同的广告；以整合营销为工具，为消费者提供简易方便的产品信息检索服务，注重与消费者之间的互动和沟通，以取得较好的传播效果。

4.1.3　移动互联网时代广告传播法则

4.1.3.1　ISMAS 法则

北京大学刘德寰教授针对传统的理论模型提出了移动互联网时代的改进模型 ISMAS，以定义新媒体环境带来的新消费趋势。他认为，营销方式正在从传统的 AISAS 法则向具有移动互联特征的 ISMAS 法则转变。

ISMAS 法则为：

I：interest，产生兴趣。

S：search，搜索信息。

M：mouth，形成口碑。

A：action，促使行动。

S：share，分享信息。

这一法则清晰地指出了网络营销两个非常重要的发展趋势：

（1）以媒体为中心的营销模式转化为以消费者为中心的营销模式

我们在从以媒体为中心的时代进入去媒体中心的时代，媒体变得无微不至又微不足道。在这个时代，人的丰富、多元的个体价值得以充分展现。所以，我们谈移动营销的时候，一定要转变媒体为王的思路，不能忘了对生活最基本的关照，不能忘了要与人们最基本的生活形态变化密切相关。例如，抖音基于大数据和人工智能技术，通过对抖音平台上的用户行为、兴趣偏好等数据进行深度挖掘和分析，智能推荐用户感兴趣的内容，提高内容的点击率和转化率。

（2）从以吸引注意为首要任务变成以消费者的兴趣为出发点

各种各样的媒体和媒体信息分散了消费者的注意力，为此，广告主不得不花更多的钱在媒体上去吸引消费者的注意力，但这又会进一步分散消费者的注意力，这种闭合的恶性循环使得注意力战术变得昂贵且徒劳。ISMAS法则告诉我们，在去媒体中心的环境中，消费者的行为模式不再是先被吸引注意力，再去做其他事情。

对于移动互联网环境下习惯了主动使用媒体的消费者，兴趣成了一切的核心。当消费者有兴趣的时候，不用@，他们也会关注，也会转发。例如，2023年，哈尔滨因城市的魅力和创新的服务而爆火。切块儿的冻梨、送勺的烤红薯、火凤凰演出、雪上蹦迪、烟花秀……消费者想要什么，哈尔滨就给什么，让本地人直呼"尔滨，你让我感到陌生"，游客主动发视频为哈尔滨"作宣传"，网络用户也自发地关注和转发，这些举动让哈尔滨文旅"不费一兵一卒"就获得了巨大的流量。

因此，营销人员一定要转变营销思路，根据价值体系和消费者兴趣的变化去设计营销方案，为消费者提供他们感兴趣的、有用的信息。

4.1.3.2　SICAS法则

数字时代，Web3.0、移动互联网创造了传统媒体乃至传统互联网媒体无法比拟的全新的传播、营销生态——基于用户关系网络，用户与好友、用户与企业相互联通、自由对话——用户不仅可以通过社会化关系网络、分布在全网的触点主动获取信息，还可以作为消费源、发布信息的主体，与更多的好友共同体验、分享。传播环境与用户行为的改变，使用户的消费决策过程也随之变化，与新生态对应的消费轨迹、行为法则——SICAS 法则随之产生了（如图4-3 所示）。

图 4-3　SICAS 法则

SICAS 法则为：

S：sense，品牌与用户相互感知。

I：interest & interactive，产生兴趣并形成互动。

C：connect & communicate，建立联系并相互沟通。

A：action，促使行动。

S：share，分享信息。

在 SICAS 法则中，利用分布式、多触点，在品牌、商家与用户之间建立动态感知网络（sense network）非常重要。其中的触点，既有去向的印象的产生，更有来向的需求的响应，对话无时无刻、随时随地。对品牌商家来讲，能够通过遍布全网的传感器感知到用户的需求、取向、去向。

4.2　网络广告受众及其特点

4.2.1　网络广告受众的定义

受众又称受传者、阅听人，也就是接收信息的人。受众既包括大众传播中的信息接收群体，也包括小范围信息交流中的个体——参与者和对话人。受众作为传播过程两极中的一极，在传播中占有十分重要的地位，扮演着非常重要的角色。

网络受众又称网民，是在网络传播中处于信息接收一端的个体或组织。中国互联网络信息中心做了如下定义：

❶网民是指过去半年内使用过互联网的6周岁及以上中国居民。

❷手机网民是指过去半年内通过手机接入并使用互联网，但不限于仅通过手机接入互联网的网民。

❸电脑网民是指过去半年内通过电脑接入并使用互联网，但不限于仅通过电脑接入互联网的网民。

随着生产力的快速发展、网络的迅速普及、网民数量的不断增长，人们对网络的使用率和依赖程度越来越高。人们通过网络查找资料、学习、交友、娱乐等行为，越来越显示出网络的强大生命力。

网络广告受众是网络广告传播的目标群体，是网络广告最终作用的对象。在网络广告传播中，企业的主要传播对象是网民，各种网站的生存和发展也主要依赖网民，这是提高网站点击率、吸引广告商、树立网站品牌、促使网站上市融资的基础。此外，在网络广告传播中，信息的传播方与接收方处于同一平台，双方进行信息互动，即网络广告的受众同时也是相关信息的传播者。

4.2.2　网络广告受众的特点

在网络广告传播活动中，网络广告受众具有以下特点：

4.2.2.1　个性化特征明显

中国互联网络信息中心调查发现：网络广告受众是一个新奇、前卫、上进、精力充沛且具有较高文化水平的群体，他们往往更注重自我，都有一些独特的、不同于他人的喜好。他们既有相同的兴趣，又有独特的个性，其具体要求越来越个性化。因此，对网络广告工作者来说，绝不能像对待传统媒体受众一样，对他们一概而论。今天的网络广告运营商要帮助广告主满足网络受众的个性需求，而不是按一个大众的标准来投放网络广告。网络广告受众不仅能够作出选择，而且渴望去作出选择；他们不仅有自己独特的想法，而且对自己的判断非常自信。

4.2.2.2　主动接触网络信息，反馈及时

在网络广告的传播过程中，网络广告受众是受作用的一方。表面上看，网络广告受众是被动的，但实际上却是主动的、能动的，能够对网络广告活动中的信息发送方产生反作用，并由此形成互动。

在传统的大众传播中，广告受众总是被动地接收大众传媒所传送的信息，无

法通过大众传媒与广告主进行平等交流，更不用说主动、方便地通过大众传媒制造或发布广告信息。而在网络广告传播中，受众原有的地位和角色发生了根本性变化。普通的网络广告受众拥有与传播机构一样的权利。网络广告受众还可以设计网站，发布广告信息。在网络广告传播中，任何人在不违法的情况下都可以发布广告信息，任何人也都可以按自己的喜好来接收广告信息。

网络广告媒体可以实现广告主与广告受众之间真正的双向交流，受众可以做到同步反馈。与大众传播相比，网络广告传播为受众提供了更多选择产品的机会。许多商家都在互联网上开辟了网络聊天室、论坛等，网络广告受众可以在聊天室或讨论区针对网络广告信息发表自己的观点，如此一来，就可以实现广告信息的传播者与受众之间真正的互动。

4.2.2.3　具有群体特征

网络广告受众接触网络广告信息往往是以个体、家庭的形式出现的，处于分散的状态。但是，由于受到社会、经济和文化等诸多因素的影响和制约，加之网络广告受众个体的特性，又会形成观念和行为相近或相同的群体，这些群体具有相近或相同的消费特征。不同的消费群体形成不同的企业目标市场，并构成网络广告信息的不同传播对象。这一特性为企业市场细分和市场定位提供了依据，也成为影响网络广告定位、网络广告策略制定的重要因素。因此，广告主要从群体的概念出发，来研究和把握网络广告受众。

4.2.2.4　扮演多重角色

网络广告传播是社会传播活动的重要组成部分，网络广告受众在参与社会传播活动特别是大众传播活动的过程中，进入了网络广告传播领域。因此，网络广告受众必定是多种社会角色的扮演者，这些角色主要包括：

（1）社会成员

网络广告受众首先是生活在社会中的人，与其他人发生着各种各样的关系。在特定的社会环境中生活，网络广告受众有自身的社会角色，会产生相应的社会心理与行为。在研究网络广告受众的时候，必须将其与社会角色联系起来考虑。

（2）消费者

网络广告受众是市场活动的中心。企业组织生产、开发产品，都是以广大消费者为中心、为消费者服务的。为了满足个人生活的需要，消费者需要消费，也希望得到有关商品、服务等的信息。网络广告传播便是将网络广告信息传递给消费者。消费者通过网络广告可以获取有效的商品信息；同时，消费者是网络广告信息理想的传递对象。

（3）网络广告媒体受众

一般来说，网络广告信息是网络广告受众在接触网络广告媒体的过程中接收到的，所以，网络广告受众只有在成为媒体受众的时候，才能成为网络广告信息接收的对象。网络广告受众对网络广告媒体的需求、接触网络广告媒体的习惯、通过网络广告媒体获取信息的行为方式等，是影响其能否成为网络广告受众的重要因素。

4.3　影响网络广告信息接收的因素

我们生活的世界充满了各种各样的刺激，由于人类信息加工能力的限制，我们不可能对所有的刺激信息作出反应，而只能选择其中的一部分作出反应，注意就是这种选择性反应的心理机制。注意就像一个过滤器一样，选择出一些有意义的刺激，而把其他刺激过滤掉，从而表现出刺激的选择性。

影响网络广告信息接收的因素有三个：

一是外在客观刺激特征，如广告的色彩、图案与文字、商品的造型包装等；

二是注意者个体的主观性因素，如个体的需要、兴趣、态度、经验、价值观等；

三是情境因素，指接触广告的环境。

4.3.1　客观刺激

客观刺激本身所具有的特征能使人不由自主地对其产生注意。一般来说，刺激物会因为特点不同而对消费者产生不同的影响。

4.3.1.1　强度

一般来讲，巨大的声响、鲜艳的色彩、突出的标志等都会引起人们的注意，对人们产生刺激。这里讲的刺激强度，既指刺激的绝对强度，又指刺激的相对强度。例如，在白天喧闹的时候，时钟的声音是不易被察觉的；而在夜深人静时，时钟"滴答滴答"的声音却能使人清楚地觉察到。又如，在商业闹市区，商店开张时，为了招徕顾客，店铺门前都装扮得色彩鲜艳，有时会设置巨幅广告牌，摆放许多花篮，并播放激昂的音乐，使人一下子就能感觉到它的存在。

4.3.1.2　运动

在静止的背景下，运动的物体很容易成为人们注意的对象。如夏天仰望晴朗的夜空时，会看到天上繁星点点，我们很难把注意力集中在某一颗星星上，但如果有一颗流星划过夜空，就很容易引起我们的注意。

在网络广告中，动图比静态的图片更引人注意，视频广告比静态广告更吸引人。对受众来说，有声音、图像、动感立体效果的东西比表现单一的东西更容易引起其注意。

比如，动态旗帜广告拥有会运动的元素，或移动或闪烁。这种广告在制作上相对来说并不复杂，尺寸也比较小，通常在 15k 以下。正因为动态旗帜广告拥有如此多的优点，目前它已成为最主要的网络广告形式之一。

4.3.1.3　对比

赫尔森曾提出一个理论叫适应水平理论，该理论认为，人们总是将一组刺激与一个参照点或适当的水平相联系，当某一事物明显偏离这个水平时，就会引起人们的注意。对广告来说，其参照点就是其他同类产品的广告。当一个产品的广告与其他同类产品广告有偏差时，必然会引起人们的注意。这种对比有颜色对比、大小对比、声音对比、形状对比等。一种刺激能否引起我们的注意，除了它自身的特点外，与其他事物的对比也是一个重要因素，我们常说的"鹤立鸡群"和"万绿丛中一点红"就是这个意思。

比如，前些年加多宝和王老吉的品牌之争，我们不去评价孰是孰非，仅从网络广告来看，不管是语言文字，还是颜色构图，再到人物表情和文案设计，都非常成功地应用了对比的手法吸引了消费者的注意。

4.3.2　主观因素

同样的客观事物，由于人们的主观态度不同，就有可能引起某个人的注意，而引不起另一个人的注意。个体的需要与动机、兴趣、态度、经验都是影响人们对特定对象产生注意的主观因素。

4.3.2.1　需要与动机

当消费者产生了某种需要或动机后，一切能够帮助消费者作出满意购买决策的信息，对他来说都具有一定的实用价值。特别是价格昂贵、新的、结构复杂的产品，当消费者面临较大的购买风险时，就会产生较高的信息需求，能够满足这种需求的广告信息就容易引起消费者的注意。比如，消费者会主动获取有关社会公众事务的信息，以满足日常生活的信息需要。在网络时代，娱乐性需要显得更加重要，另外就是社交需要。在网络社交中，网络传播的内容是很好的讨论或聊天话题。另外，有时候消费者为了增强信心、获得宽慰、减轻烦恼等，常常转向网络媒体以寻求各种满足或解脱。

4.3.2.2 兴趣

兴趣以需要为基础。需要包括精神需要和物质需要，兴趣基于精神需要，如对科学、文化知识等的需要。人们若对某一事物或某项活动产生需要，就会热衷于接触、观察这一事物，或积极从事这项活动，并注意探索其中的奥妙。此外，兴趣又与认识和情感相联系。人们若对某一事物或某项活动没有认识，就不会对其产生情感，因而也不会对其产生兴趣；反之，认识越深刻，情感越炽烈，兴趣也就越浓厚。对网络广告及其宣传的产品产生兴趣，是消费者认知的深化，是购买决策的感情准备。

个人的兴趣会影响到他对信息的选择。凡是自己感兴趣的信息，消费者往往容易注意到；自己不感兴趣的信息，消费者往往视而不见、听而不闻。比如，《南京零距离》这档新闻节目很受普通老百姓的欢迎，该节目报道的都是南京本地人身边的事，如公交卡涨价、左邻右舍的纷争、子女关于赡养父母的矛盾等。这些新闻都与老百姓的生活息息相关，老百姓更感兴趣，因此老百姓的注意度更高。

再如，Keep上线了《为你圆梦|哆啦A梦神奇道具线上跑"任意门篇"》赛事，2023年12月31日至2024年3月31日，用户都可报名参与，与哆啦A梦一起奔向新年，迎接春天。Keep希望通过这个给人带来快乐的IP，让更多人感受运动的快乐。对很多哆啦A梦的粉丝来说，获得哆啦A梦的鼓励，让自己有了更强的运动动力，而运动结束后的实体奖励，正是对汗水最好的激励。除此之外，Keep也与超多人气爆款IP联名，以运动文化为底色，通过奖牌承载运动理念，突破不同用户圈层，让更多的人感受"自律给我快乐的自由"。[①]

4.3.2.3 态度

消费者的态度是指消费者对客体、属性和利益的情感反应，即消费者对某

---

① 新浪证券. 携手超级IP哆啦A梦，Keep奖牌持续破圈 [EB/OL]. (2023-12-27) [2024-04-12]. https://baijiahao.baidu.com/s?id=1786414938758795967&wfr=spider&for=pc.

件商品、品牌或公司经由学习而形成的一致的喜欢或不喜欢的反应倾向。人们在生活中往往对不同的事物抱有不同的态度，这种态度会影响到人们对信息的选择。人们往往容易接受那些与自己的态度和观点一致的信息。消费者如果对产品、服务或企业形成某种态度，就会将其贮存在记忆中，需要的时候，会将其从记忆中提取出来，以应对或帮助解决当前所面临的购买问题。态度有助于消费者更加有效地适应动态的购买环境，使之不必对每一个新事物或新的产品、新的营销手段都以新的方式作出解释和反应，但会让消费者对新的广告信息启动防御功能。

例如，吸烟者往往对印在香烟盒上的"吸烟有害身体健康"的忠告视而不见，不吸烟的人却容易注意到。这是为什么呢？这可以用态度理论中的认知来解释：人有一种内驱力，促使自己对客体产生一定的认知和行为。当认知失谐时，如"我喜欢抽烟"与"吸烟有害健康"发生冲突，人们会出现不适感，进而试图去减少认知失谐。而为了减少认知失谐，人们就会有选择地寻求支持信息或避免不一致信息，从而导致对外界信息的"过滤"。

4.3.2.4　经验

每个人在生活过程中都会积累一定的经验，这些经验会影响到个体对事物的注意。人们往往容易对自己积累的经验中比较熟悉的事物产生注意力。比如，拥有不同文化背景的人对富有自己民族文化特色的画面更加敏感。因此，对不同的群体进行广告宣传时，一定要考虑该群体的知识经验和水平，尽量选择他们所熟悉的、喜闻乐见的形式，特别是在进行跨文化广告宣传时，一定要考虑受众的民族文化特点，符合受众民族文化特点的广告更容易被其接受。

4.3.3　情境因素

情境因素是指环境中除去主体刺激物以外的刺激，以及因环境导致的暂时性个人特征。影响受众注意广告的情境因素主要有广告所处的环境条件和受众对节目的介入程度。

4.3.3.1　广告所处的环境条件

广告所处的环境条件对广告传播效果会产生一定的制约作用。从大的方面来看，特定国家或地区的文化环境会影响该国或该地区的受众对不同广告的理解和接受程度，因此，广告应符合当地的文化传统与风俗习惯。从小的方面来看，广告赖以存在的传播媒介本身的状况也形成了广告宣传的特定环境。如网络平面展示广告处于网络各式各样的信息环境中，在人们阅读网络信息时，那些富有吸引力的内容会分散读者对广告的注意力。

为增强广告效果，广告主应该根据产品的特点与媒体的性质选择合适的媒体。比如，厨具产品应选择烹饪节目或杂志作广告，体育用品应选择体育节目作广告等。这样，一方面能增强广告传播的针对性；另一方面能使消费者的注意力由节目自然转移到广告产品上。

4.3.3.2 受众对节目的介入程度

广告通常出现在电视节目、杂志、报纸等具体情境中，一般情况下，受众看电视，读报纸、杂志的目的是了解电视节目或报纸、杂志的内容，很少是为了看广告。当看到广告时，不少受众会通过转换频道、跳过广告等方式主动避开对广告内容的接收。

调查表明，当受众对节目的介入程度由低等向中等发展时，受众对广告的注意力会大大提高，如奥运会比赛期间，播放一些运动员代言的广告，往往能引起受众的注意。但是，特别高的节目介入度对某些类型的广告来说，反而有可能降低受众对广告内容的注意，如受众可能专注于故事情节，而忽略了某些企业植入的广告内容。

4.4 网络广告受众的特殊心理过程

4.4.1 网络广告受众的选择性注意

网络时代最为明显的特征是媒体环境发生了深刻变革，电视、PC、手机和平板电脑提供了丰富的媒体选择和多样的内容选择，不同的内容在不同屏幕间流动的同时，受众分散在不同的屏幕前，而且同一个受众也会在不同屏幕之间"流动"，形成复杂的注意力路径，使得传统意义上的消费者选择性注意（selective attention）变得更加难以控制。

选择性注意是指受众在接触信息的开始就具有很强的选择性接受的特点。人们在日常生活中会面对许多刺激物，不可能对什么刺激物都加以注意，绝大多数刺激物都被筛选掉了，人们将目光投向自己感兴趣的刺激物便是选择性注意。能否引起注意，与刺激物的吸引力及其对人的重要性有关。所以对传播者来说，要引起受众的注意，第一步就要使信息具有足够的吸引力。除了广告本身要具有吸引力以外，广告主还应该认识到受众的注意也与自己的需要动机相关。受众往往会注意那些与自己的观念、态度、立场和兴趣相一致的信息内容，而回避某些与自己不合的信息。一旦受众对企业的广告信息不感兴趣，就会发生注意力转移。大量研究表明，有三种情况较能引起人们的注意：一是与目前需要有关的；二是预期将出现的；三是变化幅度大于一般的、较为特殊的刺激物，如降价50%比降价5%的广告更能引起人们的注意。

4.4.2　网络广告受众的选择性理解

选择性理解（selective perception）是指受众在注意到部分传播内容后，会根据自己的认识对内容进行解释。这种选择性理解，也就是传播信息的译码过程。它在受众心理选择过程中是核心的、基本的环节，因为无论是注意还是记忆，都必须建立在正确的理解基础上，这才是准确而有用的信息传播。

选择性理解包括两层含义：

一是指受众在所接收的信息中，只对其中的一部分信息进行深层次的认识、思考、处理和运用，对其他信息则停留在曾经注意的阶段，不再投入过多的时间和精力去处理它们。

二是指"由于兴趣、信念、原有的知识、态度、需要和价值观等认识因素上的差异，具有不同认识结构的受众实际上对任何复杂的刺激都会产生不同的认识（赋予意义）"。

很多情况下，不同消费者对同一广告的理解有可能是不同的，甚至是截然相反的。在讨论或转述的时候，他们往往会强调、遗漏甚至曲解其中的某些内容。

2023年9月，欧洲版比亚迪海豹取消车尾标语"Build Your Dreams"。在过去的一年中，比亚迪听取经销商、记者和经销商合作伙伴的反馈意见，有些人支持这个标语，而另一些人持保留态度。最终，公司采纳了多数人的观点，决定在欧洲市场采用更加简洁的车尾设计，只保留"BYD"字样。比亚迪在欧洲市场上的这一调整也体现了企业的包容性和国际化决心。[①]

---

① 姚立伟. 比亚迪部分车型将去除"Build Your Dreams"［EB/OL］.（2023-09-06）［2024-03-15］. https://www.sohu.com/a/718194516_114822.

4.4.3　网络广告受众的选择性记忆

选择性记忆（selective memory）是指受众对信息的记忆也是有选择的，常常是只记忆那些有意义、符合需要、对己有利和自己愿意记住的信息，同时忽略或抑制那些无意义、附加的、不利的和不愿意记住的信息。所以，传播者不能期望受众记住所有的传播信息，并要以多种表现手法使受众对某些信息久久难忘。

应该看到，网络广告超密度的信息流量给受众的选择性记忆带来了新的困惑。广告的庞大信息量和受众相对有限的信息处理能力形成了网络传播中的一个突出矛盾，即便有搜索引擎这样的信息分类整理系统，受众依然很难快速有效地筛选信息，从而导致处理信息付出的时间、精力与信息带来的报偿不成正比。被信息超载所困扰的网络用户往往会作出以下两种选择：一种是依赖几个固定的网站来获取相关企业和产品的信息，实际上还是把选择权交给了网站；另一种是人们在网上无目的地点击，看到什么算什么，这就对企业的广告形式和创意提出了更高的要求。另外，虽然网络提供了非常多的选择空间，却可能因为消费者自身的视野、兴趣的局限而产生狭隘的记忆结果。

4.5　网络广告受众的逆反心理及规避策略

4.5.1　网络广告受众的逆反心理

4.5.1.1　什么是网络广告受众的逆反心理

以超过消费者心理承受能力的强度刺激消费者，会在很大程度上影响其接受广告信息的情绪，此时消费者会认为网络广告的立场与自己的立场相反或距离较远，从而产生超限逆反心理。有时候受众会认为网络广告的出现与自己的使用不相关，网络广告阻碍了其获取其他更重要的信息，影响了其正常的网络行为，因此会产生愤怒、生气的情绪，也会产生逆反心理。

4.5.1.2　逆反心理产生的原因

具体说来，产生逆反心理的原因主要包括以下方面：

（1）网络广告展示过度频繁，缺少新意

消费者的感官持续受到某一消费对象的过度刺激，会导致感受力下降，形成感觉逆反。同一时间连续播放几十则广告，或者一则广告在短时间内重复频率过高，就会造成消费者的心理疲劳和厌烦。以一种重复、无聊、低俗或枯燥的形式宣传其产品，会令观众产生厌恶、反感、恶心等负面情绪。而这些负面情绪会使观众下意识地形成对广告产品的深刻记忆。广告主往往无法顾及长远利益，而通过这种不择手段、成本较低的方式来实现短期的销量和利益，结果就有了各种只注重知名度、不注重美誉度的广告。

（2）网络广告中的欺骗性内容太多

互联网中的虚假、违法广告监管确实是现阶段相对薄弱的环节。虚假广告的表现形式灵活，一些植入式软广告更是不易鉴别。此外，当前部分网站并没有建立广告登记、审核等制度，从业人员的法律意识不强，给虚假广告的投放提供了便利。比较常见的带欺骗性质的网络广告主要是内容夸大失实，如对商品的质量、成分、性能、用途及生产者作夸大、虚假宣传而引人误解，通过混淆视听达到提高点击率的目的。

（3）网络广告违反正常的伦理价值观

消费者会对令人反感的网络广告产生逆反、抵制心理。由于对虚假、违法网络广告存在逆反心理，消费者对广告的接受度已大不如前，尤其是年轻人对在线广告更不耐烦。最直接的行为是关闭网站、避开广告，广告拦截器的兴起就是最明显的证据。拦截网络广告、移动广告的各种软件应运而生。但消费者不喜欢广告并不意味着广告没有效用。一位品牌营销人员曾表示，即使是消费者不喜欢的网络广告，短时间内仍然不会消失，因为在某种程度上它还是有效用的。

2023 年 2 月 25 日公布的《互联网广告管理办法》规定，互联网广告应当真实、合法，坚持正确导向，以健康的表现形式表达广告内容，符合社会主义精神文明建设和弘扬中华优秀传统文化的要求。

4.5.2　减少消费者逆反心理的策略

4.5.2.1　避免低俗恶意广告，提升企业形象

网络广告在策划、创意与制作时要坚决避免应用低俗、恶意的方法来夸大宣传，那样只会适得其反，不仅不会让网络受众感兴趣，还会招致其反感和抵制；相反，应从宣传企业的良好形象的角度出发，在广告中增加善意的内容，或者通

过广告与受众的互动，增强内容的健康性与积极意义，彰显企业的高级品位，从而获得受众的认可和喜爱。即使是在竞争的过程中，企业在利用广告来提升自己的知名度的同时，也不应以打击对手的方式来吸引眼球。比如，空客公司和波音公司一直是竞争对手关系，在波音公司举行100周年庆典时，空客公司通过一则善意的网络广告在恭喜对手的同时也让受众更加认同自己，不得不说是个高明的举动。

案例窗 4-1

波音一百岁了，空客却发了一条祝福广告

2016年7月，美国各地都被波音公司"刷屏"了。作为世界上最大的飞机制造商之一，成立于1916年7月15日的波音迎来了100岁的生日。各州不仅在航空博物馆里举办了100年来波音的历史展览，一些名人、政要也来给它庆生。在波音大本营西雅图，就有700多位本地政商代表出席了波音的庆祝活动，而"小伙伴"阿拉斯加航空还拿出了一笔小钱以波音的名义捐赠给当地的奖学金机构，以鼓励那些对航空、科技感兴趣的人才。

在这一波热闹的"庆生大趴"里，最引人注目的大概就是来自竞争对手空客的祝福了。2016年7月，空客居然隆重地发布了一则视频，找了10个国家36位员工聊了聊竞争对手的成就。

"我们空客跟波音斗得非常厉害。"一位女员工语气沉重地在开场白里说道。紧接着，几位国家、性别、年龄不同的员工都重复着"市场竞争令人煎熬"的感受。

你能看到目光呆滞的技术工程师带着常年被踩踏的怨气，面无表情地说："每一次在市场上都要争个高下。"而另一位白了头发的大叔也这么认为："每天工作得昏天黑地。"戴着头套在机房维护的阿姨说："还得天天浪费脑细胞，想着要创新。"

就在"轰轰"的背景音和负能量爆棚的台词快要让网友崩溃的时候，终于有人放出了一句带有嘲讽意味的话："竞争对手庆祝自己100周年，这对我们意味着什么呢？只有一件事情，那就是……"剧情突然反转，音乐变得欢快，空客员工大声地说："祝贺你100岁！"这种充满了真善美的姿态，为空客拉来了不少好感。不到48小时里，脸书上视频的点击量就超过了200万。微博里，大家呼喊着"在一起"，硬生生把"敌对"关系演变成了"好朋友"关系。

一手策划这次活动的空客公关部负责人 Clay McConnell 说："我们之前就思考过这样一个问题：在波音100周年生日时，空客应该把自己放在哪儿？后

来我们想，或许可以借用大家对波音的关注度，塑造我们创新、全球、前瞻而且文化多元的品牌形象。"

　　资料来源　江敏. 波音百岁大寿　空客献的贺礼却抢了风头［EB/OL］. (2016-07-19)［2023-12-03］. http://www.jiemian.com/article/751251.html.

4.5.2.2　利用公益广告塑造企业的社会形象，减少消费者的逆反心理

　　公益广告是以为公众谋利益和提高其福利待遇为目的而设计的广告；是企业或社会团体向消费者阐明对社会的功能和责任，表明自己追求的不仅仅是从经营中获利，还过问和参与解决社会问题、环境问题等的广告；也是不以营利为目的，而为社会公众的切身利益和社会风尚服务的广告。

　　公益广告一直是一些企业的广告策略之一。虽然从某种程度上说，公益广告可能并不会和产品建立直接的联系，但是它可以赢得消费者的好感，消费者会对企业作出正面评价，由此获得好的传播效果。例如，2016年11月，支付宝接入了"公安部儿童失踪信息紧急发布平台"（团圆系统），推送儿童失踪信息，帮助寻找目标。孩子丢失1小时内，支付宝会向身处"以孩子丢失位置为中心、半径100千米范围内"的用户推送失踪儿童信息；2小时内，覆盖半径200千米；3小时内，覆盖半径300千米；3小时以上的，覆盖半径500千米。此举虽然不能直接对支付宝产生促销的功能，但绝对可以提高受众对支付宝的关注度和信任度。

　　减贫扶贫曾是社会公益事业中的一个重要方面。很多企业将目光投向农村地区，通过公益广告的形式呼吁社会各界关注农村地区的贫困人群。中国石油曾经推出过"重建家园暖人心，关爱贫困地区"的广告，让消费者意识到农村地区的贫困人群需要我们的关注和帮助。

4.5.2.3　以幽默来赢得好感

　　幽默可以使企业更好地和消费者沟通，在消费者的微笑中完成他和品牌之间的信息互动。幽默几乎是一种全球通用的语言，是广告有效表达的最佳形式之一。在很多欧美国家，如果你问女性择偶的前三个标准，很多女性都会把"幽默感"作为其中很重要的一个，可见幽默是一个吸引人的重要指标。幽默在广告中同样被需要，幽默的商业广告可以降低其传递的信息在人们心理上产生的距离感，让广告更具亲和力，从而被人们所接受。很多公司都会利用幽默元素来讲述

产品的故事，以达到打动消费者的目的。网络中其实充满了各种幽默元素，如果网络广告主能够善加利用，则会成为非常好的广告创意，从而被受众认同和接受。

国外的广告中幽默元素利用得较多，数字显示，发达国家 1/5 的广告都是幽默创意广告，轻松、愉快、博人一笑成为广告发展的趋势之一。如意大利一个法语学习班的招生广告说："如果你听了一课之后发现不喜欢这门课程，那么你可以要求退回你的费用，但必须用法语说。"本田公司的一则广告"迷路的外国人"，同样以夸张幽默的视觉语言展示了在世界各地自驾时通常会遇到的问路烦恼。当你行驶到一个语言沟通不畅的陌生国家，在问路时通常会遭遇越问越糊涂的麻烦，而本田雅阁的 GPS 语音导航功能，能让你避免此类烦恼以及不必要的风险，从而有效地传达了产品的独特功能。

4.5.2.4　以人格化的方式拉近距离

拟人或者说人格化是一种常见的修辞手法，是指将非人类的生物、事物等赋予人的特征，使它们具有人类的思想、情感、性格、能力和行为方式。在广告创意中，将广告形象人格化，可以增强广告的艺术感染力，以一种轻松活泼的表现方式，传递产品信息，吸引受众。这种创意手法在广告中可以表现为对没有生命的事物加以改造，使其具有人的特征；将某些生物的行为、动作和表情人格化。

例如，某家餐厅的卖点是"采用最新鲜的材料"。"最新鲜的材料"如何表现呢？那就应该是鲜活的，即使蔬菜也是如此。于是，广告画面中出现了快乐的洋葱，它们睁着两只小眼睛，咧开快乐的小嘴巴，排着队等待"献身"。可以说，它们乐于被吃掉！充满童趣的广告画面不仅传达了采用新鲜食材的诉求，同时流露出了这家餐厅阳光快乐的精神气质。比起简单地说食材新鲜的广告，这种广告更能让消费者喜欢。

还有一则结合了公益和拟人元素的广告：大白狗在草地上打扫自己的粪便，小黑猫拿着吸尘器清理沙发上的猫毛，沙皮狗戴着橡胶手套要把自己带进屋里的泥脚印擦干净！这是英国防止虐待动物协会的公益广告，广告主题是以动物的口吻向主人真情告白——对我们好一些，我们会回报的。看着这些宠物们楚楚可怜地打扫自己造成的污垢，哪个主人还忍心虐待它们？

在很多社交媒体的广告应用中，也需要这样的元素介入，如企业官微。但是目前很多品牌的官微可以说是"半死不活"，很少能与"粉丝"进行有效的互动，传播效果不佳。相比之下，有些公司的官微采用了人格化的方式，无论是网络化、口语化的语言，还是亲切的语气，都让受众觉得这是一个可以信任、可以平等交流的"人"。

4.6　网络广告跨文化传播

企业在进行网络广告的跨文化传播（cross-cultural communication）时受到的影响因素是非常多的，包括目标国家的市场竞争程度，如市场发展所处的生命周期、竞争密集程度、经济发展状况以及竞争对手的具体情况等；企业的国际化能力，包括经营能力、控制能力和市场洞察力等；企业的网络推广能力，主要指网络覆盖能力；品牌形象的可转移性；网民圈子的拓展性；企业产品自身的特征。

在网络广告跨文化传播的过程中，企业最容易忽略的是文化环境。企业必须考虑国与国之间的文化差异。以互联网为平台的国际广告传播具有跨文化传播的特点，因此广告必须尊重文化差异与语言习惯才能够发挥传播效果。国际广告属于跨文化传播，本土文化在全球化品牌传播中的影响不容忽视。[①]

4.6.1　跨文化传播与跨文化广告传播的基本含义

4.6.1.1　跨文化传播

跨文化传播，既是处于不同文化背景的社会成员之间的人际交往与信息传播活动，也涉及各种文化要素在全球的迁移、扩散、变动，及其对不同群体、文化、国家乃至人类命运共同体的影响。

跨文化传播主要涉及两个层次：

第一，日常生活层面的跨文化传播，主要指来自不同文化背景的社会成员在日常交往、互动中的融合、矛盾、冲突与解决等。

第二，人类文化交往层面的跨文化传播，主要指基于文化系统的差异，不同文化主体之间进行交往与互动的过程与影响，以及由跨越文化的传播过程所决定的文化融合、发展与变迁。

文化价值观是跨文化传播中至关重要的因素。文化差异可能使跨文化传播变得极其困难，在某些情况下甚至无法进行。因此，成功地进行跨文化交流，既要

---

① 魏然. 互联网语境下的国际广告前沿理论综述：解析网络媒体对国际广告全球化和本土化的双重影响 [J]. 新闻大学，2016（2）：69-75；149-150.

了解自己所属的文化，又要了解不同和互补的文化。文化的深层结构是有效的跨文化交流中最大的问题；同时，跨文化传播是否成功，也取决于在特定的语境下是否采取了合适而有效的行为，有没有违反已定的关系原则、规范和期望，是否实现了重要目标，或者是否获得了相对于付出和替代选择而言的回报。

4.6.1.2　跨文化广告传播

跨文化广告是一种特殊的广告，它传播的是其他民族的一种文化。当广告文化作为一个整体，在输入国文化系统内广泛而持久地传播时，就会推动输入国文化的变迁。广告文化力就表现为一种强势的文化扩张，从而改变输入国市民的消费观。

跨文化广告传播，是在不同文化疆域间的广告传播，一般分为两类：

一是国内领域的跨文化广告传播，即在一国范围内跨种族、民族及不同亚文化进行的广告传播活动。

二是国际领域的跨文化广告传播，是广告信息从一国向另一国的流动。

20世纪80年代以来，跨文化传播的研究价值初现端倪。20世纪90年代以后，全球化趋势愈发显著，不断影响着全球文化的交流与发展；同时，跨文化冲突与矛盾也时有发生，跨文化传播日益成为广告学研究的重要内容和企业关注的重点。跨文化广告顺应了整个时代的发展趋势，虽然对企业而言，广告的目的在于更好地传播商品理念，但是由于跨文化广告是不同文化系统之间的广告，中间便有了国别、地区、文化间的差异。

4.6.2　网络广告跨文化传播中的文化差异

网络广告跨文化传播充分展现了新媒体的文化推广功能，成了跨文化传播的助推器。从这个角度来讲，企业在跨文化传播中能否克服不同的文化背景差异，是能否顺利让广告信息触及目标国受众的关键因素。

4.6.2.1　各个国家的价值观不同

受数千年来儒家文化的熏染与影响，中国文化群体主义观念突出，强调奉献他人、提升自我、以小我成就大我，在行为方式上表现为为适应他人而约束自己，因而中国的传统广告内容更多地建立在集体主义观念的基础上，强调整体利益，突出家庭和亲情。与其截然不同的是，文艺复兴之后，西方人更多地崇尚对人性、个性的追求。西方文化是很典型的以个人为中心的人本价值取向，关注自身利益，注重个人的人格和尊严，侧重个体个性的发挥，并以此建立起相应的法律、宗教信仰与经济结构，形成相应的民主社会体制。表现在网络广告传播中，则突出对自我价值的探索，重视个性的张扬和表现。

比如，2023年，比亚迪发布视频"在一起，才是中国汽车"。这个视频超脱了常规意义上大众对品牌宣传片的认知，它用一个个历史影像唤醒了中国人骨子里的团结与热血，用一次次努力升级让无数人为之感动。民族的才是世界的。这个视频不仅是比亚迪献给自己的视频，也是比亚迪献给整个中国汽车工业的视频，更是比亚迪向中国汽车工业的奋进者们致敬的视频。比亚迪不仅带领众人看到了中国汽车行业的发展脉络，也看到了比亚迪一直以来的坚持与努力。

4.6.2.2　道德观念、宗教信仰等不同

人类的道德虽有共性，但不同文化判断道德的标准依然存在差异。西方人享受生活，注重个人感受，适度的性感在西方人眼中是美的、神圣的。这种审美观可以体现在Gucci凉鞋的广告词"The sexy high-heeled sandal with braided straps"中，其内涵为"性感的编带高跟凉鞋"。这则广告以性感为卖点，具有很强的煽动性。而中国的文化伦理观念把"性话题"看得很隐秘，忌讳在公共媒体上出现。

4.6.2.3　语言、符号差异

语言和符号是文化的载体，广告语言本身就是充满想象力和创造力的。把跨文化广告内容由本国语言翻译成他国语言，或使用特定的非语言符号时，不仅是符码间的对应，还是深层结构的语义对应和功能对等。语言和符号还呈现出不同的文化特点，如中国人的语言含蓄、委婉、意味深长，而西方人的语言简单、直接、夸张，这些都有可能成为广告跨文化传播的鸿沟。

福特汽车广告语"It may be your car, but it's still our baby"中"your car""our baby"在将汽车拟人化为婴儿的同时，突出了西方广告商与受众通过广告语沟通而凸显个人主义的特征。而在国内，北京现代汽车广告"追求卓越品质，共创幸福生活"中的"共"彰显着中国的集体主义精神。[①]

随着网络的发展，不仅出现了很多特殊的网络语言，还出现了很多表情符号，甚至还有了世界表情符号日。在网络中，表情符号或许可以提升自我

[①]　王勤. 跨文化视角下的中西方汽车广告翻译研究［J］. 传媒论坛，2022（11）：20-22.

表达能力，但与其他的人类沟通形式一样，使用过程中总有可能产生误解。有些情况下，误解眨眼或者茄子的表情符号，甚至可能让你惹上性骚扰的官司。因此，在所有的电子邮件或者文字声明中，都要考虑到被误会的可能性，尤其是在职场上。由于表情符号在创建的时候没有被赋予某种含义，它们只是承载着使用者的意思，所以这可能会导致同一个表情符号不同的人有不同的解读。

4.6.2.4 种族、性别等歧视行为

广告中的歧视问题也是屡见不鲜的，网络广告跨文化传播中经常会出现有关性别、种族方面的歧视问题。歧视性广告很容易招致消费者的不满、批评和抵制，影响公司的形象。

4.6.3 网络广告跨文化传播的策略选择

4.6.3.1 全球化还是本土化

全球化（globalization）重视的是普适性和人类共同的一面，而本土化（localization）重视个性的、本土文化的不可替代性。随着互联网技术的发展，以及互联网在全球的普及，一方面，通过互联网平台，企业的广告全球化趋势更加明显，受众面更广，网络媒体把广告同步传递给全世界的观众，使世界各地的观众能够同时接收到同一则跨国广告；另一方面，以互联网为平台的国际广告传播又具有跨文化传播的特点，因此广告只有尊重文化差异与语言习惯，才能够取得好的传播效果。此外，本土化在品牌全球化传播中的影响不容忽视。在互联网语境下，全球化与本土化在国际网络广告传播中相互博弈，共同发挥作用。

广告诉求策略的构成主要包括价值观的使用、语言的选择和视觉效用。一般来说，全球化的诉求策略多用于广告的价值观方面，本土化的诉求策略则常用于语言方面；在视觉方面，全球化诉求与本土化诉求的使用频率则没有太大的差别。许多中国广告倾向于整合使用全球化和本土化诉求策略，如同一则广告会出现全球化价值观"成功/地位"和本土化价值观"家庭"的重叠使用，汉语和英语平衡地用于品牌名称上，更在标题和口号中糅合使用，并以西方特点的颜色和背景配合中国本土的模特。

由此可见，在现今中国社会，产业的全球化与地方化使多元文化糅合、整合成为品牌传播、文化生产的一个趋势。无论是外来品牌进入中国，还是中国

品牌走向世界，都需要经历一个"去文化化"与"再文化化"的整合过程。以迪士尼版的《花木兰》与《卧虎藏龙》这两部改编自中国文本并风行全球的影片为例，其应用创新的手法展示出了文化话语整合的复杂性，以及文化整合对文化产品、文化全球化的意义。因此，需要对中国文化产业包括广告行业的发展做更进一步的"全球本土化""本土全球化"以及多元文化元素整合的探究和发展。

图4-4是梅赛德斯-奔驰的一组广告：乌镇与莎士比亚的戏剧相遇，碰撞出一个奇幻精美的梦境。这组平面交融了东西方文化的元素和特点，东西方文化在这则广告中得到了完美的融合，跨越时间和空间，使莎翁意外地闯入了乌镇。莎翁笔下的人物不断在乌镇出现，在古香古韵的水乡上演了一个个美丽动人的故事，而塑造这场梦境的，便是梅赛德斯-奔驰梦想座驾。作为第四届乌镇戏剧节的战略合作伙伴之一，梅赛德斯-奔驰梦想座驾在每幅古典画面中都有呈现，超现实的场景与科技感的车身相结合并不突兀，反而带来了奇妙的视觉体验。

图4-4　梅赛德斯-奔驰广告

广告语如下：

当莎翁闯入乌镇

在漫漫星夜中，莎士比亚的一番话让哈姆雷特王子陷入思考。

奥西诺公爵正饱含情愫地凝视着奥莉薇娅，而他不知，一直在女扮男装的薇奥拉早已爱上了他。

当奥西诺公爵得知了薇奥拉的身份后，终于被她默默的真情打动。

威尼斯商人安东尼奥从海上归来，不景气的生意使他深陷忧虑。

巴萨尼奥选中的铅盒子里有鲍西娅的画像，善良正直的鲍西娅得到了真正的爱情。

一场小精灵的闹剧，让拉山德和狄米特律斯同时爱上了海伦娜，而赫米娅只好为失去的爱情而伤心。

仙后缇坦妮雅一觉醒来发现正置身于一辆梦幻座驾中，并被带领着驶向真爱之路。

4.6.3.2 企业网络广告跨文化传播策略设计的注意点

（1）尊重、理解各民族文化

不同国家由于历史发展情况不同，地理环境有显著的差别，所以各个民族的文化也呈现出不同的特色。我们一定要将文化差异放在网络广告跨文化传播的首要地位，深入了解各个民族文化的特点，尊重对方的文化以及宗教信仰，规避不必要的冲突。若网络广告传播触犯到对方的文化底线，将会造成严重的后果，不仅会让广告传播失去其宣传效果，更有可能影响两个民族之间的友谊。

（2）规避文化差异，强调相似之处

各民族之间的文化都是存在差异的，但是也有相似之处，如对身体、环境、安全等方面的认识。将这些信息作为文化传播的切入点，更能深入人心，使广告宣传取得理想的效果。比如，广告大师 R.雷斯为 M&M 巧克力糖果设计的广告词"只溶在口，不溶在手"，就给人以生理上的感觉，极大地刺激了人们的购买欲望，可以在各个国家无阻碍地进行传播。又如，中国移动通信广东分公司的广告（牵手篇），就以来自多个国家的儿童为对象，让孩子们手牵手一起歌唱《欢乐颂》，各个国家的孩子没有民族的隔阂，没有地区的距离，大家都聚在一起齐声歌唱。这一情景深深地表达了人们对和平的向往，感动了全国的评委以及专家，最终获得第十三届中国广告节影视广告第一名。随着全球经济一体化趋势的不断加强，文化融合的程度也不断深入，世界变成了一个地球村，各国文化的包容性越来越强，这为广告传播提供了有利条件。

（3）因地制宜，实行差异化传播策略

考虑到中国与美国的文化存在一定的差异，可口可乐的广告在两国也是不同的。在美国，广告展示着美国人的风趣；在中国，广告则着重展示中国人的传统家庭观念。可口可乐 2016 年的广告就以过年回家、强调家庭温馨而给人留下了深刻的印象。其广告文案如下：

> 一年一年，我们回家过年，
> 漂泊的游子，回到梦的故园，

感受家的温暖。

父母在的地方，是一个叫家的地方，

是一个让人流泪让人心醉的地方。

回家过年，做个幸福的人，

高堂白发，是心灵的故乡。

今年春节，我们还是

回家过年……

又如，沃尔沃（Volvo）在设计广告文案时就充分考虑到了不同购买群体的心理需求，针对不同的目标群体，展现不同的理念。比如，众所周知，法国人追求浪漫的情怀，讲究生活的品质和方式；瑞士由于国家独特的地理特征，道路弯曲不平，所以更注重车辆的安全性能；在墨西哥这样的经济较不发达国家，由于人们的可支配收入有限，所以人们更在乎产品的性价比。沃尔沃汽车就是以这样的产品理念成功地进入各个市场，最终取得了巨大的成功。当前，文化的全球传播所面对的市场范围较广，文化和消费者理念的差异都对文化传播造成了一定的阻碍，并影响广告的传播效果，所以网络广告的跨文化传播要充分考虑这些因素，从而最大化地使广告内容深入人心。

网络广告理论前沿（四）
网络广告的跨界形态与传播研究

自广告产生以来，广告的形态一直处于不断变化和演进的过程中。特别是近几年传播技术和信息技术飞速发展，为广告的形态变革提供了必要支持，如今的广告已经由数字化转向数智化，网络广告成为连接多重元素的载体。

一、网络广告的媒介流动性

在泛广告的语境下，广告已经蔓延至多种媒体之中，其形态也变化多端，在这一过程中我们看到了广告更多的可能性。在传统的广告传播过程中，传播渠道是珍稀资源，但是在互联网环境中，这种珍稀的标签已经被去掉了。广告的传播渠道非常丰富，似乎每个地方都可以做广告，通过任何方式都可以实现营销。传统媒体的权威性依旧存在，但是互联网的扩张速度和影响力不容小觑，品牌的网络直播迎来新的发展。网络与传统媒体的互通互融已成为广告传播的必然趋势。网络广告在多种媒介环境中呈现出流动的状态，其在任何一种媒介中都以一种适应的状态出现。网络广告不仅是受众处在网络环境中能够接触到的，在线下或者其他媒体上也有很多机会将用户引入网络上并接触到网络广告。

网络广告的跨界，不仅是依靠媒介和广告形式的丰富来进行营销上的互补，更是利用互联网思维来进行广告营销，将产品和话题带入互联网，又通过互联网扩散到多种媒体上，形成线上和线下的联动，实现大规模的热议和话题，引起受众的关注和参与。

二、网络广告的多重形态

网络广告跨界的基础主要是技术的发展，这为多媒体融合提供了可能性。随着智能芯片和物联网的广泛应用，人们拥有更多的智能设备。这些设备可以提供多种功能，满足用户不同应用场景和需求。智能手机、笔记本电脑和平板电脑是最常见的设备，除此以外，还有智能穿戴设备、智能汽车、智能机器人等其他应用设备。这些设备成为人与人、人与设备、设备与设备之间相互交流的基础，也成为网络广告能够跨界的基本条件。

因此，我们可以看到网络广告以多种形态出现在各种媒介上，人们也会利用设备之间的信息传输接收到广告。网络广告已经从早期的品牌图形广告、文字链接广告、视频广告、交互式广告，发展为现在的原生广告、短视频广告、直播广告、App广告等多种形态。网络广告把原本一些弱关系的元素进行融合，元素之间相互渗透。网络广告以互联网技术为核心，将各种行业、各种产品、各种人群、各种媒介重构在一起，形成了新的广告形态，从而影响人们的生活方式和意识形态。在这样的时代背景下，我们有时没有办法清晰地通过网络广告的形式对其分类。我们将广告视为商业传播的一个因子，它存在的目的就是传播信息。它会细化为多种形式，融合各种内容，最终建立起人与商品的关系。

三、由体验场景激发网络传播跨界

广告创意的常见表现形式是通过图片、音频、视频等方式向受众传达产品或服务的信息，但是这样的形式在时间和空间上都会受到不同程度的限制。如何才能让消费者获得更加真实的感受呢？只有通过亲身的体验才能获得真实感受，因此"体验式"广告应运而生。

"体验"属于心理学的范畴，是指人通过视觉、听觉、味觉、触觉、嗅觉等多重感官对体验物进行感觉、认知、记忆和想象，并在大脑中留下印记。美国学者派恩（B. Joseph Pine）和吉尔摩（James H. Gilmore）在1998年首先提出了"体验营销"的概念，指出体验营销应该从消费者的感官、情感、思考、行动、关联五个方面设计营销理念。消费者的消费是一个非常个人化的行为过程，"体验"是消费过程中一种个人化的感知。"体验场景"式广告源于"体验营销"，具有符号化的特征，它可复制、可传播。这类广告把焦点放在消费者的体验上，整合并利用多种方式为消费者营造出一个独特的体验场景或体验过程，这个独特的体验场景或体验过程能让消费者觉得愉快和兴奋。

在网络营销环境中，体验营销的内涵更加丰富，"体验场景"式广告也成为新颖有效的营销方式，能取得四两拨千斤的效果。在不同场景中给消费者提供"强体验"，目的是让产品信息能够"刷爆朋友圈"。只有激发出消费者想要传播、炫耀的心态，才能够取得良好效果。"场景"的建立就是给消费者创造讲故事的机会，让消费者自己通过互联网来讲故事。品牌通过创造具有趣味性或者利益性的体验场景引起消费者的关注，消费者完成体验后才会在网络上分享和转发，参与讨论或进行线上活动。经过实际体验，消费者更愿意将这种信息传递出去，引发更多人的关注和兴趣。广告在不同媒介上流动，并在不断跨界后获得更大规模的影响力。

资料来源　侯玥. 网络广告的跨界形态与传播研究［J］. 中国广播电视学刊，2022（1）：61-63.

本章小结

随着时代的发展，科技在不断创新，互联网和移动互联网的出现持续影响着人们的生活和劳动、生产，广告的传播法则也紧跟时代潮流不断更新。这些法则的更新不仅展示着科技的创新，还表现为营销模式在向以消费者为中心的方向发展。

相对于传统的广告传播法则，网络时代的广告传播法则最重要的一点就是分享，即对信息的分享。这种分享从某种程度上来说，增强了网络广告的口碑效应，提升了网络广告的影响力。而网络广告的个性化、主动化、群体化、多重化等特点，也影响了网民接收广告时的心理状况。不仅如此，网络广告在跨文化传播中也遭遇了种种挑战，因此如何在广告设计中迎合受众的需要，减少其逆反心理，实现跨文化传播，在互联网时代对企业来说至关重要。

复习思考题

一、名词解释

网络受众　选择性注意　选择性记忆　选择性理解　逆反心理　跨文化传播

二、简答题

1. 讨论各个时代广告传播法则的异同，并分析其发展的影响因素。

2. 受众注意力在不同屏幕上的分布，给商业传播和公共传播都带来了巨大挑战。请讨论在受众注意力高度分散的情况下，如何选择合适的媒介，将公司想要传达的信息准确传送给目标受众。

3. 假设你是一家化妆品公司推广部小组的成员，公司计划在非洲推出特效美白霜，要求推广部制订出相应的网络广告方案。请你设计一下，如何在尊重他国文化信仰的同时成功地将产品打入非洲市场？

三、案例分析题

2021年1月28日，福特中国发布了一张宣传海报，其上赫然显示着"2021中国·马年"（如图4-5所示）。此举引发了网友们的热议，难道福特不知道2021年是中国的"牛年"吗？甚至还有网友调侃：古有赵高指鹿为马，今有福特指牛为马。

图4-5　福特宣传海报

不过也有网友指出，福特可能是故意的，福特最近官宣的是"Mustang Mach-E"将要进行国产，这款车就是"电动野马"，福特在此指出马年，可能与这辆车有关。此事很快就在网友的争论中冲上了热搜。随着热度的加码，以及各车圈大 V 的转发讨论，国内消费者都知道福特要国产"电动野马"了。

看到这里有没有明白了一些，这不就是福特想要的结果吗？显而易见，这是福特精心策划的一场营销活动。

此外，有网友上传的朋友圈截图显示，有疑似为福特公司的员工发声：听说我们"中国·马年"上热搜了，不是手滑，更不是广告代理公司临时工太劳累的原因。2021年电马落户中国，对我们来说，年年都是马年啦！

至此，这一看似乌龙的宣传海报事件也终于"破案"。这其实是福特中国精心策划的营销活动。不得不说，单从传播效果来看，这次营销确实较为成功。

不过，也有网友指出，以中国传统文化来进行热点营销本无可厚非，但是故意以常识性错误来博人眼球会令人难以接受，这种事并不适合抖机灵。

资料来源　若风. 福特"2021中国·马年"上热搜！官方道出实情：我们故意的［EB/OL］.（2021-01-28）［2021-03-04］. https://news.mydrivers.com/1/737/737611.htm.

讨论：

1. 福特这次利用中国传统生肖文化策划的广告活动是否成功？

2. 这种做法在跨文化沟通中是否会出现问题？

第 4 章多选题

第 5 章
网络广告策划

学习目标

了解广告策划和网络广告策划的含义
理解网络广告策划的基础
掌握网络广告策划的阶段和内容
能够编写一份网络广告策划方案

凡事预则立，不预则废。

——《礼记·中庸》

网络广告学

ADVERTISING

引例

"美妆+音乐"的品牌跨界营销

在传统文化复兴的浪潮下，诸多国货品牌借力"老字号""怀旧"等关键词的产品迭代和营销整合重新焕活，诠释东方故事。国潮美妆品牌毛戈平也找到了品牌传播的切入口，在"乐出色·悦有Young"的品牌主张下，契合与当代青年有共鸣的音乐形式、潮流文化、传统艺术等，几度携手草莓音乐节，为时尚美妆赋能潮流音乐，紧密联结年轻消费群体。

音乐节作为时尚潮流领地之一，体现了年轻人的生活态度，加之火热的偶像养成类及摇滚乐的综艺大受年轻消费群体的喜爱，毛戈平抓住了这一点，携手草莓音乐节在现场搭建时尚美妆展台。它秉持独有的"光影美学"理念，根据乐迷不同的面部特征、肤质与肤色等，为其现场定制专属的千禧辣妹妆、爵士复古妆、新式国风妆、朋克摇滚妆、清新夏日妆等，彰显东方妆容之美。搭配音乐节专属妆容，毛戈平还为乐迷推出彩辫造型设计的活动，彩色色条与妆容交相呼应，营造出更具冲突感、梦幻感和新奇感的用户体验，以互动玩法增强现场感。毛戈平既植根于中华古典传统，又汲取当下摇滚充满张力与冲击力的氛围，融合碰撞出一种新式的充满浪漫主义的国潮妆容文化。

伴随O2O模式的发展，线下商务的机会与线上互联网密不可分。毛戈平不仅越来越重视互联网店铺的经营与宣传，还愿意以更为年轻化的跨界热点IP营销方式提升线下受众群体的体验价值，瞄准线上与线下渠道中的年轻受众，利用互联网和数字技术的力量，将网络媒体的用户及现实生活的年轻消费群体作为目标受众，拓宽市场。

毛戈平通过携手草莓音乐节，采取线上社交媒体、直播等方式将活动内容传播至全球范围，而线下渠道主要通过音乐节舞台上的视听冲击力和艺术性体验吸引实体参与。毛戈平借力草莓音乐节音乐人的精彩演出、舞台灯光、宣传渠道等，以直观、互动性强的方式与年轻消费群体之间建立联系，尽可能在沉浸式的体验中展现更具视觉张力和时尚性的品牌元素，突出品牌理念和产品特色等，并及时捕捉受众的需求及喜好，了解受众的反馈与想法。同时，线上平台与更多的观众分享，提升品牌影响力及曝光度，实现品牌营销目标。毛戈平利用"线上+线下"渠道的跨界营销，将美妆与音乐两个不同领域的品牌结合在一起，融合了数字化技术和实体活动的优势，也为受众带来独特的多元化体验和价值。

资料来源 杨唯敏."美妆+音乐"品牌跨界营销策略研究——以毛戈平为例［J］.老字号品牌营销，2023（17）：15-17.

5.1 广告策划与网络广告策划

5.1.1 广告策划

5.1.1.1 广告策划的含义

"广告策划"出现于20世纪60年代，由英国伦敦波利特广告公司的创始人、著名广告专家斯坦利·波利坦首次提出。20世纪80年代中期，我国广告界首次提出"广告策划"的概念，这使得企业重新认识了广告策划工作的重要性，广告工作开始走上为客户提供全面服务的新阶段。

广告策划是对广告运动的整体计划，是为突出、实施、测定广告决策而进行的预先的研讨和规划，其核心是确定广告目标、制定和发展广告策略。为有效进行广告活动，必须加强广告策划，这是广告界的共识。因此，广告策划是指广告人通过周密的市场调查和系统的分析，利用已经掌握的知识、情报和手段，合理而有效地开展广告活动的进程。

广告策划在整个广告活动中处于指导地位，贯穿广告活动的各个阶段，涉及广告活动的各个方面。广告策划使广告调查、广告目标确定、广告对象确定、广告媒介确定、广告创作、广告发布、广告效果测定等工作如何开展、运用什么策略、怎样达到预定的目标等有了系统全面的规划，不致陷于盲目行动。

5.1.1.2 广告策划的类型

（1）单一广告策划

这是指为一次性的广告所作的策划。这种一次性的广告策划通常是整体广告战略活动中的一个环节，是围绕整体广告目标展开的，需要与其他广告活动保持一致，具有连续性。单一广告策划可以使个别的广告活动或设计更有说服力，增强广告效果。但是，要从总体上实现企业的促销目标，使企业以产品、服务在市场中占据应有的位置，仅有个别的广告策划是不够的，还需要有系统、全面、周密的广告策划，后者也被称为整体广告策划。

（2）整体广告策划

整体广告策划是系统性的，即对规模较大的、一连串的为达到同一目标所作的各种不同的广告组合所进行的策划。例如，IBM为了推进项目Smarter Planet而作了智慧地球系列广告，包括智慧城市、智慧交通、智慧医疗、智慧教育等，这是一种大规模的系统的广告组合。

广告策划要服从企业的整体营销目标，只有站在企业整体经营的高度，从整体广告活动出发，对其进行全面、系统的规划和部署，才能达到广告的预期目的。

5.1.1.3　广告策划的作用

在整个广告活动中，广告策划是中心环节，占据核心和枢纽地位。这主要表现在以下几方面：

(1) 使广告活动目标明确

广告策划方案是按照目标制订的。它运用科学的方法，集中丰富的经验，事先将各项活动都作了安排。各项活动又紧紧围绕着最终的总体目标而展开，具有共同的指向性，按既定方针保证广告活动有条不紊地进行，符合客观实际，有效避免广告活动的盲目性。

(2) 使广告活动效益显著

广告策划将企业的长远计划和短期计划相衔接，使广告活动的重点更为突出。在广告策划中，策划者根据产品生命周期的不同阶段，采取不同的广告策略，兼顾眼前利益与长远利益，使整个广告活动的宣传效果更为显著。同时，广告策划在统筹广告主的广告活动、集中力量树立商品品牌形象方面具有重要意义。

(3) 使企业市场竞争力更强

广告策划能够发现企业的优势和劣势，据此采用恰当的广告策略，从而提升市场竞争力。在广告策划中，策划者要仔细分析竞争对手的状况，知道在什么条件下可以与对手竞争，在什么条件下不能与对手竞争。比如，广告产品总是具有某些优点和不尽如人意的地方，通过广告策划可使广告产品扬长避短，化劣势为优势。

5.1.2　网络广告策划概述

5.1.2.1　网络广告策划的含义

网络广告策划（network advertising planning）是指在充分的市场调查和研究的基础上，以企业广告总体战略为出发点，广告主根据企业的网络营销计划和广告目标，基于互联网的特征及网络人群的特征，从全局角度展开的对网络广告活动进行的运筹和规划，以及对整个网络广告活动的协调安排。网络广告策划必须与企业的运营相关联,还要结合企业的产品特点和性质、企业文化等,达到企业网络广告的目标。

决定一则网络广告成功与否的因素虽然多种多样,但良好有效、独特新颖的策划方案是广告活动成功的起点。没有网络广告策划的指导,网络广告活动的各个环节难以统一起来,就会失去方向和依据,会使整个网络广告传播的信息不一致,无法有效地推广产品,打开市场。

在进行网络广告策划时,首先必须明确5M(见表5-1):

表5-1 广告策划5M法

广告的任务是什么?	任务(mission)
预算中有多少资金可以使用?	资金(money)
应传递什么信息?	信息(message)
应如何使用媒体?	媒体(media)
应如何衡量广告效果?	衡量(measurement)

一是任务(mission),即明确广告的目标是什么,只有这样,在制定策略时才更有针对性。

二是资金(money),即衡量预算中有多少钱能用,如何花更少的钱获得更大的收益,使投入产出比最大。

三是信息(message),即在进行策划时要明确一则广告能给受众传达怎样的信息,广告效果怎样才会更好。

四是媒体(media),即在广告制作好后应思考使用什么媒体进行投放,才能有最高的性价比。

五是衡量(measurement),即在广告投放之后应该配以科学的广告效果评估机制。

5.1.2.2 网络广告策划的原则

(1)整体性原则
一是网络广告要采用多种形式宣传同一产品或服务,同时保证各种形式的网络广告在广告目标、广告策划、广告表现等方面协调一致。例如，百事可乐新品上市，同时采用了巨幅广告、旗帜广告和流媒体广告等多种形式，但统一以年轻人作为代言人，强调其"新一代的选择"的品牌形象和定位。

二是网络广告与线下广告相协调。网络媒体虽然属于新型媒体，但它不可能取代传统媒体，必须考虑各种广告媒体之间的相互搭配，因此绝大多数广告主都是用网络广告结合传统广告来进行产品宣传，两者互相补充，达到 1+1>2 的效果。

（2）灵活性原则

任何事物都处于动态、变化的环境之中。社会生活方式在变，市场环境在变，人们的心态也在变。以企业广告为例，由于消费者对产品的态度不断发生变化，企业的生产及产品在市场上的位置也不断发生变化。在这种情况下，广告策划的重心要随着市场和消费者的变化而变化；如果客观情况发生了变化，广告宣传的策略不随之变化，就可能犯主观主义的错误。策划方案从一出台，就要对其进展情况、消费者态度、竞争对手的反应及市场变化进行密切监视，及时反馈相关信息，并以定期控制检查的管理体制作为组织上的保证。一旦市场环境与经营条件发生变化，实施中的方案受挫，难以实现其预期效果，就应尽早作出调整和改变，或转用其他备用方案，甚至准备拟订新方案。

（3）效益性原则

企业进行广告策划时，除了考虑策划的目标外，还必须考虑企业的资源状况。任何一项广告活动都应讲究投入产出，在取得尽可能好的广告效果的前提下尽量少花钱。讲究实际效果，尽量减少毫无价值的广告活动，避免广告中的浪费。广告策划既要讲究广告对促进产品销售的作用，又要讲求对树立产品和企业形象的作用；既要讲究近期可见的效果，也要追求远期潜在的效果。讲效益是广告策划的基本原则，我们要把宏观效益与微观效益统一起来，把经济效益与社会利益统一起来，使广告策划为企业、消费者和社会都带来实际的利益。在广告策划的诸多原则中，核心的原则应该是以相对小的成本获得更好的效果。

（4）创新性原则

网络广告必须出奇制胜，寻求独特的广告定位、广告语言、广告表现等，从而实现网络广告活动的创新。创新性思维是广告策划生命力的源泉，它贯穿广告策划过程的始终。创新性思维往往表现为对常见的现象和传统理论持怀疑、分析的态度，从分析事物的相似与相异之处中发掘事物之间的必然联系。创新性思维的核心是求异，即表现出广告的特殊性与个性。在广告策划中，不仅要使广告产品的利益点在同类产品中有差异，而且要使各种设计的创意也具有差异性，这样才能令人瞩目。因此，网络广告策划要以创新性为核心，掌握广告活动的主动权。

5.1.2.3 网络广告策划的阶段及内容

网络广告策划是对提出广告策划、实施广告策划、检验广告决策全过程作预先的考虑与设想。网络广告策划不是具体的广告业务，而是广告决策的形成过程，仍然属于广告策划的一种，因此，其实施过程与传统广告有很多相同的做法。网络广告策划工作具体包括目标策划、受众策划、主题策划、地区和时间策划、反馈策划及预算策划等，各阶段相辅相成、协调一致，共同组成网络广告策划。

网络广告策划具体可以分成以下阶段：

（1）准备阶段

首先，成立网络广告策划小组，由客户主管、策划创意、文稿撰写、设计制作、摄影与摄像、市场调查及媒体公关等方面的人员组成。当然，这些成员可能和整个广告策划小组成员存在交叉和重复。

其次，规定组内成员的工作任务，安排时间进程。

（2）调研阶段

广告调研是广告策划的前提与基础，也是网络广告策划的基础。除了企业整体广告策划的调研内容，如市场信息、品牌形象调查、消费者状况调查、竞争者状况调查等内容之外，对网络广告策划来说，还需要了解竞争性企业和同类产品在网络广告媒体上的投入和表现、产品和网络媒体的匹配性等内容。

（3）制作阶段

在这个阶段，将调查信息加以分析、综合，对网络广告目标、网络广告媒介、网络广告时间、网络广告受众等问题形成初步的书面材料。策划方案的形成不是一次性的，而是在实践中根据变化的因素不断修正。关键环节是如何选取人员及分析工具，对不同人员及分析工具的选取可得出不同结论。在策划进入实施阶段前，还要写一份体现具体操作过程的执行计划。

（4）检查、反馈和修改阶段

将广告策划方案进行小组讨论、评价，并反馈给管理者或者广告主，广泛征求意见和建议；还可以邀请消费者进行广告创意的认同测试，听取消费者的反馈，对广告策划方案进行进一步的修改。

（5）实施阶段

经过广告策划人员与广告主的测评与修改，整体广告策划方案就确定了下来，与网站沟通进入实施阶段。策划者、执行者坦诚相待，广告实施按部就班就可以了。

5.2　网络广告的目标、受众与媒体策划

5.2.1　网络广告的目标策划

5.2.1.1　网络广告目标策划的要求

（1）符合企业整体广告活动的要求

网络广告不是一项独立的活动，而是企业整体营销活动中的一项具体工作。所以网络广告目标必须符合企业的整体营销目标，要反映出整体广告计划的方向，配合整体广告活动。网络广告目标也要考虑多种制约因素，必须切实可行、符合实际，保证网络广告活动的顺利进行。

（2）清楚明确，可以被测量

广告目标的确立要求清楚明确，可以被测量，这样可以保证在广告活动结束后准确地评价活动效果。因此，广告主应尽可能在网络广告活动之前，将广告活动的目标具体化，使得人们可以用比较合理的标准对其进行测量，而且能够细化为一系列具体广告活动的目标。这些具体广告目标的一一实现将保证总目标的实现。

（3）要有一定的弹性

广告目标必须明确，同时要考虑环境的种种变化对广告的影响。广告为了更好地配合整体营销的进程，可能会作出适当的调整。

5.2.1.2　具体目标的选择

企业在选择具体目标时要考虑销售目标、传播目标以及与品牌相关的广告目标。一般在产品的不同阶段，广告目标的侧重点是不太相同的。

（1）提高新产品的认知度

当一个全新产品进入消费者视野时，广告主最重要的广告目标之一就是告知消费者这一新产品的功能特点及相关信息，让消费者了解产品，并逐渐接受产品。图 5-1 中的京东到家广告让消费者了解到这款产品的特点以及可以给消费者带来的便捷性。

（2）强化品牌印象

有时候一些知名企业并没有过多地宣传产品信息，只是把产品品牌的标识和

图 5-1　京东到家广告

广告标语制作成品牌形象广告来强化产品在消费者心目中的印象。不过，一般这样的企业一定是消费者非常了解和认同的，而那些知名度不高的企业作这样的广告就会让消费者迷惑不解，效果适得其反。

（3）塑造新的生活方式

有的企业广告创造了一种流行文化，塑造新的生活方式，推进一种新的社会文化潮流。图 5-2 虽然是食品广告，也提及了品牌信息，但是这则广告给人感觉更多的是周黑鸭让人更加享受生活的乐趣和自由，其实是推崇了一种自由快乐的生活方式。

图 5-2　周黑鸭广告

（4）提高企业的美誉度，树立企业良好的形象

在小米成立初期，由于 MIUI 系统安装繁琐，只有对手机的使用体验有极高要求又希望尽可能控制成本的发烧友才愿意去使用。小米顺势而为，推出了"为发烧而生"的广告语，塑造了有激情的高科技企业形象。此外，小米在品牌形象上又强调年轻、时尚、创新等元素，与目标消费者群体产生共鸣，并且在广告营销中巧妙地传达品牌形象，吸引大量年轻消费者的关注和喜爱。自 2021 年小米宣布造车，创始人说："小米汽车是我人生之中最后一次重大的创业项目，愿意押上人生全部的声誉，亲自带队，为小米汽车而战。"这样激情澎湃的台词无疑为小米汽车赋予了丰富的故事性，也呼应了其slogan"为发烧而生"，随后的一系列营销造势更是赢得了年轻人对品牌理念与创新精神的高度认同。最终，小米塑造了如今的良好企业形象。

（5）增加产品的销量

有时候广告的信息基本是以价格信息为主，主要为了增加产品销量。对企业来说，其实促进销售是根本目的，只有销量增加了，企业才有收入，才能有盈利。因此，打开网页看到的大多数展示广告都是和促进直接销售有关的（如图5-3所示），有的广告直接就是销售平台。

图5-3　广汽传祺促销广告

案例窗 5-1

品牌跨界营销

2023年6月8日，中国名酒沱牌与英超劲旅狼队全球官方合作暨签约晚宴在英国伦敦举行，沱牌由此成为英超狼队官方全球合作伙伴。通过本次合作，沱牌获得品牌曝光、消费者体验活动等高价值权益，在创新深度的消费者体验的同时，助推舍得酒业加速推进国际化战略。双方的强强联手，是基于对彼此品牌精神、品牌价值与发展潜力的高度认同。

沱牌酒来自中国白酒之乡——射洪，是中国十七大名酒之一，始于唐代春酒，传承千年酿酒技艺，积累了深厚的底蕴。伴随着"悠悠岁月酒，滴滴沱牌情"的经典旋律，沱牌酒开启了众多国人的白酒体验，成为创造国民美好记忆的经典名酒。

英超是欧洲的顶级足球联赛，在全球范围内拥有巨大的影响力。作为英格兰足球联赛的创始成员，狼队创立于1877年，来自英国著名工业革命重镇伍尔弗汉普顿，在被复星体育纳入麾下后，重返英超，发挥稳定，多次在强强对战中取胜，续写着不朽的足球传奇。

历史的荣光、品牌DNA中与生俱来的拼搏精神，使中国经典名酒与英超劲旅产生了精神上的链接共鸣。而在复星体育的深度赋能下，复星体育与舍得酒业的生态融通为两者的合作建设了通路。在活动现场，复星国际副总裁表示："期待狼队与沱牌的合作能实现品牌共赢，帮助更多球迷体验中国白酒，了解东方佳酿文化，让东方生活美学和西方国民运动擦出美妙火花，成为促进文化交流、共享美好的桥梁。"

通过本次合作，沱牌取得了与狼队高能联动、品牌广告精准曝光、社交媒体互动引流、明星球员展示加持等诸多高价值权益，在一系列营销活动发力下，将有效增加海内外狼队粉丝对沱牌的关注和认知，汇聚品牌势能。

这也将进一步助推海外市场和国内市场的营销转化。一方面，借助狼队在本土的强大影响力，沱牌将进一步打开欧洲市场，促进海外市场销售转化。另一方面，在全球化市场的背景下，海外市场的繁荣也将反哺国内市场，加速实现海内外市场双循环的良好局面。此次合作也是沱牌实践"唤醒+焕新"的品牌策略的一个精彩案例。通过与狼队的强强联手，沱牌开启了足球营销之路，从新的维度上与国内外年轻球迷、消费群体实现了深度的场景链接与情感共鸣。

资料来源 中国新闻网. 携手老牌劲旅，沱牌成为英超狼队官方全球合作伙伴［EB/OL］.（2023-06-09）［2024-03-15］. http://m.chinanews.com/wap/detail/zw/cj/2023/06-09/10022164.shtml.

5.2.2 网络广告的受众与媒体策划

在互联网时代，广告活动不再属于单向输出，消费者注意力被碎片化信息分散，广告的转化效果也随之降低，广告策划变得越来越重要。在网络广告的投放方面，广告目标的制定、目标受众的分析、广告媒介的选择以及广告创意的表现都是一份广告策划需要考虑的内容。

首先，广告主和广告代理商之间要进行充分的沟通，对广告主的目标受众进行全面的分析和评估。并非所有的目标受众都能通过单一网络广告媒体覆盖，也并非所有网络受众都是企业的目标受众，所以在进行目标受众和媒体策划时要认真研究市场、细致划分，尽量让广告主的目标用户和网络媒体的用户保持一致。

　　QuestMobile 数据显示，截至 2023 年 9 月，抖音、快手、小红书、哔哩哔哩、微博五大典型新媒体平台去重活跃用户规模达到 10.88 亿人，渗透率达到 88.9%。从年龄上看，各平台均聚集了大批年轻人。在抖音上，25~50 岁用户覆盖较为均衡；快手的中坚力量突出；小红书与微博相似，均是 35 岁以下用户为主力军；哔哩哔哩的 25~35 岁区间用户占比最高。从区域上看，微博、哔哩哔哩、小红书在一二线发达城市的强渗透带动高消费人群占比，快手则是三线及以下市场用户聚集地。目前，"短视频+KOL"的广告营销模式被广泛接受，哔哩哔哩、小红书仍以 50 万以下粉丝的达人为主，抖音与快手百万粉丝 KOL 占比超 30%，快手 10 万以下达人占比高，这与其长期的原创达人扶持政策相关。

　　其次，广告主需要详细描述企业用户的指标，包括性别、年龄、文化程度、收入、兴趣、职业等，明确他们是哪个群体、阶层，他们关心什么，消费水平如何，对产品和广告的印象如何等；接着，通过聚类方式将具有相同特征的用户划分成不同属性的用户族群，将符合需求的用户画像数据输出，从而辨识受众人群的特征，在众多网络媒体受众中锁定目标营销人群。

　　再次，对网络广告媒体进行评估，即对媒体形式、媒体环境、媒体历年价格走势以及媒体受众等情况进行客观、全面的分析评价。因为网络广告媒体不同，其广告费用、广告设计是不同的，即使同一网络广告媒体，其在不同时间、不同页面或进行不同的组合运用，广告效果也不同。另外，在考虑具体的广告内容时，也要考虑产品与网络媒体自身内容是否密切融合，因为网站内容和产品内容的融合程度也影响到广告的有效性。有效的融合可以大大提升网络媒体受众对产品的认知，避免用户对广告的排斥。

　　最后，广告主和代理商应该确保在整合应用各个网络媒体时以尽可能低的成本最大限度地覆盖广告主的目标用户。

5.3　网络广告的定位策划

　　所谓网络广告定位，是指网络广告宣传主题定位，是确定诉求的重点，或者说是确定商品的卖点。就其实质而言，网络广告定位也就是网络广告所宣传的产品、服务、企业形象的市场定位，是在消费者心目中为网络广告主的产品、服务、企业形象确定一个独特的位置。

　　在对网络广告策划的过程中，一旦在分析广告对象的基础上明确了目标，就要考虑选择什么样的主题，以达到预期的目标。对网络广告主题的策划是对网络广告灵魂的塑造。一则广告如果没有主题，就会使人们看到后不知所云，没有印象。广告主题要做到简洁、鲜明、新颖、便于记忆，这样才能给人留下深刻的印象。例如，OPPO手机"充电五分钟，通话两小时"的广告语简单直接，深入人心，将产品利益用数字具象地表达出来，让消费者迅速接收产品信息并被打动。

网络广告定位要结合企业的市场定位，可以从不同的角度入手，如目标消费者、产品功能和特点、时机等。市场定位就是根据市场细分，找到自己的目标市场，了解目标消费者的心理和行为，确定自己产品和其他产品不一样的特点，或者找到目标消费者所喜欢的产品特色，确定广告宣传的重点。例如，周黑鸭的目标市场就是18～35岁的年轻群体。周黑鸭通过对目标市场的研究，找到一个和其他零食品牌不一样的宣传点——"会娱乐，更快乐"，将自己与其他同类产品区分开来（如图5-4所示）。

图5-4　周黑鸭平面广告

5.3.1　产品定位策略

广告产品策略首先要运用市场细分的方法，把产品定位在最恰当的位置上，突出产品的差别化，使消费者在接受产品的过程中满足某种需要。

5.3.1.1　功能定位

这是指广告中突出产品的特异功效，使产品与同类产品有明显的区别，以增强竞争力。功能定位以同类产品的定位为基准，选择有别于同类产品的优异性能为宣传重点。如在宝洁公司的洗发水中，飘柔主打的功能是"柔顺"，海飞丝是"去屑"，潘婷是"健康亮泽"。

5.3.1.2　质量定位

质量不仅有人的主观感受好坏的问题，还有客观质量的水平高低的问题。因而广告如果要突出表现产品的质量优势，则不宜笼统宣传质量高、品质好，而是需要对产品质量因素加以分析，选择有代表性和典型性的质量因素加以表现。

5.3.1.3　价格定位

价格定位分两种：一是低价定位策略，满足消费者物美价廉的需求心理；二是高价定位策略，满足部分消费者追求高贵豪华的心理（如图5-5所示）。

图5-5　梅赛德斯-奔驰发动机舱清洁活动的价格广告

5.3.1.4　产品附加值定位

产品附加值是消费者购买产品时得到的附加利益，如运送、维修安装、保险、使用培训等。在网络上，这种产品附加的延伸服务更全面、及时，已日益成为吸引消费者的手段。例如，在京东到家上购物，除了购买到产品本身，还可以享受快速送货上门的便捷服务，产品之外的服务就是京东到家能提供的产品附加值（如图5-6所示）。

5.3.1.5　产品品牌形象定位

这是指根据产品的个性和消费者的审美心理塑造一个产品形象，并将这个形象植入消费者心中。这个形象一旦被消费者所喜爱，就会在消费者心中形成牢固的品牌定位。消费者与其说是为了满足某种物质需要而购买这个品牌的产品，倒不如说是因为喜欢这种品牌所表现出的一种形象、满足一种精神追求而购买产品。

　　海尔的广告强调智慧生活，通过科技创新实现智能家居，从而为消费者家庭带来史多便捷性，塑造了一个温馨、创新、高科技的企业形象（如图5-7所示）。

图5-6　京东到家官网截图

图5-7　海尔企业宣传广告

5.3.2　抢先定位策略

　　心理学研究证明，首先进入人大脑的信息，常常占不易排挤的位置。抢先定位策略就是利用人们认知心理先入为主的特点，使网络广告所宣传的产品、服务或企业形象，率先占领消费者的心理位置。这被认为是最重要的定位策略，也是网络广告界最重视的策略。

　　这一策略最适宜新产品上市，特别是那些标新立异、能够引导消费的产品。采用高频率、强刺激率先抢占消费者心理位置的策略，往往能一举成名，使产品成为同类产品中的领导品牌。当然，一举成名并不等于永久占领，还须通过持续不断的网络广告沟通与消费者的情感来巩固这种地位。老产品进入一个还没有竞争强手的市场也可以采取这种抢先建立领导者地位的策略。移动在线支付的引领者——支付宝就是如此，它完全颠覆消费者支付的方式，为支付交易带来了一场华丽的革命，开创了移动在线支付新时代。

5.3.3　避强定位策略

　　这是一种"攀龙附凤"的定位方法。头部品牌、领导者地位已被别人占领，跟进者要想正面抗争十分困难，于是聪明的网络广告主或网络广告人往往委曲求全，以比照领导者的方法，为自己的产品争得一席之地。蒙牛在初期力量非常弱小，在乳品行业中微不足道。当时内蒙古乳品市场的第一品牌是伊利，蒙牛当时还名不见经传，牛根生放低姿态，避免跟伊利起直接"冲突"，还提出"蒙牛乳业，创内蒙古乳业第二品牌""向伊利学习，为民族工业争气，争创内蒙古乳业第二品牌"的创意，并将之用在户外广告上，这让很多人记住了蒙牛。蒙牛就是采用了避强定位策略，才拥有了今天的品牌价值和地位。

5.3.4　文化定位策略

由于文化发展的非均衡性，要进行准确的网络广告文化定位，必须对目标市场的消费者行为进行广泛的跨文化分析。有关文化知识基本上可以分成两类：

一是关于文化的事实知识。事实知识是关于某一特定文化的事实，可以通过书本来获得，掌握起来比较简单。

二是关于文化的释意知识。释意知识是指观察和理解文化差异的能力，主要包括对目标市场的道德规范、思维特性、价值取向、民情风俗、宗教信仰、文化教育及社会经济发展状况等的确切把握，这样才能对由此而形成的各种消费需求的特点作出准确的判断。

网络广告的文化定位离不开本土这一基本坐标点，因此必须先客观分析自身所处文化的优点和不足，合理定位，才能扬长避短，充分发挥优势；同时，要充分了解广告受众所处的文化背景，以其最容易接受的方式进行广告创意，以增强针对性，有的放矢。网络广告必须使用能被所有相关文化认同的信息符号，其主体思想、表现手法及传递方式等必须行之有效且富有创意，而且在文化上被目标市场所接受，这样才会产生良好的效果。[1]

5.4　网络广告的表现策划

网络广告表现是基于广告定位，把有关产品、服务和企业等方面的信息，通过广告创意，运用各种符号及其组合，以形象的、易于接受的形式表现出来，达到影响消费者购买行为的目的。网络广告表现策略包括广告创意、广告画面、广告语言文字等内容。

---

[1]　宋文官. 电子商务实用教程［M］. 2版. 北京：高等教育出版社，2002：189-190.

5.4.1　网络广告的诉求策略

当我们明确了对谁讲、知道讲什么以后，重点就是怎么讲，以何种方式表达出来，也就是广告的诉求策略是什么。

5.4.1.1　理性诉求策略

理性诉求策略指的是广告诉求定位于受众的理智动机，通过真实、准确、公正地传达广告产品、服务、企业的客观情况，受众经过认知、判断、推理等思维过程，理智地作出决定。它主要是在广告诉求中告诉受众如果购买某种产品或接受某种服务会获得什么利益，或者告诉受众不购买某种产品或不接受某种服务会对自身产生什么影响。理性诉求广告需要消费者通过理性思考进行分析、比较，进而作出选择。恰当地使用理性诉求策略，可以起到良好的劝服效果；使用不当，常常会变成对消费者的一种说教，有可能使消费者产生一定的抵触情绪，从而造成广告的失败。

宝洁公司的广告一般都是以理性诉求为主，着力说明产品的突出优势、与竞争对手相比的特色和优点。有人总结宝洁公司的广告定位是：宝洁广告＝提出问题＋解决问题。也就是说，通常是指出你所面临的一个问题来吸引你的注意，紧接着会告诉你适宜的解决方案，这就是宝洁的广告策略及其特有功效。

宝洁的广告几乎都是在向消费者直接陈述产品的功能，每一个产品都有策略作支撑，然后进行传播。其中运用较多的是比较法、证据法和引言法。引用数据和专业人士作证言广告的方法更容易吸引消费者的注意力，较快地提高自己的知名度。比如舒肤佳香皂有效消灭细菌，通过显微镜下的明显对比，使用舒肤佳香皂比使用普通香皂皮肤上残留的细菌少得多，显示了它强有力的杀菌能力，从而获得了消费者的认可。

5.4.1.2　感性诉求策略

与理性诉求策略不同，感性诉求策略不是要告诉受众产品的特性或好处，而是要通过激发受众的情感或情绪，使受众获得对产品的好感（如图5-8所示）。能够激发受众情感共鸣又能形成受众自我表达的广告更加倚重亲情、友情和生活情趣。亲情是每个人都能够体验到的感情，能够体现中华民族的孝道精神，能打动受众内心最柔软的部分。

图 5-8　支付宝："每一笔都在乎"系列海报

图 5-8 中的支付宝广告走的很明显是以情动人的路线：你的世界除了恋人还有自己，更重要的是家人。利用支付宝可以充分体现出自己对恋人、自己和父母的关爱；有了支付宝，远隔千里也如同在身边，支付变得容易和简单，也表明了自己的责任和爱心。

5.4.2　网络广告的表现策略

网络广告的表现方式多种多样，本教材主要列举体验式、激励式和悬疑式。

5.4.2.1　体验式

这是指通过利用虚拟现实（VR）等技术，引导网民参与使用品牌产品或服务，以预先获得消费体验，对该品牌产品或服务产生了解、认同和共鸣，从而达成广告目的。在网络广告中，这种"感受"是多感官立体式和即时的。这种策略可以完成从知名到试用，再到进一步劝说，甚至产生购买行为的多层次交互效果，以实现销售的目的。体验式策略要让消费者体会到品牌或商品的优良品质，享受附加的心理价值。另外，体验模式要有多种选择，满足其自主娱乐需求。

比如在 2023 年元宵节期间，蒙牛推出了一款猜灯谜互动广告。用户需要在视频中找出谜底答案，然后通过扫描二维码进入抽奖环节。这款广告将传统文化元素结合互动游戏，吸引了年轻人的注意力，同时传递出蒙牛注重传承中国传统文化的品牌形象，体现了如今信息化时代和社会化媒体时代的一个关键词——fun，轻松地让顾客帮企业进行传播，所谓事半功倍。

5.4.2.2 激励式

在网络广告活动中，设置即时可获得的"奖励"，可以诱导目标受众主动参与，从而达到深度诉求的效果。从心理学的角度来看，行动源于需要而发于诱因，网上互动要有驱动力。"奖励"诱因是目标受众对营销活动产生行动的原动力，比如赠品、优惠、奖品、会员卡、荣誉等。"有奖促销活动"是网民最能接受的网络广告。网民"点击广告"其实是消耗成本，需要"奖励"作为回报；否则，互动难以实现。互动策略是网络广告活动成功的法宝。

例如，腾讯旗下的"元梦之星"为吸引游戏用户，在该游戏定档之日就宣布首期将投入14亿元用于"元梦之星"的生态激励，后期上不封顶。其预热营销势头非常强劲，实现了大规模全场景营销覆盖，几乎霸屏人们常用软件的关键广告位。不仅微信、"王者荣耀"为其引流，甚至微博、哔哩哔哩、抖音等都出现了"元梦之星"的广告。与此同时，"元梦之星"拿出了微信6元补贴、"王者荣耀"联动皮肤等高价值"鹅毛"福利吸引用户。

激励式策略适用于新产品广告、收集资料和测试等。

5.4.2.3 悬疑式

这是指通过设置疑问，为受众创造行为导向，实现层层递进诉求的广告目的。它的核心是利用受众的好奇心、参与欲望和解惑的需求，广告提供的信息能够满足受众的需求。它依赖的不是娱乐式的猎奇动力，而是寻求问题答案的驱策力，倾向于理智型。悬疑式网络广告的表现形式一般有疑问型、欲语还休型、邀请行动型等。

悬疑式策略是指作广告时不直接说明是什么产品，而是将产品渐次地表现出来，使受众从不自觉的被动状态变为自觉的主动状态，达到促使受众积极查询信息、提问、注册等互动的效果，最后一语道破，给人留下很深的印象。例如，"急支糖浆"广告讲述了一只猎豹正在追赶一位惊慌失措的姑娘，她边跑边喊："为什么追我？"观众的心情跟着被追赶的姑娘越来越紧张，观众从不自觉的被动状态转为自觉的主动状态，开始好奇猎豹追赶姑娘的原因。接着猎豹回答："我要急支糖浆。"答案揭晓，观众在恍然大悟的同时也为广告的幽默忍俊不禁，加深了对产品的印象。

5.5　网络广告的时间策划

网络广告时间策略是指网络广告发布的时机、时段、时序、时限等策略。一则制作非常精致的网络广告，如果没有选择在恰当的时间发布，往往会影响其效果。网络广告时间策略的确定除了结合目标受众群体的特点外，还要结合网络营销中企业的产品策略和企业在传统媒体上的广告策略。

5.5.1　网络广告时机策略

网络广告时机策略就是抓住有利的时机，发起网络广告攻势。有时候抓住一个有利的时机，能使网络广告产品一夜成名。一些重大文娱、体育活动，如奥运会、亚运会、亚太经合组织领导人非正式会议，都是举世瞩目的网络广告良机。例如，临近 2022 年冬奥会开幕时，青岛啤酒推出"让冬奥赛场响起你的加油声"的互动 H5 活动，携手各大明星献唱，并在各大音乐平台发布《举杯来加油》，吸引年轻人参与加油活动，最终通过冬奥智慧系统把这些在全国各地征集到的加油声传送到比赛现场。同时，青岛啤酒制作瓶身印有冬奥竞技项目的限定款啤酒"冰雪罐"，在线下 19 个省、66 座城市同步发起为冬奥加油活动，提供可以现场体验并上传音视频的线下场所，精准地捕捉人们想要获取冬奥吉祥物"冰墩墩"的心理，提供获取机会，从各个方面提升人们参与冬奥的热情，做好品牌营销。

5.5.2　网络广告时段策略

为了实现 Web 广告实时传播，让更多的目标受众来点击或浏览 Web 页面，保证点击的有效性，就要求考虑网络广告的时段安排技巧了；同时，做好时段安排有利于费用的节约。显然，在深夜播放儿童用品的广告是不合适的；只有针对特定商业用户在较为固定的时间内进行远程广告播放，才会有效。不同受众的不同生活习惯对网络广告传播效果会产生很大的影响。在安排网络广告时段时必须注意到这一点，并根据具体的广告对象、广告预算、所预期的广告效果，以及竞争者的情况来作决定。网络广告的时段安排形式可分为持续式、间断式、实时式。到底该选择哪一种广告形式还得在策划平台的基础上根据具体的情况来决定。

事实上，在具体网络广告策划中，人们常常把集中速决型和持续均衡型综合运用或者交替运用，这样才会在均衡中不失变化。因此，具体的网络广告推出方式或者一系列网络广告组合方式便呈现如下几种方式：

5.5.2.1 集中式策略

这是集中速决策略的网络广告组合方式。在短时间内，把密集的网络广告信息通过各个网站送到目标市场。这种方式在一定意义上说是"迫使"公众接受网络广告信息。例如，每年京东在"618"狂欢日之前一段时间会在各大主流媒体、购物网站、门户网站、视频网站、音乐网站，并结合线下地铁站、公交站等，进行密集的广告轰炸，所有网络媒体纷纷出动为"618"造势，受众面非常广。

5.5.2.2 周期式策略

周期式策略又叫阶段式策略，就是把网络广告时限划分为若干段。比如，把1年划分为6段，每段2个月，逢双月发布网络广告，单月中止；或者每季度头2个月发布网络广告，第3个月中止。这样，网络广告就成为一种周期性出现的状态。它实际上是两种广告时限的综合运用。总的网络广告时限较长，如1年。每周期的网络广告时限较短，如1个月或2个月，每个周期在形式上是独立的。

5.5.2.3 闪光式策略

闪光式策略可视为周期式策略的变种，网络广告时间和间隙都比较短。比如，网络广告发布3天、停歇2天，或网络广告发布1周、停歇1周等。由于间隙短，给人一种错觉，好像企业一直在作广告，比较好地引起了消费者的持续关注度，能够花较少的钱达到连续网络广告的效果。

5.5.2.4 连续式策略

连续式策略是持续均衡策略所采用的网络广告组合方式。在网络广告时限内，以均衡的方式（如每天或隔天）连续推出网络广告，网络广告出现的频率较集中式策略低。其特点概括为：低频率、长时间、连续不断。但它与前后两个相邻周期又有内在联系，这样就使网络广告具有一种内在的持续性。连续式网络广告推出的频率在均衡中又有不均衡之处。周期与周期的间距比较均衡，各网络广告周期的时限也较为均衡。然而在整个网络广告活动时限内，网络广告的信息频率又很不均衡。在两个周期之间，网络广告中止，频率是零。在网络广告登载周期内，频率高于连续网络广告方式，但比全方位、高密度的集中式广告的频率要低。

5.5.2.5　脉冲式策略

脉冲式策略是连续式策略和周期式策略的一种组合方式。这种组合方式是很少量的连续网络广告加上周期性的加强网络广告。少量的连续广告能以少量的网络广告费延续网络广告时限，周期性地加强网络广告，以周期性的频率把网络广告推向高潮。

5.5.3　网络广告时序策略

网络广告时序策略是指网络广告发布与产品进入市场谁先谁后的策略，包括提前策略、即时策略、置后策略。

5.5.3.1　提前策略

提前策略是指在产品进入市场之前先作网络广告，提前引起公众注意，做好舆论准备。有些新产品的网络广告采用提前策略还具有吊胃口的作用。例如苹果手机每一次在正式上市之前都一直在各大媒体（包括网络媒体和传统媒体）提前发布信息，主打其高科技、炫酷的外形，引发消费者的讨论，调动消费者的想象力，为其新产品上市提前造势，激发消费者的购买欲望。但是提前期不宜过长，否则消费者有可能淡忘，或者由于一直要保持消费者对产品的关注度，投入成本可能会过高。

5.5.3.2　即时策略

即时策略是指网络广告发布和产品上市同步的策略。这是采用较多的策略。其好处是由于广告和产品同时出现，消费者看到广告以后可以马上进行产品的购买和服务体验，加深消费者的印象，不至于在广告出现很久后还买不到产品，从而慢慢遗忘了广告的内容。但这种策略的劣势是消费者看广告是有滞后性的，可能只会形成一定的品牌认知，但不一定能促成购买行为。

5.5.3.3　置后策略

置后策略是指在产品进入市场之后再投放网络广告的策略。采取这种策略的好处就是，能根据产品上市后的最初市场反应，及时调整事先拟定的某些不适宜的网络广告策略，使网络广告宣传的诉求重点、诉求方式、目标市场更为准确，更符合实际。但是置后策略的缺点是没有有效地唤起消费者的注意，产品进入市场和被消费者接受的时间比较长。

网络广告理论前沿（五）
视觉营销视野下网络广告设计的基本原则

广告是向目标群体传递信息、建立情感联系的重要表现形式之一。而网络广告作为广告中的一支分流，需要在传统广告设计的基本原则基础之上，结合自身所面临的技术要素和网络环境特点，总结属于自己的设计规律，才能在视觉上促使用户产生良好感受，加速购买欲的产生，起到广告效应，实现营销目标。以下是网络广告设计的基本原则：

一、明确设计目标与主题

广告设计的作用可以理解为企业通过广告形式对相应的人以相应的方式讲相应的话，以达到企业营销目的和经济收益。因此，在网络广告设计过程中首先要做到的是精准定位受众范围，了解受众心理，尽力覆盖身处不同层次、不同地域背景和不同文化背景的用户的范围，以此达到最佳的广告效果。其次，要在网络广告设计过程中做到主题鲜明。由于人对于信息的读取和记忆能力有限，越多的信息呈现越容易使人对信息产生不清晰、不深刻的感受，这与企业营销目的截然相反。因此，设计主题的明确更有利于广告信息的直观表达，尤其是在有限的网页空间内，删繁就简是处理文字、图形等设计要素必须遵循的原则。

二、注重视觉创意与个性

人天生就对别致的事物感兴趣，只有个性化、有创意的网络广告才能吸引用户的目光，刺激消费欲望，实现更好的广告营销效应。设计本就是赋予产品独特性、吸引消费者关注的最佳手段。而网络广告是站在互联网技术平台上所进行的设计，减少了印刷、纸张等条件限制，具备更丰富、更有趣的视觉效果呈现。

在庞大的网络环境中，时时刻刻都存在不同种类、不同风格和不同创意形式的广告，但真正能够引起读者关注、得到读者认可、成功达到企业营销目标的广告少之甚少，即使投入巨大的广告宣传资金，也不一定能得到等价的广告效果。因此，在激烈的市场竞争中盲目地进行广告设计和广告投递是一种极其不明智的投资。要学会在庞大的广告群体中打破常规，凹造型，突亮点，充分表达品牌的价值与文化，宣扬产品的个性才是最有效的宣传手段，如运用形状变化、大小对比、动态效果、声音效果等设计方法。但是个性化设计也不是无根据的设计，要与产品形象相结合，进行最合适的设计，才能更好地向用户传达产品理念，进行更有效的视觉说服，以起到更好的广告宣传效应。

三、统一形式与内容

设计的内容和形式就好似一对辩证关系，缺一不可，二者相互依存、相互作用、相互影响。设计形式的选择取决于内容的要求，好的设计形式更有利于设计内容的发挥。设计语言中的内容要素主要包含设计主题、题材内容等，形式要素主要包含设计风格、构成方式等。因此，设计的内容可以被看作设计的根基和灵魂，通过恰当的设计形式以最优的效果展现给消费者，吸引消费者目光。

在网络广告设计实践过程中，要时刻考虑到设计形式与设计内容的一致性。最好的设计一定是内容与形式的完美契合、和谐统一。网络广告追求的任何形式美感都是依托设计内容的主题要求，是用户有效接受信息、与设计内容产生情感共鸣的助推器，二者有机结合，才能实现网络广告营销目标。因此，分析设计形式与设计内容如何有效配合达到预期效果，一定是站在消费者立场，结合消费者心理需求和视觉美感需求，进行合适的网络广告设计，才能给用户带来更好的视觉体验和消费行为引导，发挥广告效应。

四、注重互动与情感

网络技术为广告提供了一个更有力的传播平台，消费者不再是被动的单向接收信息的对象，而转变为主动选择倾向个人喜好和需求的互动性行为。为了适应新技术的不断发展和激烈的市场竞争环境，以及满足消费者对网络体验的高标准需求，企业越来越重视设计与用户之间的互动性体验和情感交流，以此获得更广泛的市场空间和用户量。

网络广告作为与用户进行互动与情感交流的有效营销手段之一，是企业最直观的表达。因此，在网络广告设计过程中，互动化与情感化设计已不得不作为重要因素纳入设计的考虑范围。要站在消费者的角度以用户的心理与行为为中心，充分考虑其所思所为，满足用户在按照自己意愿进行点击行为时的情感需求，增强其对网络广告活动的参与度和意见反馈意愿，才能使企业的营销方式和服务更倾向于用户的切实需求，更有利于用户进行有效的信息选择和体验，增加用户对企业产品的黏度和信任度，加速企业实现营销目的和经济效益增长。因此，以人的心理及行为作为网络广告设计的根本出发点和核心是必然的。

资料来源　王亚慧，张康．视觉营销视野下的网络广告设计研究［J］．鞋类工艺与设计，2022（21）：47-49.

本章小结

网络广告策划和一般的广告策划有很多共同点，要遵守一些通行的原则，如整体性原则、灵活性原则、效益性原则、创新性原则。在撰写网络广告策划书的时候也要考虑活动要符合企业的具体目标，包括销售目标、传播目标以及与品牌相关的广告目标。

网络广告策划活动包括目标策划、受众策划、媒体策划、定位策划、表现策划以及时间策划。所有的策划要传递出一致的信息，这样才能让企业、产品或服务深入人心。

复习思考题

一、名词解释

网络广告策划　产品定位策略　抢先定位策略　文化定位策略　避强定位策略

二、简答题

1. 企业网络广告的主要目标有哪些？
2. 网络广告策划包括哪些主要内容？
3. 网络广告时间策划包括哪几个方面？其具体内容是什么？
4. 网络广告策划和一般的广告策划的共同点与不同点是什么？
5. 请讨论女性产品和男性产品的网络广告表现策略的异同。

三、案例分析题

连接·创造价值

"清江野渔"品牌隶属于湖北土老憨生态农业集团，是集团重点发展的品牌。湖北土老憨生态农业集团是一家集农产品标准化种植、农业生态旅游、商品化处理、深加工产品研发及生产与销售的综合性现代农业产业化集团。集团属农业产业化国家重点龙头企业、国家高新技术企业，被认定为全国质量工作先进单位，注册商标"清江野渔""土老憨"被认定为中国驰名商标。

湖北土老憨生态农业集团的战略目标是"产生显著的经济效益，集团规模明显扩大"，该目标将通过发展柑橘和淡水鱼"两水"产业以及深加工产业来实现。集团将重点发展"清江野渔""土老憨"两大品牌，希望建立百年品牌，并实现产值百亿元。

2016年时"清江野渔"品牌传播面临困境：品牌定位老化，传播媒介单一，缺乏吸引目标消费群体的传播内容以及传播媒介。

随着微信、微博等移动互联网工具的诞生，传播已经不再是企业单方面的事情，优秀的营销是让消费者充分参与进来，让他们掌握传播的主动权，鼓励并激发消费者与品牌的互动，人人都是内容生产者。"清江野渔"作为立足湖北淡水鱼产业优势的全国鱼类休闲食品领导品牌，必须在移动互联网时代加强和消费者的链接，树立清晰的品牌个性。

本次营销策划挑战赛以"连接·创造价值"为主题，以"清江野渔"品牌鱼类休闲食品为产品对象。大赛围绕"社会化媒体营销"的大背景，通过企业实地调研、问卷调查、商超观察、二手数据搜集等方式，充分了解品牌定位、顾客需求与竞争状态的传播痛点，学习和借鉴近年来优秀的社会化媒体营销的案例，结合"清江野渔"的品牌定位及竞争态势，根据大学生自己的专长和喜好，制订校园范围或面向社会的社会化媒体营销方案。

营销方案的内容主要包括：调查问卷、提纲和分析报告；"清江野渔"的品牌战略分析；多种形式、多种载体的社会化媒体营销方案。可选择的形式包括但不限于以下品种：文案、平面广告、病毒式广告短片、微电影、微漫画、互动式活动营销、H5、微信营销、品牌手游、创意包装、广告语等。

营销方案要求具有科学性、完整性和可操作性。结合"清江野渔"品牌现状和大赛要求，各个队伍都具有创新性地想出了自己的方案。虽然各个方案都不相同，但是总体思路是类似的：

第一部分是营销环境分析，包括宏观环境分析和微观环境分析，其中微观环境分析主要是行业分析和主要竞争对手分析。

第二部分是"清江野渔"品牌战略分析，包括"清江野渔"目标消费者分析、品牌现状分析和品牌发展战略，其中品牌发展战略主要是品牌重新定位、新的品牌元素和品牌发展规划。

第三部分是社会化媒体营销总体思路和总体规划。

第四部分是社会化媒体营销方案实施细则，主要包括自媒体（官网、百度百科词条、微博、微信等）建设和互动式营销活动实施方案。

第五部分是项目实施预算，为营销策划提供可行性、经济性依据。

参赛队伍为"清江野渔"进行新的品牌定位，在鱼类休闲食品的基础上再进行差异化定位，将它与竞争对手区别开来。有的队伍的广告品牌定位借助清江水的特点来讲述"清江野渔"的特色（如图5-9所示）；有的队伍重新设计各种更符合主要目标消费者的品牌形象、宣传口号；还有的队伍设计了新的品牌虚拟形象代言人——小野（一条高兴了就会跳出水面的小野鱼）。

图5-9　武汉科技大学学生虞振武的作品

品牌战略策划分4个阶段进行：

（1）品牌认知阶段：进行微信、微博、抖音等自媒体广告，百度、博客等社会化媒体广告病毒式营销。

（2）品牌联想阶段：采用跟定位相关的视频和H5来宣传。

（3）品牌响应阶段：将H5宣传、微博推文、线上活动和线下活动相结合，"清江野渔""酷"装新品发布。

（4）品牌共鸣阶段：举办微信和微博软文推广、话题预热等新鲜有创意的活动等。

在本次营销策划挑战赛结束后不久，湖北土老憨生态农业集团就采纳了比赛中的一些建议。最显眼的是"清江野渔"的外包装由原来的"土老憨"老爷爷形象变成了可爱文艺风格的

"熊小灰"，而且每一种口味采用不同的颜色，包装袋上配有不同的文案，取消了一些奇怪的并不受消费者欢迎的口味等。

　　资料来源　武汉科技大学参与 2016 年"清江野渔杯"湖北省大学生营销策划挑战赛的阶段性总结资料。

　　讨论：

　　1."清江野渔"品牌在发展中遇到了什么问题？

　　2."清江野渔"品牌为什么要和湖北省营销协会合作举办营销策划挑战赛？

　　3.结合上述案例阐述网络广告策划的流程和任务。

第 5 章判断题

第6章
网络广告的投放与预算

学习目标

理解传统网络广告投放的要素及模式
了解网络广告的投放渠道
掌握网络广告的计价模式和预算

我知道我的广告费有一半被浪费了，但遗憾的是，我不知道是哪一半被浪费了。

——约翰·华纳梅克

网络广告学

ADVERTISING

引例

基于用户体验的"京扇子"品牌官方网站

"京扇子"品牌网站将用户体验作为核心，进行网站设计。

作为以实体店起家的京扇子品牌，店面的装修风格与展品布置已经在消费者心中烙下了很深的印象，在构建网站时应考虑延续线下店面的风格。因为人们对熟悉的事物会产生强烈的信任感，尤其是在虚拟的网络世界。就像一个人外出旅行，尤其是去陌生的国度，当被吃饭问题困扰时，那么麦当劳可能就是旅行者的最终选择。那么这样的思路同样适用于京扇子品牌的网络化设计，品牌形象及品牌感受的延展使网络推广过程更加便捷，即使没有进入京扇子店铺购物过的消费者，由于有实体店的支撑，也会给人以信任感。

网站在创作过程中牢牢把握住建站初心，把对品牌的推广、重塑人们生活作为重要的展示信息之一，所以在网站的整体结构处理过程中，将对扇文化塑造放在了重要的位置上，将产品的销售融合到网站的各个结构之中，所有页面都将引导至产品的销售环节，但这个过程是用户自主操作，减少观众的抵触感。此外，网站本身不提供任何购物的环节，通过引导进入微店进行售卖，将用户引流至具有较高流量的平台中，使企业可以在多平台推广信息。但作为品牌或网站的资深用户，网页也提供更快捷的产品推荐环节，网站的导航、首页展示等页面为直达产品展示页面提供了通道。网站的这种布局形式使两种消费用户均可以在自己感兴趣的部分浏览与操作，满足了用户需求。

优质的用户体验塑造了可以被广泛推崇的内容，优质的线上传播是中国传统文化推向市场、享誉全球的重要渠道，应用好这个渠道可以使产品的推广达到最优化。

资料来源 王昭. 基于用户体验的中国扇文化推广类网站的设计研究——以"京扇子"品牌官方网站设计为例 [J]. 设计，2020，33（7）：28-31.

6.1 传统网络广告投放的要素与模式

传统网络广告投放大多是通过广告代理商来实现的，即由广告主委托广告公司实施广告计划，广告媒体通过广告公司来承揽广告业务。当然，广告主也可以直接通过广告媒体发布或者广告主自建网站自行发布。

6.1.1 传统网络广告投放的要素

6.1.1.1 网络广告主

网络广告主（network advertiser）是指为推销产品或者提供服务，自行或者委托他人设计、制作、发布网络广告的法人、其他经济组织或者个人。广告活动的发布者是在网上销售或宣传自己产品或服务的商家，是联盟营销广告的提供者。

影响广告媒体选择的因素有很多，如媒体形象、媒体的服务和执行能力等。网络广告主在选择广告媒体时主要考虑媒体受众与目标受众的契合度、媒体质量指标、成本/性价比等。2022年，六成以上的广告主已经会在广电新媒体上投放。媒体公信力是广告主投放广电新媒体的首要依据，表明媒体权威性和价值观能够在数字和非数字媒体贯通，这是广电新媒体的独特优势（如图6-1所示）。

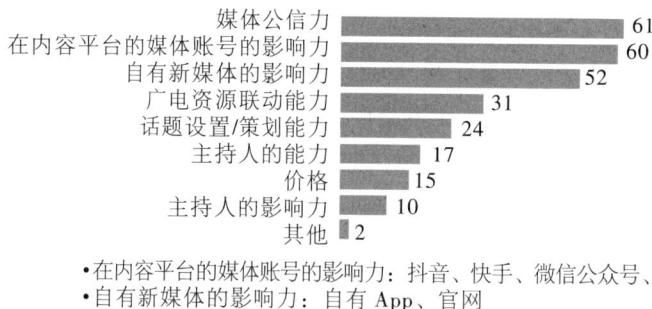

图表内容：
依据	数值
媒体公信力	61
在内容平台的媒体账号的影响力	60
自有新媒体的影响力	52
广电资源联动能力	31
话题设置/策划能力	24
主持人的能力	17
价格	15
主持人的影响力	10
其他	2

• 在内容平台的媒体账号的影响力：抖音、快手、微信公众号、小红书等平台账号
• 自有新媒体的影响力：自有 App、官网

图6-1　2022年广告主投放广电新媒体广告时考虑的主要依据（%）

资料来源　CTR. 2022中国广告主营销趋势调查报告［EB/OL］.（2022-08-08）［2024-03-08］. http://www.199it.com/archives/1474802.html.

6.1.1.2 网络广告代理商

网络广告代理商（network advertising agency）是重要的广告代理商形式，是指综合性的互联网门户或电子商务平台通过发展广告代理商的形式来拓展业务，从而更好地拓展市场。专业的网络广告代理商一般要满足下面4个条件：

❶丰富的网站媒体资源：满足任何类型的客户对网站媒体选择的灵活度。

❷广告活动策划能力：优秀的策划为广告投放迈向成功奠定了基础。

❸强大的技术支持：为广告商提供广告效果的精确监控。

❹完善的后勤团队：在广告的投放过程中实现无缝隙服务。

6.1.1.3　网络广告媒体

就网络广告而言，网络广告媒体（network advertising media）就是网络上的所有平台，包括各个专业、综合、门户网站，电子邮件，移动客户端等所有网络平台。

6.1.1.4　网络广告受众

网络广告受众（network advertising audience）又称网络广告的接收者，是网络广告指向的广告对象。所有在网上活动的人都是网络广告的受众。截至2023年6月，我国网民规模达10.79亿人，较2022年12月增长1 109万人，互联网普及率达76.4%。虽然网民并不是完全和企业的网络广告受众相一致，但不断增加的网民也说明了网络广告受众规模不断扩大的趋势。

6.1.1.5　网络广告信息

网络广告信息（network advertising information）是指网络广告的具体内容，即网络广告所传达的具体的产品或服务信息。网络广告信息可以是长篇软文、网民原创的内容，可以是图片和文字的结合，或者很简单的一句话或一幅图。

6.1.2　传统网络广告投放的模式

传统网络广告投放的模式如图6-2所示。

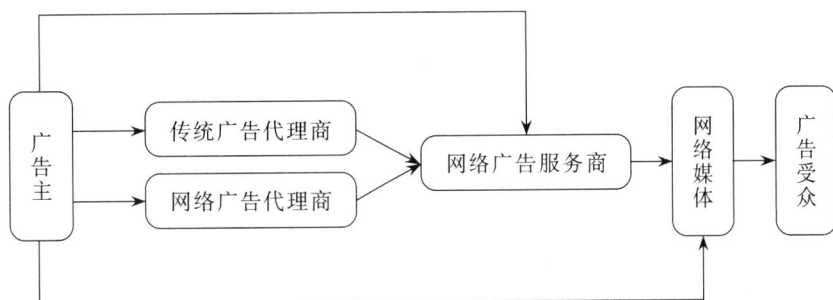

图6-2　传统网络广告投放的模式

6.1.2.1 通过代理商投放

网络广告服务商是随着网络媒体的出现而同时出现的，但仍不完善，尚不具备承揽全部网络广告业务的能力。而传统的广告代理商虽然对网络服务不是很了解，但是熟悉相关广告业务，能提供相应的广告服务，是网络广告服务商的强劲对手。面对这种情况，广告主有3种不同的选择：

（1）与网络广告服务商合作

广告主将其全部广告业务（网络广告与非网络广告）委托给网络广告服务商，并由其制订、执行广告计划，完成广告的创意、制作，最后交由各个媒体发布。

（2）与传统广告代理商合作

广告主将其全部广告业务委托给传统广告代理商。其又存在两种不同的情况：

一是传统广告代理商运作传统广告业务，把网络广告业务转交给网络广告服务商，由网络广告服务商制订、执行广告计划，然后交由某个网络媒体发布。

二是传统广告代理商（主要是一些实力雄厚的大型广告公司）采取积极措施，招聘一些既懂网络媒体知识又懂广告的人才，在传统广告代理公司内部设置一个专门运作网络广告业务的部门，或是直接购买小型的网络公司作为其下属机构，专门从事网络广告业务。

（3）并行代理制

并行代理制是指将传统广告业务交由传统广告公司代理，将网络广告业务交由网络广告服务商代理。传统广告代理商虽然熟悉传统广告业务，但不熟悉网络广告制作技术，缺乏网络广告代理经验。而网络广告服务商虽具有技术上的优势，但在广告业务运作方面又明显逊于传统广告代理商。采用并行代理制就可以发挥各自的优势。

6.1.2.2 广告主自行发布

这是指广告主通过建立自己的企业网站发布产品或服务信息。在网络技术快速普及的情况下，广告主，尤其是那些具有较高知名度、企业规模较大的广告主，拥有自己的网站已经不仅是塑造产品和企业形象的需要，还在某种程度上是广告主与客户交流的平台之一。因此，广告主自行发布网络广告就成为一种新的选择。

广告主利用自己的网络技术人员来完成网络广告的创意、设计、制作，仅仅将发布、管理的部分交给网络媒体执行。广告主自身完成网络广告流程的大部分环节，最为重要的是绕开了网络广告代理商，不借助任何广告代理商，直接通过网络媒体进行发布。在网络广告规范程度不高的情况下，专业的网络广告代理商并没有成为网络广告市场的主宰，因此国内大部分的网站都成立了专门的广告部门，主要的职责就是为自己的网站承揽广告业务，特别是一些大型的网站，如新浪、搜狐、网易等。

6.2　程序化购买的要素与类型

程序化购买是指基于自动化系统（技术）和数据来进行的广告投放。与传统的人工购买相比，程序化购买通过利用客户的数据和洞察，在合适的时间、合适的环境中覆盖合适的用户来提高网络广告的投放效率。

程序化购买广告模式渐渐从概念走向价值，成为中国网络广告向前发展的动力，同时成为品牌广告主向外拓展品牌影响力的一种技术手段。程序化购买不再是倾销库存与获得最佳报价的工具，它已成为精准投放的代名词之一。它使广告内容的个性化展示有了保证，同时使优秀广告主保留了自身专属广告位的排他性。

中国程序化购买广告模式的历程可谓一步一个脚印。2012年是中国程序化购买发展的元年，第一个广告交易平台（阿里巴巴集团旗下的TANX）和第一家需求方平台的出现，创造了以实时竞价（real time bidding，RTB）为主的程序化购买广告市场，开启了中国网络广告的新篇章。目前，国内几乎所有互联网巨头都推出了其广告交易平台，包括百度、腾讯、新浪、优酷、搜狐等，电商、快速消费品、汽车及其他诸多充分竞争的行业不断将预算大幅度转向程序化购买，传统行业也逐步进入其中，程序化购买广告生态基本形成。谷歌Marketplace和Emarketer的数据显示，2015年，中国广告支出的20%是通过程序化购买来完成的，而美国程序化购买广告支出达60%。2016年，中国程序化购买广告已超过网络展示广告支出的50%，支出增长到600亿元；2017年超过1 000亿元；2018年超过1 500亿元；2019年超过2 000亿元。2020年中国程序化广告购买市场规模达到了23 05.9亿元，程序化购买是互联网营销市场的主要方式之一，并且保持高速发展的势态，预计2023年市场规模将达到3 384.2亿元。尤其是视频的程序化购买增长迅速，腾讯、爱奇艺、优酷等大型视频播放器推动了中国的视频广告程序化购买支出，新闻源和短视频应用程序，如今日头条和抖音，具有更多用户生成的内容，预计它们将在未来几年为视频广告程序化购买增长作出巨大贡献。

6.2.1　程序化购买的要素

6.2.1.1　广告网络

广告网络（advertising network）是一个较为广泛的概念，是一种介于出售广告产品的移动媒体与想在移动媒体上登载广告的广告主之间的平台。广告网络是一个封闭的自由交易的网络广告市场。广告网络代理商作为中间环节先向媒体采购广告库存，再转售给广告主。比较大的广告媒体更倾向于创建自己的广告网络。大型广告网络，如百度的"百度营销"、阿里集团旗下的"阿里妈妈"，它们都是连接广告主和网络媒体的广告系统平台，一方面为广告主提供广告管理、发布和监测服务，另一方面为媒体兑现部分广告存货的价值。

6.2.1.2　供应方平台

供应方平台（supply-side platform，SSP）是针对广告发布媒体的服务平台，目的是充分利用媒体流量资源，为广告发布媒体争取最佳收益。通过供应方平台的广告生产管理者或优化者角色，媒体的广告库存可以获得最高的 CPM（cost per mille，每千人印象成本），该媒体就不必以低价格与低质量的媒体竞争广告主。同时，供应方平台帮助媒体更好地管理和对资产进行定价，并且提供数据保护以及对品牌声誉的保护等。

6.2.1.3　需求方平台

需求方平台（demand-side platform，DSP）主要是为了解决多个广告交易平台共存以及每个广告交易平台体系里多个并发的"购买请求"这一烦琐的流程。需求方平台对接了大量广告交易平台的广告产品，允许广告客户和广告机构更方便地跨广告交易平台访问多个广告展示机会，以及更简单、有针对性地购买有效展示机会，为广告主或广告代理商提供了跨媒体、跨平台、跨终端广告投放服务。需求方平台是基于数据的媒体受众定向（audience targeting）技术，通过对媒体受众行为数据的分析，找出潜在目标媒体受众群体的共同行为特征，从而选择适当的媒体将广告投放给具有共同行为特征的受众。

6.2.1.4　数据管理平台

数据管理平台（data-management platform，DMP）能够帮助所有涉及广告库存购买和出售的需求方平台、供应方平台等管理其数据，更方便地调用第三方数据，增强广告交易平台中所有角色对数据的理解能力，传回数据或将定制数据传入某一交易平台，以进行更好的目标媒体受众定位。数据管理平台允许所有参与媒体采购和销售的需求方平台管理数据，利用第三方的数据或者访问来自其他交易平台的数据。数据提供商也可以通过其他手段采集媒体受众数据、监测数据等，以支持数据管理平台。

6.2.1.5　广告交易平台

广告交易平台（advertising exchange platform）是一个相对开放的、能够将广告媒体与广告主通过自由交易在线广告方式与交易市场联系在一起的平台。广告交易平台不需要先将广告媒体相关产品买断之后再销售给广告主，其往往采用实时竞价的方式。广告交易平台的运行方式是：当一个目标媒体受众访问广告位页面，供应方平台向广告交易平台发出访问请求，告知供应方平台广告产品的具体信息，如所属站点或移动媒体、最低出价要求以及通过数据管理平台分析匹配后的媒体受众属性等信息，将信息打包后发送给各个需求方平台，需求方平台开始对这个广告产品进行展示并实时竞价，竞价最终获胜者能够让自己的或其代理的广告展现在这个广告位上，进而向受众展示。

在传统购买方式下，广告主会通过广告代理商或者自行与拥有媒体资源的广告代理商或者媒体交易，从而达到广告投放的目的。如图6-3所示，在程序化购买方式下，需求方平台承担广告主的投放任务，供应方平台则汇集了媒体拥有的资源，需求方平台与供应方平台在广告交易平台达成交易。因此，相较于传统交易模式，供求双方（广告主和媒体）选择的范围更广、效率更高、效果更好。

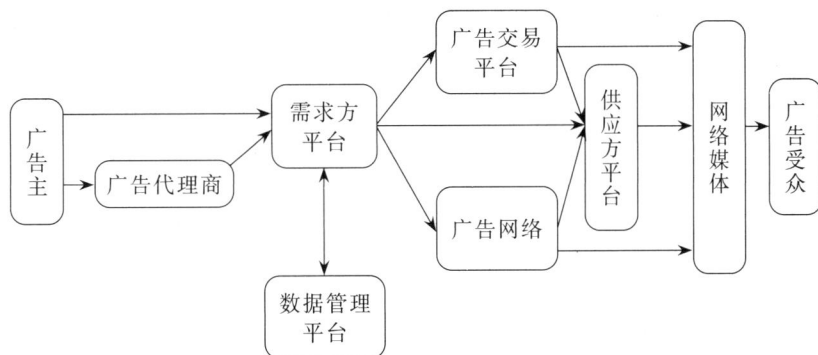

图6-3　程序化购买的模式

资料来源　艾媒咨询. 2015—2016年中国移动DSP行业发展研究报告［R］. 2016.

6.2.2 程序化购买的类型

6.2.2.1 程序化直接购买

程序化直接购买（programmatic direct buy）是指具有固定每千次展示费用和有保证的广告库存的非竞价模式，CPM固定，流量有保证。这是在原本的广告发布排期的基础上进行的适度升级，其购买流程并没有很大的变动，并未触碰传统购买的利益链条，只是针对广告主包段的优质流量采用程序化购买的方式进行投放，在有限的条件下做到在对的时间和地点将对的广告展现给对的人。行业内人士通常将此程序化广告模式戏称为"保价保量"模式。该模式只是借助实时竞价的技术渠道来完成程序化购买，买方不参与竞价，而且买卖双方都是一对一的，因为价钱在线下已经谈好。

6.2.2.2 首选交易

首选交易（preferred deal）是指固定每千次展示费用和无保证广告资源的非竞价模式，CPM固定，但是流量不保证。流量卖方还是会定一个较高的价格，但一般不会高于程序化直接购买模式的收费价格。该模式同样无须进行竞价，只是通过实时竞价的技术渠道，将剩余的优质流量再次高效利用。在该模式下，同样买卖双方是一对一的，只不过卖方无法保证广告库存，价格是事先双方约好的。

6.2.2.3 私有竞价

私有竞价（private bidding）是指使用实时出价和成交底价的拍卖模式，只开放给受邀请的买家。此类一般适用于卖方的流量极其优质，又想将其卖出一个更好的价钱。当然，为了自身的品牌形象也希望更优质的广告主投放，因此就将一些满足条件的优质广告主组成一个VIP会员竞价俱乐部。这些优质广告主同台竞争一些黄金广告的展示机会。这就类似目前一些高级商场为自己的VIP会员举办的特殊的享受优惠的聚会。既然具有多个买方，必然会出现竞价的过程，但相对公开竞价，其竞争程度会小一些，只有VIP会员才有权参与其中。

6.2.2.4 公开交易市场

公开交易市场是指基于实时出价和可变CPM的竞价模式，它对任何买家开放。行业内将实时竞价默认为程序化购买的公开交易模式。实时竞价是一种利用第三方技术在数以百万计的网站上针对每一种用户展示行为进行公开评估以及出价的竞价技术。为迎合广告主精准投放的需求，卖方通过公开实时竞价的手段将每次曝光机会同时发给多个买方进行竞价购买，各程序化买方（前面章节中提及的需求方平台）再评估本次广告展示机会的价值，并作出是否出价及出多少的决定；但是各需求方平台之间并不知道互相所出的价格，卖方会将此次曝光机会出售给出价最高的买家。而整个程序化广告投放过程在100毫秒内即可自动完成。这种模式下参与的买方即广告主数量是多个，而且是竞价的。

6.3 网络广告的投放渠道

网络广告与传统广告不同的地方在于，互联网仅仅是一个平台，你可以选择网络媒体如一些知名的网站来发布自己的信息，你还可以通过其他的途径来发布自己的广告信息。新技术的应用带来的最大好处就是使得技术门槛降低，但是并不意味着所有的途径都可以达到预定的目的。网络广告的发布途径与发布形式并不是泾渭分明的，很多发布途径本身就是一种发布形式。例如电子邮件广告，其本身就是一种广告形式，但也是一种有效的发布途径。

6.3.1 公司网站

很多大公司都有自己的网站，并且都有专门的技术人员进行日常维护，这些人员可以负责本公司内部的网络广告制作发布，节省大笔的网络广告代理费。但是建设网站往往需要大量的资金投入和大批专业技术人员的加盟，非一般中小型企业所能承受。随着网络媒体发展的复杂化和多样化，网络广告的要求会越来越高，面临日趋激烈的竞争，广告主将没有时间和精力、相应的水平来处理专业性的网络广告业务。随着市场经济的成熟和网络媒体的发展，广告主自行发布网络广告的情况将会逐步减少，网络广告代理商必将成为网络广告发布的主流。

广告主建立自己的主页对于大公司来说是一种必然的趋势。这不但有利于树立公司形象，也是宣传产品的一种好的方式。公司网站是公司在互联网上进行广告宣传的主要形式，公司自有网站几乎可以涵盖公司所有的产品、服务信息，也是一个专有的销售渠道。因此，除了互联网公司之外的很多品牌也纷纷建立了自己的公司网站，不少大公司的网站主页色彩丰富、形式多样，是非常好的网络广告。

公司自有网站的确是一个全心全意为自己公司作宣传的广告平台，但是公司网站在设计的时候要注意以下几点：

6.3.1.1　注重用户浏览习惯

用户在浏览一个网页的时候，往往是从左到右、从上往下的。这跟我们日常的网站浏览习惯有关。所以，在构建网站时也应该保持这个格式（如图6-4所示）。用户在浏览网页的时候，往往是先浏览网站的左上和中间部分，之后才是下边的内容。所以一般来说应该把重要的标题和描述放在网站的左上和中间部分，以吸引用户继续浏览网站。

图6-4　360导航首页

6.3.1.2　文字和图片相互搭配，更吸引用户眼球

有的企业想当然地认为，用户在浏览网站的时候吸引其目光的是图像。不过，在制作网站的时候要用文字来凸显一个网站的重要信息，或者用图片把文字信息展现出来。一般来说，网站首页的宣传图片都比较醒目，可以吸引消费者的注意。

6.3.1.3　文字设计同样重要

字号的大小往往能影响用户的浏览行为。如果一篇好文章选用的字号更大，那么它能够带来的阅读量更高，而小的字号可以提升焦点内容的阅读量。所以我们要根据想要展现的内容和主题来选用合适的字号。

一般来说，网站主页的文字字体都会选择宋体或者微软雅黑，而且主要的文字都是黑色的，显得比较清楚和庄重。

总之，一个网站的构成需要综合各种因素，如色彩、字体、功能、栏目、内容等，都是需要我们站在用户的角度看问题，这样才能建设一个既有价值又受欢迎的优质网站。

6.3.2 其他网站平台

6.3.2.1 门户综合性网站平台

在互联网上有许多较为著名的网站，如新浪、搜狐、网易等。在这些访问量比较大的网站上发布广告在某种程度上与在传统媒体上发布广告有较为相似的作用，但是针对性更为明显，价格相对低廉。在这样的综合性网站上发布广告，更大程度上是为了谋求更多的受众浏览量。从这个意义上来讲，在综合性网站上投放网络广告更多是出于与传统广告同样的目的。随着一些著名综合性网站人气飙升，网络广告的报价也大大提高，但是这种途径依然被众多广告主所看好。

6.3.2.2 搜索引擎网站平台

在互联网上有一些专门提供查询检索服务的网络服务商，如百度、360搜索等。在一些综合性网站上也会有相关的搜索引擎，这些站点（搜索引擎）就如同电话黄页一样，按类别划分便于用户进行站点的查询，搜索结果的上部页面通常会留出一定的位置给企业作广告。

6.3.2.3 政府官网/行业协会网站平台

一些互联网服务提供者或政府机构、行业协会会将一些企业信息融入它们的主页中。如中国香港贸易发展局（Hong Kong Trade Development Council）的主页中就有汽车代理商、汽车配件商的名录，只要用户感兴趣，就可以直接通过链接进入相应的代理商（或配件商）主页。

6.3.2.4 网络媒体平台

在互联网日益发达的今天，新闻界也不甘落后，一些世界著名的新闻媒体，如美国的《华尔街日报》《纽约时报》《财富》，国内的如《人民日报》、《文汇报》、《中国日报》、新华社、中央电视台等纷纷在互联网上建立自己的Web主页。更有一些新兴的报纸与杂志，干脆脱离了传统的纸质媒体，成为真正的网络媒体。网络报纸或杂志更多的是专业性的媒体，受众更为明确。对于注重广告宣传的公司，在这些网络报纸或杂志上作广告也是较好的传播渠道。

6.3.3　App

App（application）是指智能手机的第三方应用程序。App并不是手机生产方开发的，也不是手机平台提供方开发的，而是其他第三方团队或个人开发的，因此叫第三方应用程序。通俗地说，就是手机通过网络下载的、可以应用到人们生活和工作方方面面的数字工具，即数字程序。举例说，现在用的微信、手机QQ、手机淘宝、手机银行等都是App。

App已经成为用户增长速度最快的平台之一，可整合LBS、QR、AR等新技术，带给用户前所未有的用户体验。基于手机的随时随身性、互动性特点，容易通过微信、微博等方式分享和传播，实现裂变式增长。App的开发成本相比传统营销手段更低，通过新技术以及数据分析，可精准定位公司目标用户，实现低成本快速增长。

越来越多的公司发布了自己的App。App不仅可以销售商品，还是一种宣传平台，让消费者对公司的认识深入到每天的生活中，建立很好的品牌认知度和熟悉度。许多应用程序要求新用户完成登录过程才能开始使用App。当用户开始使用App时，可以向用户推送欢迎通知或站内消息，提醒用户感兴趣的在售产品，提醒用户购买后进行评论，提醒用户订阅新内容。如果说公司网站是公司在互联网时代的宣传大窗口，更适用于电脑环境的话，则App是更适合移动互联网时代的移动广告小窗口，机动灵活，更有效率。

如亚洲航空（Air Asia）公司的创意App——汉字解锁。亚洲航空公司提供多趟从泰国飞往中国城市的航班。该公司认为如果大家对中国的文化了解越多，可能就越有兴趣去旅游，就越有机会选择亚洲航空。学习汉语最有效的手段是大量练习，所以为了帮助泰国人学习中国汉字，亚洲航空公司打造了一款汉字解锁App。首先，用户可以设定一个特定的汉字进行练习，每天解锁手机练习一次；如果多次没过关，那么系统会自动提供密码解锁功能。

6.3.4　电子邮件与邮件列表

与传统广告中的邮寄广告相类似的另一种网络世界的广告发布途径是电子邮件广告，这种形式被很多商家所利用。电子邮件广告是广告主将广告信息以E-mail的方式发送给有关用户的一种传播方式。电子邮件广告成本低廉而且效果极好，但值得注意的是，多数上网者对硬塞给他们的电子邮件非常反感。

互联网还有一种可供使用的资源，就是电子邮件列表。电子邮件列表非常流行。如果要使用电子邮件列表，可以有两种选择：一是建立自己的邮件列表服务器，邮件列表服务器可以生成相当于大宗邮件的电子邮件；二是租借其他公司的电子邮件列表。

6.4　网络广告的计价模式与预算

6.4.1　网络广告的计价模式

6.4.1.1　CPM

网络广告收费最科学的办法是按照有多少人看到你的广告来收费。按访问人次收费已经成为网络广告的惯例。CPM 指的是在广告投放过程中听到或者看到某广告的每一千人平均分摊到多少广告成本。传统媒介多采用这种计价方式。对于网络广告，CPM 取决于"印象"尺度，通常理解为一个人的眼睛在一段固定时间内注视一则广告的次数。比如说一则旗帜广告的单价是 1 元/CPM，意味着每一千人次看到这则旗帜广告的话就收 1 元，以此类推，10 000 人次访问的主页就是 10 元。至于 CPM 的收费究竟是多少，要根据主页的热门程度（浏览人数）划分价格等级，采取固定费率，一般来说国际上是 5 美元至 200 美元不等。

CPM=广告总成本÷广告浏览次数×1 000

6.4.1.2　CPC

CPC（cost per click，每点击成本）是以实际点击的人数为标准来计算费用的，以每点击一次计费。这样的方法加上点击率限制可以增加作弊的难度，是宣传网站的最优方式。但是，此类方法使得不少经营广告的网站觉得不公平。比如，虽然浏览者没有点击，但是他已经看到了广告，对于这些看到广告没有点击的流量来说，网站白忙活了。

CPC=广告总成本÷广告点击次数×1 000

CPC 以点击次数为标准，避免广告虚量，能直接反映出网民是否对广告有兴趣；但是比 CPM 收费要高，对网站有风险，对广告主有利。

6.4.1.3　CPA

CPA（cost per action，每行动成本）是指按广告投放的实际效果，即按回应的有效问卷或订单来计费，而不限于广告投放量。CPA 的计价方式对于网站而言有一定的风险，但若广告投放成功，其收益也比 CPM 的计价方式要大得多。调查显示，7 天酒店在投放网络广告的时候，曾经有一部分就是采取这样的方式，每注册一个会员，就付网站20元费用。

CPA=广告总成本÷广告转化次数

这种模式相比 CPM 和 CPC 来说对广告主更有利，能直接反映出广告对网络受众产生的效果；但是收费较高，网站风险较大。

6.4.1.4 CPP

CPP（cost per pay，每购买成本）是指根据每个产品的购买成本来决定广告费用，其好处就是把产品的购买与广告费用联系起来。

CPP=广告总成本÷广告转化购买数

相比前几种，CPP 对广告主更有利，把广告与实际销售效果相联系；但收费很高，对网站风险比较大。

6.4.1.5 包时方式

这种计价方式以广告发布位置、广告形式为基础对广告主按时间长短征收固定的费用，而不是与显示次数和访客行为挂钩。

在这一模式下，广告主可以按照自己的需要来选择合适的广告时长。新浪、网易、搜狐等门户综合性网站主要采用这种计价方式，其将网络频道划分成不同的等级，然后按照不同等级频道的位置和广告形式计费。

另外，还有很多网站是依照"一个月多少钱"这种固定收费模式来收费的，许多中小网站都采用的是包月制。这种计价模式操作比较简单，且有利于广告网站；但是收费与广告效果无关，无法保障广告主的利益。

6.4.1.6 其他计价方式

❶CPR（cost per response，每回应成本），即以浏览者的每一回应计费。这种广告计费充分体现了网络广告的"及时反应、直接互动、准确记录"的特色。

❷CPL（cost per lead，每次引导成本），即每次通过特定链接注册成功后付费的一种常见广告模式，最后广告总费用以搜集潜在客户名单的数量来确定。

❸CPS（cost per sale，每单位销量成本），即根据每个订单或每次交易来收费的方式。用户每成功达成一笔交易，网站主可获得佣金，最后的广告总费用以

实际销售产品的总数量来计算。

❹PFP（pay-for-performance，按业绩付费），即利用基于业绩的定价计费基准，如点击次数、销售业绩、导航情况等，衡量网络广告的费用。

6.4.2　网络广告预算

网络广告预算是指具体的网络广告预算管理方法、流程、实施等一系列以预算管理为核心纽带的综合管理行为。网络广告预算以未来的财务计划为核心，将组织的网络广告战略管理、网络广告人力资源管理、网络广告业务管理等主要管理模块紧密联系在一起，是对网络广告委托代理关系规范化的一种实践。

6.4.2.1　网络广告预算的作用

（1）为广告主提供控制网络广告活动的手段

网络广告活动可以顺利开展的经济保障是经费。作为出资者，广告主希望能够有效地管理和控制网络广告活动，力求花最少的钱收到足够高的收益。提供网络广告预算，广告主可以对费用的多少、如何分配、起到什么效果等作出系统的规定，从而对整个活动进行有效的管理和控制。

（2）保证网络广告经费合理使用

美国百货公司之父约翰·华纳梅克曾说："我知道我的广告费有一半被浪费了，但遗憾的是，我不知道是哪一半被浪费了。"原本人们以为数字营销带来的精准投放能终结这个广告圈的著名难题，但现实讽刺般地更加糟糕——那些看上去诱人而光鲜的流量，背后对应的很可能不是真实的用户，而是专门造假的机器人。这也更加说明了要进行网络广告预算管理的重要性。制定网络广告预算的目的在于合理地、有计划地使用广告经费，使有限的广告经费能够满足计划期内营销对网络广告的需要。广告预算对每一项活动、每一段时间上应投入多少经费都作了合理安排，并有比例地留出弹性经费以应对突发事件，这就保证了网络广告经费有计划和合理地支出。

（3）有利于网络广告效果的改善

网络广告经费作为企业的一种营销投资，力求发挥其最大的效用，为企业带来尽可能高的效益。周密合理的网络广告预算会对经费的支出方向、分配比例作出合理的安排，提出要求，有助于每一项具体的广告活动尽可能达到理想效果，从而可以有效地增强整个网络广告活动的效果。

（4）提供网络广告效果经济指标

评价网络广告效果的主要标准是看整个活动在多大程度上实现了网络广告目标。由于广告预算对广告费用的每项支出都作了具体、合理的安排，这就为比较每项广告活动所花费用与所取得的效果提供了依据。所以，网络广告预算可以为广告效果评价工作提供经济指标，以更好地评价网络广告活动的效果。

（5）网络广告成本及费用的规模决定了广告活动的范围及深度

成本制约是任何一项商业活动都摆脱不了的规律，广告也是如此。有多大的成本才有多大的活动规模，而活动规模也常常为成本预算提供依据。在实践中，网络广告主常根据广告的计划来进行广告预算，从而获得成本总额。这种制约关系是广告预算最主要的实践功效。

6.4.2.2　网络广告预算的具体程序

（1）分析企业上一年度的销售额与网络广告费用的关系

企业在制定下一年度网络广告活动预算时，应对上一年度的销售额进行细致分析，以了解上一年度的实际销售数量和销售额是否符合上一年度的预测销售量和预测销售额。通过此项分析，企业可以预测下一年度的销售情况，从而安排适当的广告经费，以适应实际销售和推销活动的需要。

（2）分析各个网络广告媒体的性价比

既要考虑网络媒体，如PC网站、微博、微信、App等的浏览量、主要的客户人群、注册会员等信息，还要考虑账号质量、与企业产品和所在行业相关性等多方面因素，最后考虑网站价格。有的媒体报价低，但是影响范围有限；有的媒体报价高，但是针对的是企业的主要目标人群，所以企业必须综合考虑。

（3）分析上年度及预测下年度竞争对手的网络投放媒体和费用

分析竞争对手上年度花费多少在网络媒体上、销售效果如何、品牌知名度有无上升等，合理推测竞争对手下年度会如何投入。知己知彼，才能更好地计划自己的网络媒体费用。

（4）确定广告投资总额及分配

对市场现状进行调研和分析后，企业提出网络广告投资总额的计算方法和理由，从而确定投资总额；然后，企业可根据自身的实际情况及市场状况，将网络广告费用分配到合适的时间和媒体，从而使总预算落实到每一个具体的活动细节上。

产品销售随着该产品的整个经济周期的变化也呈现出周期性变化的规律，要充分研究产品所处的生命周期阶段，对网络广告费用作出合理的预算。不少产品销售由于受季节、节假日等因素的影响，呈现出周期性的变化，比如淡季和旺季。分析企业产品销售周期，可以为网络广告的总预算提供依据，从而确定不同月份的广告费用的分配，做到因时而异。

网络广告预算中还应对一定比例的机动支出作出预算，如在什么情况下可投入机动开支、机动开支额的确定、效果如何评价等。

（5）制定控制与评价的标准

在网络广告预算的编制中，还应确定每笔广告支出所要达到的目的或效果，以及对每个时期每一项广告开支的记录方法。制定这些标准，就可以结合广告效果对广告费用的支出进行控制和评价。

6.4.2.3　网络广告预算的方法

编制网络广告预算的具体方法有很多，常用的有销售额百分比法、销售单位法、竞争对抗法、目标达成法、支出可能定额法、任意增减法、模拟定量计算法和任务法等。各种广告预算方法各有利弊，而且对于不同的企业、不同的市场状况，使用效果也不尽相同。企业在确定网络广告预算时，可灵活选择其中适用的一种方法或几种方法组合使用，从而制定出恰当、准确的网络广告预算，既不浪费，又能达到预期的目的。

（1）销售额百分比法

这种方法是根据一定期间产品的销售额，按一定比率计算出费用。其主要分为两种：

❶计划销售额百分比法。其计算公式为：

本年度网络广告费用=上年度网络广告费用÷上年度销售额×本年计划销售额

❷平均法。其计算公式为：

$$\text{本年度网络广告费用} = \frac{\text{上年度网络广告费}}{\text{上年度销售额}} \times \left[\left(\frac{\text{上年度}}{\text{销售额}} + \frac{\text{本年度计划}}{\text{销售额}} \right) \div 2 \right]$$

（2）销售单位法

此方法首先为产品的每一个销售单位确定一定数量的网络广告费用，再乘以计划销售数量，从而形成企业总的网络广告费用。其中，企业网络广告费用一般依据上年度资料确定。计算公式如下：

本年度网络广告费用=单位产品分摊广告费用×本年度计划产品销售数量

（3）竞争对抗法

竞争对抗法是根据竞争者的网络广告费用来确定本企业的网络广告预算，又称竞争对等法。销售额百分比法和销售单位法都是从企业自身出发确定广告费用，对市场的迅速变化反应比较迟缓。而竞争对抗法是依据市场竞争对手的广告费投放情况来确定应投入的网络广告费用。所以，竞争对手及其所处行业的网络广告费用越多，本企业的网络广告费用也相应增加；反之，则减少。采取这种方法的都是财力雄厚的大企业，资本不足的中小企业使用这种方法具有很大的风险性。

【例6-1】根据表6-1，M牌化妆品的广告投资总额为多少比较合适？

表6-1 　　　　　　　　　　　M牌化妆品广告投资表

项　　目	M牌化妆品	竞争对手
上年度销售额	2 000万元	未知
上年度市场占有率	32%	未知
上年度网络广告费用	20万元	30万元
本年度预计销售额	3 000万元	未知
本年度预计销售量	3 000件	未知
本年度预计市场占有率	40%	45%
本年度预计网络广告费用	?	40万元

【解答】❶计划销售额百分比法的结果是：
本年度网络广告费用=20÷2 000×3 000=30（万元）
❷平均法的结果是：
本年度网络广告费用=20÷2 000×［（2 000+3 000）÷2］=25（万元）
❸销售单位法的结果是：
本年度网络广告费用=20÷2 000×3 000=30（万元）
❹竞争对抗法的结果是40万元。

以上方法的结果不完全一致，但是根据题目我们认为30万元相对合适，因为竞争对手的市场占有率是45%，投资的广告费用是40万元，而本企业的市场占有率是40%。25万元又和竞争对手相差太远，有可能让竞争对手带走更多的销量。综上考虑，我们认为30万元是最合适的方案。

网络广告理论前沿（六）

客户生命周期视域下的许可式电子邮件营销

许可式电子邮件营销是一种以客户许可接收为前提，通过电子邮件传送有价值的企业信息的营销方式。在该营销方式下，客户可以根据自己的意愿选择、订阅某一特定企业的邮件，也可以随时自由地退订相关的邮件。与传统的"垃圾邮件"相比，该方式下的客户具有绝对的自主性。

企业采取许可式电子邮件营销方式，就是为了通过有效地向客户推送信息，使客户发生购买行为。因此，电子邮件的信息必须是有价值的，不仅要包括企业介绍、产品和服务信息、促销活动信息等，更要有能够与客户建立情感的产品反馈、用户调查、节日问候、生日祝福等。处于不同生命周期阶段的客户对信息的需求存在很大不同，这就要求企业充分掌握客户生命周期，根据不同阶段的需要，有针对性地推送信息。在客户生命周期下进行许可式电子邮件营销策略选择，就是要根据客户所在阶段的不同，实施有针对性的差别策略，迎合不同阶段客户的需要，促进客户购买行为的发生。

一、开拓期

开拓期的客户是企业的目标客户，即企业的产品或服务应能够满足这些客户的需要。企业对处于开拓期的目标客户的营销重点在于获取邮件地址，这也是整个营销活动的基础和关键。为了获取邮件地址和客户基本信息，企业可以采取以下策略：

一是设置订阅表单，通过广告推送等形式，吸引处于开拓期的客户提交订阅单。

二是奖励获取，通过向目标客户提供优惠券、礼品、折扣券等奖励获取其邮箱地址，使其接收企业电子邮件。

三是社会化媒体邀请，通过社会化媒体利用人脉关系分享，触发邮件的订阅。

四是电话捕获，通过客服人员获取电话咨询客户的信息和邮箱地址。

二、发展期

发展期的客户是企业的潜在客户，其对企业产品或服务感兴趣并具有购买能力，与企业之间存在销售合作机会。企业对处于发展期的潜在客户的营销重点在于转化，促进购买行为的发生，将潜在客户转化为现实客户也是营销活动的宗旨。因此，在这个阶段，企业要根据所掌握的客户信息，如年龄、性别、收入、喜好等信息有针对性地推送产品或服务信息，利用个性化的营销策略加强客户与企业之间的关系，加强客户对企业的信任。该阶段的营销策略要兼具连续性和渐进性，企业还要利用电子邮件向客户推送首次采购优惠信息，利用各种优惠和服务促进客户首次购买行为的发生。

三、形成期

该阶段客户已经发生购买行为，成为企业的正式客户。购买行为的发生证明客户已经通过信息收集认可了企业的产品或服务；但在该阶段客户与企业的关系还不稳定，仍处于形成期，客户需要进一步收集信息才能建立起对企业的忠诚度，进而发生再次购买行为。企业对处于形成期的正式客户的营销重点在于提升，加强客户对企业的忠诚度。企业进行营销，不仅是为了让客户发生购买行为，更重要的是获得客户对企业、品牌的认可，促进客户持续购买行为的发生。因此，企业要进行满意度调查，了解客户的想法和用后感受，发现客户潜在需要，找出并纠正企业存在的问题；要进行定向行为分析，通过对客户消费行为的分析获得客户的需求偏好，有针对性地发送相关产品信息或促销内容，刺激客户持续消费行为的发生。

四、稳定期

在该阶段，客户已经发生多次购买行为，对企业的产品或服务已经相当认可，对企业也有了较高的忠诚度。企业对处于稳定期的优质客户的营销重点在于保留，与客户建立好关系，维持好客户的高消费率。为了保留住优质客户，企业应该采取以下策略：

一是折扣奖励。这是指根据客户的消费情况给予不同的折扣比例，使优质客户能够获得更大的优惠。

二是情感关怀。这是指在特定的节日、客户的生日向客户推送情感关怀信，向客户赠送代金券、折扣券等电子礼品，与客户建立良好的关系，促进客户消费。

三是免费送货。良好的服务会促进客户购买行为的发生，通过向优质客户提供免费送货服务，增加客户的忠诚度。

五、衰退期

由于各种原因，企业的部分客户必然会进入衰退期，即对企业的产品或服务不再感兴趣，不会再发生购买行为。企业在邮件营销的过程中一方面要通过有价值的信息推送和客户关系维护保证客户长时间处于稳定期，另一方面要通过有针对性的邮件营销再次激活进入衰退期的客户。企业对处于衰退期的非活跃客户的营销重点在于激活，促进持续性消费。维护老客户要比获得新客户更容易，投入更少。因此，企业要利用多种策略不断激活非活跃客户，推迟客户衰退期的到来。企业可以向非活跃客户推送个性化邮件，加强与客户之间的联系，增强客户对品牌的认知；可以向客户推送非正式、随和语气的非纯广告性的邮件，维护好与客户的关系，防止客户退订企业邮件；可以通过提供奖励、折扣、赠品等方式

鼓励客户进行消费。

资料来源 刘伟. 客户生命周期视域下的许可式电子邮件营销策略选择 [J]. 商，2015（37）：109.

本章小结

传统网络广告投放的要素主要包括网络广告主、网络广告代理商、网络广告媒体、网络广告受众以及网络广告信息等。程序化购买的要素是广告网络、供应方平台、需求方平台、数据管理平台、广告交易平台。程序化购买的类型分为程序化直接购买、首选交易、私有竞价、公开交易市场。传统网络广告投放的模式有以下两种：通过代理商投放、广告主自行发布。网络广告主要是通过网络媒体作为自己的投放渠道，并且通过行业内几种常见的计价方式来实行计费。网络广告主一般会根据网络广告预算管理方法及流程来进行网络广告预算。

复习思考题

一、名词解释

网络广告主 程序化购买 广告网络 广告交易平台
DSP SSP CPM

二、简答题

1. 网络广告的投放渠道有哪些？

2. 我们都认为网络广告的 CPC 计价模式更有利于广告主，但是"我知道我的广告费有一半被浪费了，但遗憾的是，我不知道是哪一半被浪费了"，这句话戳中了所有广告主的心中之痛，后被称为"华纳梅克浪费率"。这种巨大的广告浪费是怎么形成的？广告主应该如何降低这种网络广告浪费？

三、讨论题

1. 电子邮件营销的困境是什么？你觉得个性化电子营销是否可以解决电子邮件营销的困境？

2. 公司自建网站时，在页面设计上应该注意什么问题？

第6章判断题

第 7 章
网络广告创意与文案

学习目标

了解网络广告创意及网络广告创意策略

掌握网络广告创意方法和互动创意技巧

掌握网络广告文案的组成

掌握网络广告文案的创作流程

掌握如何编写一份完整的网络广告文案

没有创意的广告是没有灵魂的！

——威廉·伯恩巴克

网络广告学

ADVERTISING

引例

剧集"继续营业"的天花板正在被打破

《梦华录》与大宋风华融合，提炼了独特的宋"潮"人文亮点，再以平台的生态能力为IP赋能，充分利用IP的内容、文化和美学价值，突破多重场景，给予用户完善的需求路径，实现全景共通、协同发展，从而达到"文化商业化趋同"的目的，驱动品牌搭载剧集的热播势能，完成品牌营销，形成与剧集强绑定的独特IP。

剧集IP"继续营业"的新模式在多平台已成功试水。前有《梦华录》，后有《星汉灿烂》，多部破圈剧集开启了线上线下"继续营业"的"IP全视角营销"新模式。观众看剧中人撒糖不过瘾，还"随礼"直播点映礼、购买周边和联名产品、线下参加主题展……剧集IP的商业模式、商业产品、营销玩法全部解锁了新纪元。

腾讯在线视频商业化部总经理在接受《工人日报》独家采访时说："所谓的IP全视角营销，并不是提前规划好一切直接按部就班，IP全视角营销有着自己的周期和风口，要配合剧集节奏、平台生态，有序推进。"

只是联名授权，并不足以让观众和业界惊喜。那么把剧情搬到线下"继续经营"呢？剧中的"半遮面"在北京、广州等地落地主题快闪店，"赵氏茶坊"也在深圳"开张"。在剧集播出的短短一个半月周期里，一场名为"风雅梦华游"的线下古风集市沉浸展，也在长沙热闹开展，超过一万人次前去参观。

随着近些年IP营销的发展，商业化形式也在应用户需求而不断出新。从早期《军师联盟》创新尝试创意广告，到如今《梦华录》贯通线上线下的全链营销。可见，各平台为了更好地融合用户与商业的诉求，已然在不断深化更加丰富多维的"走心"探索。

《雪中悍刀行》也尝试开一条新路。片尾《雪中书场》的出现，不但将庞杂的主线故事补充完整，也让武侠世界中高深莫测的招式在观众想象中余音袅袅。有网友戏言："《雪中悍刀行》给自己立了个最大的'对手'，就是《雪中书场》。"

不过，这个套路能否玩得通，还要看剧集的品质，"内容为王"永不过时，不然依旧没有观众会为IP的"继续营业"买单。付费解锁如此，线上线下的其他玩法亦如此。

资料来源 苏墨. 剧集"继续营业"的天花板正在被打破［N］. 工人日报，2022-09-18（4）.

7.1 网络广告创意及其策略的含义

著名的美国广告大师大卫·奥格威指出:"要吸引消费者的注意力,同时让他们买你的产品,非要有很好的特点不可;除非你的广告有很好的点子,不然它就像很快被黑暗吞噬的船只。"奥格威所说的"点子",就是创意。

网络广告的目的就在于制作出色的创意,从而吸引消费者的注意力并鼓励其进行点击。创意可以从两个角度来考虑:一是内容、形式、视觉表现、广告诉求的创意设计;二是技术上的创意设计,即应用什么样的计算机和媒体新技术将创意更加有效地传达到目标客户端。互联网是一个超媒介,它不仅融合了其他媒介的特点,而且是计算机技术和网络技术的结合,具有很强的高科技特性,带来了更加多变的表现方法,为网络广告创意提供了更多的方向。

7.1.1 创意的含义

创意是广告的生命线,其不仅直接决定了广告宣传活动的品位及由此而形成的市场吸引力,还间接影响了企业形象的塑造。因此,广告界历来重视创意,认为没有创意,也就没有一流的广告作品,更没有优秀的广告宣传活动。威廉·伯恩巴克认为:"创意是广告的灵魂,是将广告赋予精神和生命的活动。"

根据《韦氏大词典》的解释,"创造"的意思是"赋予存在"(bring into existence),具有"无中生有""原创"的意思。创意从字面上理解是"创造意象之意",从这一层面进行挖掘,则广告创意是介于广告策划与广告表现制作之间的艺术构思活动,即根据广告主题,经过精心思考和策划,运用艺术手段,把所掌握的材料进行创造性的组合,以塑造一个意象的过程。简而言之,创意就是广告主题意念的意象化。

7.1.2 广告创意的含义

广告创意有的时候表现为"灵感""顿悟"的过程,但是"灵感""顿悟"并不是广告创意的全部。所谓的顿悟只是在对现实进行了细致的观察、认真的思考、长时间的酝酿之后的结果。确切地说,广告创意就是广告人对广告创作对象所进行的创造性思维活动,是通过想象、组合和创造,对广告主题、内容和表现形式所进行的观念性的、新颖性的文化构思,创造新的意念或系统,使广告对象的潜在现实属性升华为社会公众所能感受到的具象；就是广告人员根据市场调查结论、品牌形象特性和公众心理需求，立足广告战略，运用联想、直觉、移植等创造性思维方法，提出新颖的主题设想，设计广告宣传意境和表现情节的构思过程。

成功的广告创意在于它的想象力和独创性，且有号召的力量，能使人们幻想，而又有积极的说服力和感染力，敢于独辟蹊径，不同凡响。不能大胆创新、缺乏创造力，是无法产生伟大的创意的。

7.1.3　网络广告创意的含义

网络广告创意是由网络广告策划人员在全面策划的基础上提出的网络广告活动的主题，再由网络广告创意人员就如何表现主题来构思。这和一般的广告创意完全一致，因此，网络广告创意应该遵循广告创意的一般原则。对网络广告创作而言，创意是指表现广告主题的独创性的意念或新颖的构思。

无论是静态的旗帜广告、精美的屏保广告，还是动态的按钮广告、富有情节的视频广告，都想吸引网民的眼球，得到受众的关注和点击。然而只有那些具有最新创意的网络广告才能获得良好效果，借助技术将互动的网络广告融入创意，发挥出它自身的优势。

7.1.4　网络广告创意策略的含义

网络广告创意策略是指对产品或者服务所能提供的利益或者解决目标消费者问题的方法、思路等元素进行整理和分析，从而确定网络广告所要传达的内容和主张的过程。

从网络广告创意策略的含义来看，我们需要关注几点：

❶网络广告创意策略必须针对一定的消费者群体，做到目标明确、针对性强。

❷在广告创意策略的传达上要注意综合分析广告的文字、图形等元素，讲究广告创意的有效传达。要在有限的版面空间中突出产品或者服务的主要特征，将其通过简洁、明确、感人的视觉形象表现出来，以达到有效传达的目的。

❸尽可能应用差异化的策略，以求在消费者的头脑中留下深刻的印象。也就是说，通过多样化的方式强化产品或者服务的符号、名称、广告口号等元素，而且要适时出现、适当重复。

7.2 网络广告创意的方法

7.2.1 通过信息开发了解消费者心理，结合公司广告目标找到合适的诉求点

广告创意不是凭空想象，而是建立在客观信息基础上的创意性思维。因此，开展创意调查，对调查资料进行信息开发，不仅可以丰富广告创意的生活来源，而且有利于寻找广告创意的机会点。

开发广告调查资料，就是从纷杂的信息资料中判断出公众的心理需要、产品及品牌在公众心目中的实际形象，找出独特的、富有魅力的广告诉求点，形成广告的创意点子和创意方向的过程。广告创意人员对信息资料进行分析、开发应用时，不能简单地就事论事，而应有意识地挖掘其中的动态信息结论，进行预测分析，以期掌握主动权。

7.2.2 在合适的诉求点下进行广告主题构思

基于信息开发而形成的、带有朦胧意识的创意性点子，经过深思、挖掘、整理，形成宣传核心概念后，就可以进行主题构思了。所谓主题构思，就是以广告宣传核心概念为中心，明确广告作品和宣传活动的中心思想、主题基调、核心内容的思维过程。在这个过程中，广告创意人员要善于运用想象、组合、调整、颠倒、比喻、删节、写实等手法，把广告作品和宣传活动视为文学作品、影视作品、戏剧小品，进行编写、编导、编演，宣传作品或体现价值，既有明确单一的主题思想，又有丰富愉快、感性化的美好梦想，从而赢得公众的注意，有效地影响公众的消费心理。

7.2.2.1 以社会热点事件和流行词汇为主题

现代人们获取信息最快、最便捷的途径当数网络，各种门类的官方和个人社交媒体平台都会不间断地更新内容。国内外的突发事件会在第一时间迅速传遍大江南北，甚至诸如艺人的个人生活都会成为人们关注的焦点。这些大事小事都被网民在网络平台上进行评论，发表自己的看法和见解，随即成为影响社会的舆论事件。这些内容是网络广告创意的绝佳素材，因为它们有着广泛的受众群体。无形的舆论带来的深远影响和持久的传播力对商业广告来说无疑是锦上添花的事情。

7.2.2.2　以动漫故事形象为主题

单从网络大众群体来看，年龄层次较低的群体比例居多。对于年轻人来说，卡通形象、动漫故事可以成为他们生活的一部分。因此，如果许多产品的目标消费者是年轻人，广告创意者应考虑用卡通形象或人们熟悉的卡通故事情节去展示产品。网络广告利用动漫元素拟定故事情节，设计图形链接，通过卡通形象去传递广告内容，呈现出简洁的图形、明快的色彩搭配，每个页面都时尚、活泼，让特定的目标受众在浏览广告的过程中感受到轻松愉悦的气氛，建立良好的情感传播方式。广告创意主题以全卡通形式去创作，增加了广告的趣味性、诙谐性及艺术性，虚拟化的影像世界更能吸引年轻的消费者，使他们主动地浏览广告，接受产品信息。

7.2.2.3　"微文化"辐射下的延伸主题

网络生活已经成为人们现实生活中不可或缺的一部分。商家看准了巨大的潜在客户源，把网络作为广告载体的新媒介，根据目标客户的需求，精准地挖掘广告创意主题。如今，人们迈入了"微文化"时代，如微博、微信、微电影、微表情、微公益、微支付，这些新生事物全部诞生于网络平台，并迅速普及并应用到每个人的生活当中，成为一种大众文化现象。在这种社会文化现象孕育的背后，广告除了它的商业性和艺术性，本身也成为一种社会文化现象，它灵敏的嗅觉不可能错过"微文化"时代的商业契机。

7.2.3　围绕主题进行创意开发

广告宣传确定核心概念、主题后，即可围绕核心概念、主题进行创意开发。创意开发包括以下几个方面的内容：

7.2.3.1　拟订广告文案

广告文案（advertising copy）是广告宣传的核心概念、主题思想经过艺术加工而形成的文字。广告文案必须切合核心概念，主题定位准确；否则，广告文案就没有冲击力，广告作品和宣传活动就无法有效地影响公众。

7.2.3.2　编制宣传作品的表现情节与图案

在这个过程中，主要是围绕广告的核心概念、主题以及宣传文案，创造、编写广告宣传作品的情节性剧本（针对电视广告及网络广告），设计广告图案

（针对平面广告及网络广告），借助视觉符号，以感性的素材形象烘托出意境和氛围，强化商品的影响力。

7.2.3.3 确定广告作品的音乐

在电子传播媒介中，音乐的表现力虽不及画面与情节，但是借助听觉符号，也可以有效地展示广告主题，准确地烘托、宣传和表现广告意境，影响公众的心理。因此，企业不能忽视音乐的创作和组合。

以上工作结束后，标志着网络广告创意初步结束，其成果就是一个相对完整、近乎一体化的初步创意方案。

7.3 网络广告创意的原则

作为一种特殊的广告形式，网络广告创意除了要遵循广告创意的一般原则，还有另外一些原则是必须遵守的。

7.3.1 真实性原则

任何一种形式的广告都有一个真实性的问题。但是，对于网络广告来说，这个原则性问题更加突出。人们经常说网络是一个虚拟的世界，这是因为网络具有匿名性的特点，相对于传统媒介来说，人们对于网络上的信息更多持一种怀疑的态度。网络广告同样面临这样的问题。人们更加倾向于相信传统媒介上的广告，而对网络广告的相信程度要低一些。所以，基于与生俱来的特性，网络广告在创意上更应该遵循和坚持真实性原则。

例如，快节奏时代让越来越多的人出现了焦虑、抑郁、愧疚等情绪问题，影响工作和生活。在 2023 年世界精神卫生日，珀莱雅以"让情绪发声"为主题，给予年轻人力量。这是珀莱雅连续第三年开启回声计划。珀莱雅携手多抓鱼和 9 家出版机构，在世界精神卫生日当天推出了青年心理健康公益宣传片《此刻，和情绪＿＿＿＿》，希望通过短片给年轻人送温暖，鼓励他们正视情绪，与情绪和解。此外，珀莱雅联合腾讯音乐共同发起"让情绪发声"特别企划，以音乐为载体，通过 1 场公益企划单曲、1 场校园公益音乐会、4 场公益讲座、30 场校园快闪活动，聚焦大学生遇到的情绪问题，关注大学生情绪健康，鼓励大学生勇敢承认自己不同的情绪。情绪问题涉及每个人内心深处的敏感点，珀莱雅关注到这一问题，一方面以实际行动与年轻人共同应对自身情绪，跟情绪握手，来了一场情绪疗愈旅程；另一方面，树立了温暖的品牌形象，赢得了用户的好感。

7.3.2　针对性原则

资深广告人魏特·哈布奈斯说过："伟大的广告一定不只照亮了天空，它还要击中目标。"这里所谓的"击中目标"就是说广告创意的针对性原则。广告创意要力求贴近消费者，将亲善、坦诚、友好、轻松的态度贯彻到广告中去，加强对消费者的感染力，在亲密的氛围中达到广告的目的。网络的互动性使得网络广告具有更加强大的亲和力，而在创意上遵循亲近性原则可以使网络广告达到事半功倍的效果。利用网络的特性给每一位访问者特别的感受，这正是我们强调网络广告针对性原则的原因。

儿童成长综合数字内容平台将数字技术应用于儿童内容领域，按照孩子的成长规律及接受程度去进行内容分阶及形式创新，用动画、互动、游戏、真人剧、实体图书等多元形式把优质内容连接起来，帮助孩子降低阅读的门槛，更好激发阅读兴趣。在内容的更新迭代上，通过用户观看内容过程中的跳出率、重播率、参与率、情绪变化等去判断其对内容的喜爱程度，以此为依据对内容进行针对性的迭代升级，更精准地满足当代儿童的内容需求。

7.3.3　求异性原则

广告创意最反对的是按部就班或拾人牙慧，而最推崇的是别出心裁，想人之未想，想人之不敢想。网络具有海量信息的特点，人们可以接触的网络页面数不胜数，而每个页面上的广告也不少，如何让自己的网络广告在这么多信息中突出重围，脱颖而出，求异性原则是制胜的法宝。

比如美团外卖曾借热播剧《人民的名义》的东风，突发奇想地找来饰演剧中反派赵瑞龙的演员出演了一个搞笑视频，把"美团外卖，送啥都快"作为品牌特点，与其他的外卖品牌区分开来。

一家位于加拿大温哥华的广告公司123W的广告更具有创新性，其内容是任何人在Fiverr.com上都可以花5美元来发布一个问题，寻求解决方案，即客户花5美元，填写自己需要解决的各种问题，网站上的每个客户都可以给出答案，谁的答案最符合客户预期，就将拿走5美元。简单来讲，这个创意就是花小钱来众包解决问题。广告公司突发奇想，不用自己来解决客户问题，而采用众包的形式来搭建官网，在Fiverr.com上花了一笔钱，为其官网的各个栏目征集创意视频。

7.3.4　简洁性原则

消费者在网络中要接触海量信息，时刻都在接受各种广告的轰炸，而消费者的记忆又是有限的。所以，网络广告与其他广告一样，要尽可能简单明了，即广告所传达的信息必须简洁、单纯和突出（如图7-1所示）。好的广告一般每次只和消费者沟通一件事，只有这样消费者才能印象深刻。

图 7-1　支付宝招聘广告

7.3.5　系列变化原则

一种产品的推销必然是一个长期的过程，其网络广告应该在产品不同的发展阶段随之变化。大卫·奥格威说过，所有的广告都应该是系列广告的代表作；如果不能根据自己的创意发展出系列广告，就不是杰出的创意。利用时间的连续性，采用系列广告的形式宣传一个共同主题，不能不说是一种加强广告宣传效果的重要手段。

7.4　网络广告文案创作

文案创意思维就是富于想象的思维，激发受众思维的想象，通过超越现实的想象，激发出合理的欲望，实现现实的行动，从而拉动销售。广告创意活动是思维的活动，一切从文案开始，一切从文案的创意思维开始。一份好的广告文案能保证广告的成功率达到80%。

广告文案（advertising copy）是广告作品中全部的语言文字部分。它不仅包括广告正文、广告语，所有在广告作品中出现的语言文字都属于广告文案，如联系方式、相关说明等。

网络广告文案是一种适用于网络媒体的文案。

7.4.1　广告文案的组成

广告文案通常包括广告语、广告标题、广告正文、广告随文四大基本部分。但并非所有的广告文案都具备上述几个部分，根据广告对象、创意的不同，可以采取广告语与广告标题合二为一、省略广告正文等变化形式。

7.4.1.1　广告语

广告语（slogan）又称广告口号、广告标语，是指为了加深受众对品牌的印象而在广告中长期地、反复地使用的一种简明扼要的口号性语句。其可以出现在广告文案的任何位置，但通常独立于正文之外，作为广告文案中相对独立的组成部分。

7.4.1.2　广告标题

广告标题（headline）是广告文案中旨在传达最重要信息或者最能引起受众兴趣的信息。其往往位于广告文案的最前面，对全文起到统领作用，以吸引受众继续阅读、收听或观看，通常简洁有力，比较引人注意。

7.4.1.3　广告正文

广告正文（body copy）是广告中查询主要信息的文字。其是广告文案的主体，是广告文案最重要的部分。

7.4.1.4　广告随文

广告随文（call to action）亦称附文，是指广告文案中向受众传达的关于品牌的附属信息，如购买的地点、售后服务的地址和联系方式等。它一般出现在广告文案的结尾部分。随文这一部分对广告文案来说并非必要的，可以根据需要而增减。

支付宝的"爱别人前，我想先学会爱自己，为悦己支付，每一笔都是在乎"系列广告（如图7-2所示），文案一语双关，完全不提功能，只谈生活态度、人生哲学，渗透着品牌价值观，使目标受众产生情感共鸣，品牌形象高尚却也贴近内心。

图 7-2　支付宝广告文案

7.4.2　网络广告文案的创作流程

　　网络广告文案的创作起源于广告目标和消费者心理，广告目标决定了广告的基本方向、方式和方法。消费者的研究则更为复杂和关键，要对购买产品的消费者进行精确画像，比如他们有什么特征，包括年龄、性别、收入、教育水平、职业、兴趣爱好等；消费者购买情境和使用情境是什么；在购买时他们主要考虑的因素是什么，是价格、售后服务、购买的便利性、产品的功能，还是消费者的购买动机等其他关键因素。对消费者心理的深刻认识可以帮助我们更好地设计差异化广告文案，更清楚怎么说才更能打动消费者的心；然后根据广告目标和消费者心理确定广告的诉求点及主题，组织信息，列出文案的逻辑框架，撰写文案标题和正文；同时，应该结合发布的网络广告的具体渠道和媒体来调整文案的形式和篇幅。

　　网络广告文案的创作流程如图 7-3 所示。

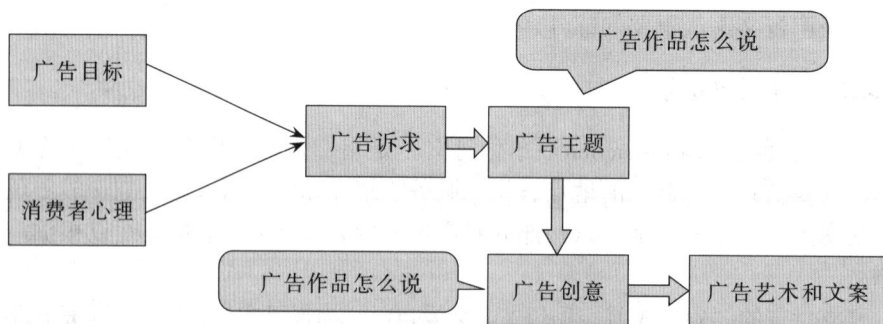

图 7-3　网络广告文案创作流程图

7.4.3 网络广告文案的创作技巧

为什么在同等的技术水平下，有的网络广告能给人们留下深刻的印象，吸引人们去点击；有的网络广告却引不起人们的兴趣，过后很快就忘了呢？其中应该说网络广告文案起了很大的作用。有些网络广告文案虽然文字不多，但是能让人过目不忘，如喜之郎果冻的"多点关心，多点爱"，农夫山泉的"我们不生产水，我们只是大自然的搬运工"，原旅游卫视①的"身未动，心已远"。这些广告语短小精悍，却意味深长，很好地进行了产品特点和品牌地位的沟通。

网络广告文案的创作技巧是什么呢？本教材认为应该做到以下几点：

7.4.3.1 图文结合

在网络广告中，图片和文字都是重要的表现手段。图片通过视觉效果引导访问者，所以图片的重要性是可想而知的。文字则是决定网络广告文案能否吸引人的内核，两者相互结合，才能创作出完美、高效的网络广告。网络广告一般幅面较小，难以展示生动的画面，文字就显得特别重要。有时为了避免所占空间太大或传输速度太慢，文案设计可以简单些，利用一些图片来表现主要的、关键的信息，用红色字体表示折扣率，用粗体字表示联络方式等。

7.4.3.2 动静结合

由于动画形式比静态图片更能吸引人，许多网络广告都采用了动画形式。网络广告画面的"动"法有很多种：就一幅广告整体而言，有弹出式的动，有悬挂式的动，有收放式的动，有游动，有飘动；就一幅广告之中的因素而言，有闪动，有移动等。广告创意要注意动静结合。如果画面中景和物是动的，文字就最好不要动；如果文字是动的，画面就应保持相对稳定。比如网上有一种游动广告，会在网页上到处游走，令上网者不看都不行。像这种广告的文字就不能闪动得过于频繁，否则难以观看。一般来说，由于文字在网络广告中起到表述主要信息的作用，宜少动或不动。

7.4.3.3 大小结合

这有两方面的意思：

---

① 2019年更名为海南卫视。

（1）景、物、文字的大小要适配

这是指在一幅网络广告中，景、物、文字的大小都要搭配得体、相映成趣。有些网络广告本身面积就小，人们即使注意看也不一定看得清楚，何况上网者一般还不会去注意看，因此要注意视觉要素的大小适宜。景物小一点不会有太大关系，只要大家知道是怎么一回事就行；但文字要大，一定要让浏览者看清。

（2）利用网络的超文本链接

第一层的广告可以小一点，主要起到吸引目光、诱使点击的作用。通常第一层是在商业网站上，面积越大，收费越高，因此不妨面积小一点儿；但要把关键信息表达清楚，最主要的是能吸引浏览者的注意。

第二层的广告则可以大一些，任务是表达主要信息。第二层是介绍产品或企业自身的页面，收费就要低得多甚至为零，广告面积大一点儿也无妨。

合理的大小结合的网络广告才能在有限的广告投入中收取最好的广告效果。

7.4.3.4　符合网络广告语境

融合印刷媒体和电子媒体沟通优势的网络广告，具有独特的、以目标网民为中心的个性化沟通语境。由于网络可以根据不同的兴趣爱好，把受众高度细分化，因而网络广告在针对目标受众诉求时，注意运用他们所熟悉的语气、词汇，会增强认同感。网络广告还可以将热点信息作为网络广告文案的宣传素材。网络语言具有一定的族群性，使用范围受知识结构、性别、年龄、职业和地区等的影响，所以使用网络语言作广告时必须考虑其适用范围，考虑广告本身的定位。网络流行语的使用将使产品宣传具有流行元素，从而调动目标受众的主观能动性，将自身的广告传播、广告产品变为网络语言，使网络语言和广告传播保持一种良性循环，从而事半功倍。

网络广告语境具有如下特点：

（1）口语交流感

文案是互动式、一对一式的，具有"面对面"的人际交流特性，尽量脱离书面语言的制约，增强口语化和生动性。口语化使广告很好地保持了网络生活的原生态，广告语境和网民的情境相互渗透。

（2）满足个性张扬的需求

网络广告行为的自由性一方面表现为网民喜欢按照信息需求选择广告来阅读，即所谓"拉"出信息；另一方面表现为网民对体现自我个性、风格的广告情有独钟。

（3）语调的调侃性

调侃语调能营造出轻松、娱乐的氛围，有效地激发兴趣，便于网络广告的渗透影响（如图7-4所示）。发现和创造快乐氛围是网络广告文案的目标之一。

图7-4　周黑鸭的调侃型广告

7.4.3.5　语言简洁

由于各网站对广告尺寸有一定限制，网络媒体也不适合长时间阅读，因而简洁、生动的网络广告文案才会有较高的注意率。至于深入的信息传播，可以通过吸引受众点击，链接到企业官网或主页来实现。目前，网上可供选择的广告位置有限，大多数只有图标广告，最常用的尺寸是15厘米×2厘米。此外，访问者的眼睛很难一直盯着屏幕看，句子越短越好，一个句子有10多个字即可，最多不超过20个字，太多了就会让访问者视觉疲劳，没有耐心看下去（如图7-5所示）。

图7-5　周黑鸭文案创作

虽然网络无国界，但受众还是会受到语言的限制，因而要根据企业的传播目标选择社交媒体平台，决定运用何种语言。不同国籍的受众，其文化背景也不尽相同，对广告文案的表现形式也会有不同的认知结果，所以应根据受众的文化背景、不同兴趣等来及时调整语言形式。

7.5　网络广告的互动创意

现在我们身边媒体资源已经逐步升级为数字新媒体，不管是数字标牌广告机、液晶拼接屏，还是 LED 大屏，都在机场、车站、商场等随处可见。广告的展现形式也从平面静态广告向动画、视频等数字化展现素材所转变。而 AR、体感、面部识别等前沿科技也已经从出现走向了成熟，这些技术的加入可以让广告媒体经营者进一步将媒体资源向智能化升级，成为互动新媒体，让消费者参与到广告画面中来，提升消费者的互动体验和视觉体验，同时把消费者作为传播节点，让广告信息传播更加有效。

7.5.1　网络广告的互动创意技巧

7.5.1.1　互动画面逼真

这是指既有故事情节，又有 3D 动画效果。一般来说，愿意参与到网络广告的互动过程中的，多为青少年群体。这类人喜欢新颖时尚的制作画面，喜欢身临其境的感觉，3D 动画的场景可以满足他们的参与感。

如上海世博会期间，招商银行联合各大媒体开启了"城市，因您而变得更美好"的主题推广活动。2023 年，河曲非遗灯会结合 3D 建模技术，以"擦亮河曲三大非遗文化品牌，讲好新时代黄河故事河曲篇章"为主题，在河曲临隩公园上演了一场美轮美奂的幻境光影秀，吸引游客超 13 万人次。光影秀以裸眼 3D 动画、3D Mapping、三维动画制作为手段，通过光影的巧妙组合，配合隩曦楼本身的线条和棱角，结合投影影像立体交互，营造出三维空间的透视效果，奉献出了一场气势磅礴的"定制版裸眼 3D 视觉盛宴"。①

7.5.1.2　引导用户二次传播

通过网站发布的互动画面，消费者可以根据自己的偏好转动、改变画面，可以调整到自己喜欢的角度，配上自己喜欢的文字来进行信息发布。其实这就是消费者自创内容的二次传播，可以扩大广告的传播效应。

---

① 张靓，周三光. 2023 年河曲"河灯会"再添新景　3D 光影秀惊艳亮相［EB/OL］. （2023-09-04）［2024-03-15］. http://hequ.gov.cn/xlzz/zrzy/202309/t20230904_3905297.html.

在 2023 年杭州亚运会倒计时 100 天时，伊利官宣成为杭州亚运会官方乳制品独家供应商，发布了伊利亚运定制纯牛奶"AI 忆江南"限定系列包装，并顺应 AIGC 技术的热潮，上线了以"AI 忆江南"为主题的产品短片及 H5 沉浸式互动小游戏，吸引了无数消费者进行二创，通过 AI 绘制自己心目中的伊利定制包装，用户扫码读诗，便可换上新"皮肤"——以 AIGC 设计师的身份，利用 AI 绘制出专属的牛奶包装，最后还可在盒面上收获一句 YILI-GPT 对作品的诗意评语，增强趣味体验。这样的有趣互动给予消费者更多的参与感，成功放大了产品声量。

7.5.1.3 实时与粉丝互动

在互动过程中，如果有虚拟人员与粉丝互动，回答粉丝的问题，或者进行相关的介绍，就可以形成更好的效果，提高受众的满意度。如果虚拟人员形象是目标群体感兴趣的或者喜欢的，那么效果会更好。

如屈臣氏在 2019 年推出了自己的虚拟品牌代言人——屈晨曦。屈晨曦的定位是一位"养成型"的虚拟偶像，能和消费者一起共同成长。屈臣氏的意图是持续吸引年轻、时尚的女性消费者。屈晨曦不仅将作为屈臣氏品牌代言人出现在各类市场活动和传播渠道中，如在 2020 年首登《嘉人 NOW》，还会和屈臣氏自身的大数据系统打通，针对顾客的不同消费偏好和需求提供专业化和个性化的咨询服务。作为品牌形象的一部分，屈晨曦不仅承担了通过具体角色形象传播品牌的责任，更重要的是通过具象化的交互方式搭建起产品和消费者之间的沟通桥梁，使屈臣氏和消费者之间的沟通方式更加多元化。[①]

7.5.2 传统互联网广告的互动新创意

通常我们会认为传统的互联网广告缺少创意的空间，其实不然，如果能发挥想象力，即使是平凡的 banner 广告，也能变成吸引消费者的利器。

如法国国家铁路公司（SNCF）在票务网站上投放了几则有趣的 banner 广告。banner 上的内容分为两部分：上半部分是正常的广告提示，提醒消费者点击前往票务网站订购车票；下半部分是做各项奇葩任务，可以获得免费车票。也就是说，竖版 banner 被做成两部分：上半部分是正常点击；下半部分是游戏区。

第一项奇葩任务是把 banner 做成非常长的滚动条，消费者需要滚动约 944 千米的距离才能免费拿到票。而消费者在滚动的过程中会看到一个有趣的小人在奔跑。

---

① 陈韵哲. 加码年轻化 屈臣氏推出首位虚拟偶像代言人［N］. 北京商报，2019-07-27.

第二项奇葩任务是让消费者对 banner 下半部分点击 100 万次。

第三项奇葩任务是让消费者一直点着 banner 24 小时不能动，就能赢得车票。

最后这项任务真的有个男人完成了，但他并没有说是怎么做到的。其实可能是作弊了，例如他用一个东西压住鼠标，只要电脑开机 24 小时就成了（或是有其他高深的技巧）。而法国国家铁路公司表示，不在乎实现手段，效果已经达到了，慷慨送上奖品。

7.5.3 利用新的互联网数字技术的互动创意

现代数字营销涉及更多的直接互动，包括与消费者的联系、用户体验、产品购买和消费者反馈。增强现实、虚拟现实和人工智能等创新的发展也在推动品牌调整战略，以更贴近网民。整合这些技术是缩小平台、品牌和消费者之间差距的一种方式。品牌可以借助人工智能提供服务，广告可以使用增强现实或虚拟现实技术进行奖励和游戏，以与消费者建立链接。

案例窗 7-1

火星风光之旅

洛克希德·马丁（Lockheed Martin）公司在麦肯（McCann）和 Framestore 的帮助下，创建了火星体验公共汽车，将公共汽车的窗户变成屏幕，并通过"团体 VR"技术，在车窗上投影模拟了火星表面，实现了沉浸式的、移动的火星旅行。Framestore 完美复制了 200 平方英里（约合 518 平方千米）的火星表面，巧妙运用 3D 与 VR 技术使得车内的学生不需要佩戴眼镜或头盔，就可以透过校车车窗的特殊玻璃看到、听到和感受到火星地表的真实样貌。

火星体验公共汽车旅行是航空航天公司一项名为"Generation Beyond"的大型广告活动的一部分，旨在将太空科学带入美国的家庭和教室，并吸引更多的孩子去学习 STEM（科学（science）、技术（technology）、工程（engineering）和数学（mathematics）的简称），激发下一代的创新力与求知欲。这则广告在 2016 年斩获戛纳狮子国际创意节的 19 个奖项，还获得 2017 年 One Show 创意金奖。

资料来源　[1] NUDD T. Lockheed Martin rigged a school bus with "Group VR" to take kids on a tour of Mars [EB/OL]. (2016-04-21) [2024-03-10]. https://www.adweek. com/creativity/lockheed-martin-rigged-school-bus-group-vr-take-kids-tour-mars-170968/. [2] 郑旭. 基于 VR 技术的广告设计研究 [J]. 神州，2020 (9)：251.

网络广告理论前沿（七）

增强现实（AR）技术在创意广告中的应用

一、AR 技术与广告的融合

AR 技术改变了广告呈现方式，其魅力之一是独特的呈现方式。传统广告通常以平面或视频的形式呈现，而 AR 广告将虚拟元素融入用户的真实环境中，这种虚拟与真实的融合为品牌提供了全新的广告形式。例如，一家汽车制造商可以利用 AR 应用，允许用户在观看车辆外观和内饰的同时，接收到相关部件的性能参数、材料特性、生产工艺等延展信息，这种亲身体验远远超过了传统广告的效果。

二、AR 技术的优势和挑战

1.提高用户参与度

AR 技术的互动性和创新性提高了用户参与度。用户对 AR 广告产生浓厚兴趣，因为它们提供了有趣的体验和独特的互动元素。用户不再被动接收广告，而是积极参与其中，增强了广告的吸引力和效果。

2.增强情感共鸣

AR 广告可以更好地激发情感共鸣。用户在虚拟环境中与广告互动时，通常更容易建立情感联系。例如，一则 AR 广告可以通过让用户与虚拟宠物互动，创造出友好和亲近的情感，从而将品牌形象与积极的情感联系起来，提高用户的品牌忠诚度。

3.数据收集和广告个性化

AR 技术提供了丰富的数据收集机会。通过分析用户的互动行为，广告商可以更好地了解目标受众。这些数据可用于优化广告内容，提供个性化的广告体验，更好地满足用户需求。

三、交互式策略分析

（一）用户体验与互动性

1.提高用户参与度

AR 技术为创意广告带来了独特的用户体验，通过将虚拟元素融入用户的真实环境中，创造了深度互动的机会。用户可以通过 AR 应用与广告内容互动，探索产品、旋转和缩放虚拟对象，或者参与虚拟游戏。这种互动性不仅增强了广告的吸引力，还让用户更深度地参与广告体验。这对于品牌来说是一个巨大的优势，因为用户更有可能对具有参与性的广告产生积极的情感反应，从而增强品牌忠诚度和购买意愿。

2.提升用户体验

用户体验是广告成功的关键因素之一。AR技术通过为用户提供独特而个性化的体验而改善了广告的用户体验。用户可以通过AR应用以自己喜欢的方式与广告互动，选择他们感兴趣的元素进行探索，从而增强用户满意度。品牌可以通过确保用户体验的流畅性、互动性和娱乐性，增强广告的吸引力。

（二）AR广告中的情感营销策略

1.建立情感联系

情感营销在广告领域一直发挥重要作用，而AR技术提供了更多机会来建立情感联系。通过AR应用，广告商可以创造有趣、感人或令人愉悦的情感体验，将品牌形象与积极的情感联系起来。这种情感联系有助于增强用户的品牌忠诚度和情感投入。

2.创造品牌故事

AR技术使广告商能够讲述更具吸引力的品牌故事。通过虚拟元素和互动体验，品牌方可以向用户传达其核心价值观和品牌故事。例如，一个咖啡品牌可以使用AR应用来展示其咖啡豆的生长历程，让用户深入了解可持续种植和品质保证，从而建立更紧密的品牌联系。

资料来源　喻茂. 创意广告中增强现实（AR）技术的交互式策略分析［J］. 互联网周刊，2023（24）：44-46.

学思践悟

网络广告也须"绿"起来

全棉时代一则被网友吐槽"低俗营销""故意丑化女性"的网络广告引发舆论批评，后又因"自夸式道歉"再度"翻车"。

有关部门对低俗广告的打击持续了多年，然而仍有部分网络广告不时因内容低俗而"翻车"，与之相关的有些广告主居然还是有一定知名度的企业，实在令人唏嘘。

纵观种种"翻车"的低俗网络广告，要么因打色情擦边球而涉"黄"，要么就是因宣扬错误的价值观念而抹"黑"，这样的广告固然容易吸引眼球，引来流量，可它对受众的精神污染、对社会文化的负面冲击委实不小。

关于网络广告的制作底线，《广告法》作出了规定，即"广告应当真实、合法，以健康的表现形式表达广告内容"，不得"妨碍社会公共秩序或者违背社会良好风尚"等。现在的问题是，对于上述法律规定，目前尚缺乏一个更为明确具体的认定标准。如果能以司法解释的形式作出进一步明示且广为宣传，划定清晰的法律边界，就能够促使广告制作者打消侥幸心理，自觉规范广告的制作与发布行为。

让网络广告"绿"起来，投放平台必须真正负起责来，严把广告准入关，自觉树立正确的广告导向。一方面，应当强化对于平台广告的人工和技术动态审核，一经发现问题广告，即刻采取禁止措施；另一方面，健全不良广告监督举报机制，对于公众投诉、吐槽的广告内容，有针对性地予以重点审核，及时作出相应处理。

党的二十大报告指出："坚持全面依法治国，推进法治中国建设。"让网络广告"绿"起来，还必须提升对其的监管水平。业内人士建议，强化对网络广告的广告主、广告经营者、广告发布者的行政指导，督促有关平台切实履行法定广告审查义务；构建网络广告监管监测系统及覆盖整个互联网的监测网，加大对执法人员互联网知识和操作技能的培训力度；强化监督检查，严格依法办案，从重从快查处低俗广告违法案件，及时公布违法广告典型案例。这些举措思路都是可行的。只有各方齐心协力，多措并举，才能促进网络广告业健康运营，助力经济社会持续健康发展。

资料来源　周慧虹. 网络广告也须"绿"起来［N］. 经济日报，2021-01-28.

本章小结

网络广告创意是由网络广告策划人员在全面策划的基础上提出的网络广告活动的主题，再由网络广告创意人员就如何表现主题来构思。网络广告创意的基础是：通过信息开发了解消费者心理，结合公司广告目标找到合适的诉求点；在合适的诉求点下进行广告主题构思；围绕主题进行创意开发。网络广告创意的原则是真实性、针对性、求异性、简洁性、系列变化。广告文案通常包括广告语、广告标题、广告正文、广告随文四大基本部分。网络广告文案的创作流程是：根据广告目标和消费者心理，形成广告诉求，明确广告主题；专业人员进行广告创意，形成广告文案。网络广告文案的创作技巧是图文结合、动静结合、大小结合、符合网络广告语境、语言简洁。网络广告的互动创意技巧是互动画面逼真、引导用户二次传播、实时与粉丝互动。

复习思考题

一、名词解释

创意　网络广告创意　广告方案

二、简答题

1. 网络广告创意的方法有哪些？
2. 网络广告创意的过程是怎样的？
3. 网络广告创意文案有哪些要求？
4. 网络广告的互动创意技巧有哪些？

三、案例分析题

案例1

汉威士创意集团中国区在为德国大陆马牌轮胎成功打造全程"只露脚不露脸"的品牌形象广告——"成就你的每一程"后，又为德国大陆旗下的将军（General）轮胎打造了一个绝无仅有的"吸睛"广告大片。

该形象广告片首次把视角转向了那些藏匿于无人区深处的动物，透过动物眼睛的反射，看见没有人涉足过的领土，探寻没有人潜入的地方，见证每个SUV驾驶者无往不至的探索精神，更传递出专业的将军轮胎始终在看不见的地方默默守护每一辆SUV，用如此形象生动的视角成功把将军轮胎"让SUV更SUV"的品牌新主张传达给每一个消费者。

广告片的全程采用一镜到底的方式，贯穿不同猛兽之间，始终以动物眼睛去领略在无人涉足之地的不倦探索，带领观众从一个前所未有的视角去感受探索无止境的冒险精神。

在拍摄期间，创意及制作团队不断挑战高难度，真正前往无人区摄制，力求视觉新鲜度。不仅如此，工作人员还倾尽全力进行动物及细节的后期制作，从3D建模到让每一帧毛发动起来，还原每一只猛禽的细节，力求将电脑合成动物最大化逼真，堪比广告界的BBC动物纪录片。

该广告片在CCTV、爱奇艺、优酷、腾讯等同步播放。

除视频广告外，创意团队更独树一帜地打造出以眼睛为主视觉的平面广告。2017年秋季，将军轮胎"让SUV更SUV"从电视、户外、平面、社交媒体平台全方位引爆大众眼球。

资料来源 网络广告人社区. 这个广告真的很"吸睛"[EB/OL]. (2017-09-20) [2023-12-03]. http://iwebad.com/video/3064.html.

讨论：

1.这则网络广告应用了哪些创意原则？其又是如何体现的？

2.这则网络广告体现了怎样的风格？请再次选取一种动物形象，并为其配上相同风格的文案。

案例2

随着气温攀升，西瓜、冰镇饮料、各式各样的冰淇淋成为夏日最好的打开方式。有一组特殊的冰棒，它们色彩鲜艳、晶莹剔透，好像有各种鲜果口味，让人忍不住流口水。不过真相可能会让你倒胃口——这组冰棒的制作原料是夹杂着油污和垃圾的100%污水。

一组"100%纯污水制"冰棒，实际上是中国台湾艺术大学视觉传达设计系3名学生的毕业作品。洪亦辰、郭怡慧、郑毓迪花了一年时间，走访中国台湾地区100个受污染的水源地，取样后冷冻成冰棒。为了更好地保存，他们用滴胶1:1复制成了模型。

按照污染程度分类，这100支冰棒被分成了不同色系：红色和紫色代表严重污染；黄色和橘色是中度污染；浅蓝色则来自状况较好的水体。每支冰棒还有专门设计的包装袋，源自污染物的几何抽象图。比如三重水漾公园的水制成的5号冰棒呈现出黄绿色，里面有福寿螺的卵；来自东石渔港的53号冰棒包含烟蒂和废旧渔网；来自昆阳街水沟的8号冰棒浓墨重彩，因为工厂废水里有染料和重金属；23号冰棒来自护城河亲水公园，可以看到被冻住的瓶盖和零食包装……

这组特殊的毕业设计揭示了一个残酷的真相：中国台湾地区水污染的状况令人触目惊心。

这组优秀的毕业作品的影响力不仅突破了学校的范围，还意外地在网络上走红，引发了更大规模的社会讨论。

设计者之一的洪亦辰说，起初他们想用食物加工的方式传达一个议题。之所以选择"水污染"创作，是因为过去宣传水污染的海报都无法让人印象深刻，对于周遭环境也不会有太多改善，于是想用更贴近民生的方式，制作大家都爱吃的冰棒，"想吃却不能吃"带来了强烈反差。

最美和最丑元素的激烈碰撞，这样的环保宣传足以打动人心。

资料来源 马越. 中国台湾大学生用100个地方的污水做了一套"冰棍"[EB/OL]. (2017-06-15) [2023-12-03]. https://www.jiemian.com/article/1394083.html.

讨论：

1.这则故事中作品的亮点有哪些？你对其评价如何？

2.你还能举出哪些类似的例子？

第7章多选题

第 8 章
网络广告效果评估

学习目标

理解网络广告效果评估的意义
了解网络广告效果的评估标准
掌握网络广告效果评估方法

80%的品牌收入来自20%的品牌忠诚者。

——广告界名言

网络广告学

ADVERTISING

引例

快手"村村就爱这一味"盛宴开席，联合"美汁源"引爆春节年味营销

2024年春节期间，由快手与"美汁源"联合打造的"村村就爱这一味"年味盛宴惊喜上演，一位说唱歌手携全国各地的村花达人代表和民俗演艺家，带来非遗特色演出、民俗歌舞和民乐演奏等精彩节目，以一场家乡年味满满、地域特色十足的民俗文化村"晚"，弘扬中华文化魅力，点燃喜迎龙年氛围，携手观众一起开启和和美美、心想事"橙"新一年。

晚会直播吸引超过5100万人次观看，累计点赞超340万次。而包括本场晚会在内，快手联合"美汁源"在春节前后共同推出年味大片、年味PK秀、短视频话题互动等丰富活动，集结全国"村花"代表秀才艺、演民俗，掀起全网用户晒年味、品年俗热潮，助力"美汁源"与春节场景和传统年味形成强绑定，高效渗透新春佳节的消费人群心智。

在"村村就爱这一味"晚会前，快手携手"美汁源"率先发起"'美汁源'年味PK秀"，联手"美汁源"年味探寻官，共同发布春节巨献年味大片《寻年味 上村晚》，邀请全国村花精彩呈现各自家乡的特色民俗和独特年味。据统计，年味大片播放量突破2200万。

短片中，说唱歌手化身宝石村村委会主任，与金陵红花村、泉州蟳埔村、贵州小寨村、陕西北阳村的村花携手，呈现各村最火的年味，带领大家领略秦淮灯彩、泉州簪花、打糍粑、秦腔等传统年俗文化的魅力，一起享受各地浓浓年味。

在说唱歌手发出"'美汁源'年味PK秀"邀请函后，陕西、安徽、湖南、辽宁等全国17个省（自治区、直辖市）的村花达人齐齐出战，通过线上直播PK赛方式，花式演绎各自家乡的特色年俗。在村花们纷纷秀出年味的同时，广大网友也积极参与活动，为村花打榜、为家乡加油，进一步拉满活动热度和全民年味氛围。

而在PK秀中成功胜出的3位村花达人，也在"村村就爱这一味"年味盛宴上带来精彩演出。其中，浙江村花不仅带来琵琶独奏《小城故事》，还用《金风玉露》《十面埋伏》趣味回答过年时长辈的"灵魂拷问"；河南村花带来歌曲《胡广生》，并清唱豫剧《谁说女子不如男》，演绎家乡非遗文化魅力；贵州村花则合唱了一曲喜庆味十足的侗族大歌《八月风吹稻谷香》，借此将新春祝福送给广大观众。

值得一提的是，"村村就爱这一味"晚会可谓是将"村晚"基因贯彻到底，在演员阵容上，集结多才多艺的不同地域村花达人；在线下举办地方面，选在了被赞誉为"木雕博物馆"的福建绳武楼；在现场设置方面，采用

演出+晚宴方式，邀请村民参与，大家欢聚一堂、其乐融融，边看晚会边吃团圆饭，共赴年味盛宴。

延续晚会的年味氛围，快手、"美汁源"还共同发起话题#美汁源年味PK秀，邀请全网用户一起分享心中的年味视频，话题活动也在火热进行中。

依托人气明星深度参与、全国特色达人集结整活、不同地域年俗融合呈现、直播PK超强互动、线上线下资源全面覆盖等多元玩法，快手在此次春节活动中不仅助力非遗文化和地方民俗高效传播，带动地方文旅经济，更是发挥在内容创意、明星达人、资源助推等方面的整合营销优势，将"过年就喝'美汁源'，村村就爱这一味"的理念传递，让"美汁源"在春节营销中实现品牌声量破圈、心智种草、销售转化等多维突破。

资料来源 佚名. 快手"村村就爱这一味"盛宴开席，联合美汁源引爆春节年味营销［EB/OL］.（2024-02-20）［2024-03-10］. https://www.xhby.net/content/s65d44443e4b0fd5dc71775c0.html.

8.1 网络广告效果评估的定义、分类与评估的意义

8.1.1 网络广告效果评估的定义

网络广告效果是指网络广告作品通过网络媒体登载后所产生的作用和影响，或者说目标受众对广告宣传的结果性反应。网络广告效果同传统广告效果一样具有复合性，包括传播效果、经济效果和社会效果。而网络广告效果的评估就是利用一定的指标、方法和技术对网络广告效果进行综合衡量和评定的活动。

对于广告效果评估的理解，我们通常是将以下方面相结合的：

8.1.1.1 网络广告发布方目标的研究

根据广告发布方的原始意图来评价该意图与发布方的营销战略的匹配程度，进而研究这种意图如果能够实现所带来的营销效果。对于广告发布方而言，由于企业或企业所销售产品的生命周期、产品营销战略阶段的不同，企业的网络广告目标也有所区别。比如，对一款即将上市的新车而言，由于还没有对应的销售量，企业的网络广告目标很可能是扩大该产品的知名度，提高其在消费者心目中的认知度；对一款处于成熟期的车型而言，尽量扩大其销量，为企业收回更多的

现金才是关键，因此此时的网络广告目标主要是通过各种表现手段来刺激消费者的购买。所以，在评价一个企业的广告效果的时候，必须首先明确该企业的营销目标及该营销目标对应的广告目标和网络广告目标。

8.1.1.2 网络广告接收方的感知研究

广告接收方对广告效果的感知通常需要对消费者进行各类特殊环境的心理测试，发掘消费者接触广告过程中的深度心理状态，进而研究广告发布方的意图是否能够得以实现。广告接收方的效果评估不能仅仅局限在对现有用户的评估上，还需要调查潜在用户的心理，如研究这部分潜在用户对品牌的认知、对广告的记忆以及心目中希望购买的品牌等，进一步探索用户对广告的感知。比如，为他们设置一个情景，通过对他们的行为的研究来衡量广告可能对他们产生的影响，进而评价各企业广告对接收方产生的效果。

8.1.1.3 网络广告媒体的研究

媒体的受众其实和企业的受众并不完全一致，对于企业来说要找到最适合企业受众的网络媒体对是否能够达到企业预计的广告效果非常重要。

（1）媒体的受众研究

由于不同媒体的受众是相对固定的，因此广告发布方选择媒体前必须考虑自身的广告希望被哪个群体接收到，再考虑广告所投放的媒体是否适合这一群体的特征。

（2）媒体的覆盖区域研究

每个企业都有自己的重点区域，因此在不同区域，广告投放的力度应当是有所差别的，因为各企业的资源都是有限的，营销资源也是如此。如果营销资源本身在各区域分布是不平衡的，那么广告自然也应该不平衡；否则，一部分地区会出现浪费的情况，另一部分地区将有所不足。

（3）媒体类型的研究

这里的媒体类型主要指专业型、大众型和行业型。某些特殊行业的产品，在其所属行业的媒体上发布广告的费用更低，收益更高，这一点也值得企业关注。

（4）媒体形象的研究

不同媒体由于档次等原因所形成的品牌形象不同，消费者对其信任程度、接受程度等也有所不同。如果一则高档品牌产品的广告出现在低端媒体上，则对其品牌形象将有所影响。

8.1.2　网络广告效果的分类

网络广告的效果评估是一项复杂的系统工作。从不同的角度分析，网络广告效果有多种分类。

8.1.2.1　按网络广告效果的内容分类

（1）网络广告的传播效果

这是指网络广告活动在消费者心理方面引起的反应。网络广告通过对产品、服务和品牌的宣传，客观上强化或改变了人们的认知、态度和行为，从而在人们的心理上产生一定的影响。网络广告活动可以激发消费者的心理需要和购买动机，培养消费者对产品或服务的认同、信任和好感，从而树立良好的品牌形象和企业形象。可见，网络广告的传播效果具有内在的长远影响。

（2）网络广告的经济效果

这是指网络广告活动在促进产品、服务销售及增加企业利润等方面的作用。广告主利用各种网络广告形式传播产品及服务信息，开展各种网络广告活动，其根本目的是刺激消费者购买广告产品或服务，扩大销售，给企业带来利润。因此，网络广告的经济效果是广告活动最根本、最重要的效果。

（3）网络广告的社会效果

这是指网络广告登载以后对社会宏观方面，如价值观、社会伦理、道德等方面产生的影响。这种影响既包括正面的，也包括负面的。网络广告是一种有目的、有计划的信息传播手段。从企业经营的角度看，网络广告是一种投资活动。网络广告也是一种沟通过程。其具有创意和策略，制作和宣传能够唤起消费者注意，并调动兴趣，激发欲望，从而实现消费行为。所以说，网络广告对社会所产生的效果是深远的，需要重视和引导。

8.1.2.2　按网络广告对产品销售的促进程度分类

（1）网络广告的直接效果

网络广告的直接效果是指通过网络广告，对产品或服务的市场销售直接产生的促进作用，导致市场销售量的扩大、市场占有率的提高等，从而取得网络广告的直接经济效益。上述网络广告的直接经济效益就是网络广告的直接效果。

（2）网络广告的间接效果

在某些情况下，网络广告对产品或服务的市场销售没有起到明显的直接促进作用，但帮助广告主树立了良好的企业形象和品牌形象，从而为广告产品或服务的市场销售打下良好的基础。上述网络广告的心理效果就是网络广告的间接效果。

8.1.2.3 网络广告效果的其他分类

除上述主要的分类之外，网络广告效果还可以根据活动周期分为网络广告的长期效果、中期效果和短期效果；根据广告计划的要求分为目标效果、表现效果和媒体效果等；根据广告活动对消费者心理活动的影响分为广告的认知效果、态度效果和行为表现效果等。有的企业会完全通过各种数据来定量分析网络广告效果（如图8-1所示）。这些数据包括传统的投资回报、品牌推广效应，也包括基于网络的网页转化数据、被关注趋势、流量数据和页面浏览时间，这些新增的指标可以通过网络技术统计得更为精确，对广告效果的评估也会更加准确。

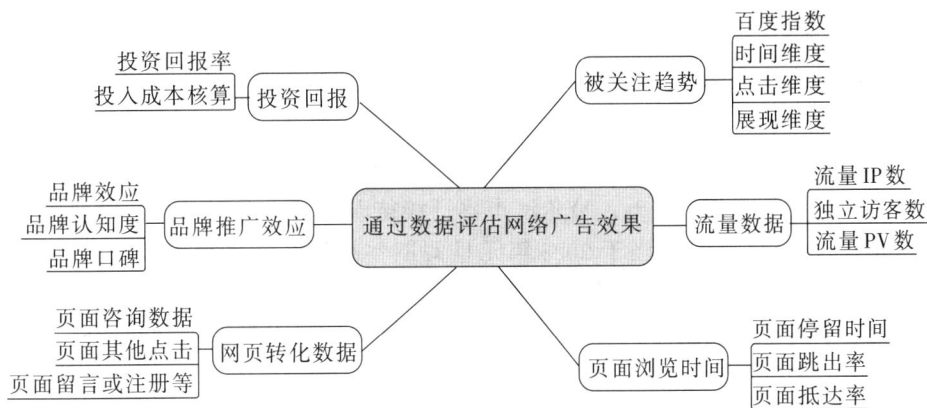

图8-1 网络广告效果评价指标汇总图

资料来源 卢永国. 如何通过数据评估网络广告投放效果？［EB/OL］.［2024-03-02］. https://www.admin5.com/article/20150407/592815.shtml.

8.1.3 网络广告效果评估的意义

网络广告效果评估贯穿整个网络广告活动的全过程，包括网络广告调查、网络广告策划、网络广告创意和制作、网络广告发布和实施等活动。网络广告效果的评估，不仅可以对企业前期的广告运作作出客观的评价，而且能够对企业今后的广告活动起到有效的指导作用，对于提高企业的广告效益具有十分重要的意义。

（1）有利于完善广告计划

网络广告效果评估可以检验原来预定的广告目标是否正确、网络广告形式是否运用得当、网络广告发布时间和网络媒体的选择是否合适、网络广告费用的投入是否经济合理等，从而可以提高网络广告活动计划的制订水平，争取更好的广告效益。

（2）有利于提高广告水平

收集消费者对广告的接受程度信息，能够鉴定广告主题是否突出，广告诉求是否针对消费者的心理，广告创意是否吸引人、是否起到良好的效果，从而便于改进广告设计，制作出更好的广告作品。

（3）有利于促进广告业务的发展

网络广告效果评估能客观地肯定广告所取得的效益，增强广告主的信心，使广告主更精心地安排广告预算，而广告公司也容易争取广告客户，从而促进广告业务的发展。

案例窗 8-1

哈尔滨"泼天富贵"背后的网络宣传效果

2024年元旦假期3天，哈尔滨市累计接待游客304.79万人次，实现旅游总收入59.14亿元，相当于2023年元旦假期整个黑龙江省旅游收入的4倍！网友戏称："泼天的富贵"砸到了哈尔滨！

哈尔滨是怎么成为年初第一个旅游爆款的？三个关键词：高性价比、政府响应能力以及新媒体运营能力。

首先，相较于出国旅游，哈尔滨提供了一个高性价比的替代方案。

哈尔滨被誉为"东方小巴黎"。在哈尔滨最繁华的商业街中央大街上，众多采用巴洛克风格的经典欧式建筑紧密排列，为游客带来仿佛置身欧洲的异域风情。而哈尔滨的地标性建筑——圣索菲亚大教堂，充分展现了拜占庭风格建筑的精致与优美。这些独特的元素共同提升了哈尔滨的吸引力。对网友来说，来哈尔滨游玩更有性价比。

其次，哈尔滨的成功归因于当地政府快速处理负面舆情并转化为机遇的能力。这一两个月的哈尔滨在市政、宣传、交通、餐饮以及市民的大范围联动方面，充分展现出了高效。当哈尔滨冰雪大世界开园首日游客因等待时间过长而引发不满，政府及时介入要求园区给游客退票；在中央大街铺设地毯以防游客摔倒；为解决游客住宿问题，省人大代表履职服务中心被开放给游客住宿……为此，网友还给哈尔滨贴上了"讨好型市格"的标签。这种迅速的响应和整改为随后的网络病毒式传播奠定了基础。

最后，网上热点常有，但能把热点流量转化成人气、消费、美誉度甚至品牌的，是运营能力。而"尔滨"留住了这波流量。

一段"尔滨，你让我感到陌生"的短视频，点赞92万次，转发70万次。除了"自来水"的流量和哈尔滨文旅局系列宣传视频，广西"小砂糖橘"与东北老铁的双向奔赴也为哈尔滨成功造势，营销节奏先行，达人推广，用流量带来持续红利。"南方小土豆""马铃薯公主"等热梗出圈，鄂伦春族和鄂温克族走上中央大街，引发大量网友讨论。为了招待五湖四海的游客，哈尔滨还整出来很多花活：人造月亮、飞马踏冰、冰上游艇、冻梨摆盘、热气球、暖气休息室、交响乐团……线下被挤爆，线上被刷屏，这才是现在要跻身网红旅游城市的标配。

反观2023年很多出现热梗的城市，尽管各地文旅部门各显神通，但真正火出圈的屈指可数。因烧烤而红的淄博、因"村超"火遍全网的贵州榕江县、因冰雪经济火爆的哈尔滨等，均成为内需市场中的一抹亮色。它们之所以能接住这"泼天的富贵"，靠的是对市场的敬畏和公共服务型政府的担当。

事实上，"泼天的富贵"本质上反映的是中国经济的内生性消费动力，其揭示的是消费驱动型经济的本源，素描的是中国经济的未来图腾。

未来，每一个怀揣期待的城市都必须明白，网红城市依靠的不是所谓的流量变现，出圈的城市要继续保持热度，也不能刻舟求剑于将"流量"变成"留量"的美丽陷阱，因为流变的东西转瞬即逝、不可复制。唯有营造良好的营商环境，不断拓宽市场自由扩展的空间，善待本地企业和民众，才能将蕴含在市场中的地域特色和文化底蕴挖掘出来，点燃城市"烟火气"。

资料来源　本刊编辑部."尔滨"之后，谁能接住这"泼天的富贵"？［EB/OL］.（2024-02-18）［2024-03-15］. https://www.163.com/dy/article/IR7I6K800519AU4N.html?spss=dy_author.

8.2　网络广告效果评估的特点与原则

传统广告效果评估是很难制定出标准的，因为很难用直接的方法加以测评，因而没有准确的评估标准。网络广告则不同，它的数字化特征决定了其精确性和可统计性。因而，同传统广告相比，网络广告效果评估具有其独到之处。

8.2.1　网络广告效果评估的特点

8.2.1.1　效果测评的迅捷性

效果测评一方面指的是信息的发布，另一方面指的是信息的反馈和更换。网络广告和传统广告相比最大的特点就是它具有交互性。网络广告受众或访问者在访问站点时，能够在线提交表单或发送电子邮件，广告主能够在很短的时间内了解到自己的广告是否对消费者产生了效果。

8.2.1.2　数据的准确性与客观性

首先，互联网是一个技术型网络，它的技术优势是传统广告媒体所不可比拟的，它的全数字化表明了其统计数据的准确性。

其次，互联网是一种开放的全球化网络系统，传播时间是全天候的，传播的覆盖面越来越广，评估结果的准确性也越来越高。

随着互联网领域竞争业态及方式的转变，借助技术手段，衍生出的数据爬取、流量劫持等新型网络不正当竞争行为频发多发，刷单炒信、虚假交易、口碑营销等网络虚假宣传行为花样翻新。网络不正当竞争行为既损害网络市场竞争秩序，也侵犯经营者、消费者合法权益，不利于网络经济持续健康发展。2023年，国家市场监督管理总局继续加大监管执法力度，部署开展反不正当竞争"守护"专项执法行动，严厉打击各类网络不正当竞争行为，着力规范互联网领域市场竞争秩序，持续推动经营主体依法规范经营、公平参与竞争。截至2023年9月，全国各级市场监管部门共立案查处各类不正当竞争行为6 870件，其中网络不正当竞争案件有 1 209 件。[①]

8.2.2　网络广告效果评估的原则

8.2.2.1　有效性原则

评估工作必须达到测定网络广告效果的目的，要以具体的、科学的数据而非虚假的数据来评估网络广告的效果。所以，那些掺入了很多水分的高点击率等统计数据用在网络广告效果的评估中是没有任何意义的，是无效的。这就要求采用多种评估方法，多方面综合考察，使在评估网络广告效果时得出的结论更加有效。比如一个运动品牌在 Custom Affinity Audiences 数据分析工具里，不仅可以获取关于观看运动视频的用户、搜索数据，还能基于谷歌应用商店和地图数据看到这些用户有多少在手机里下载安装了运动 App、有多少最近去过体育馆。而在一个叫 Director Mix 的定制化视频投放新工具里，广告主可以结合这些用户数据向不同受众推出不同版本的广告。麦当劳作为第一批尝试者之一，曾在 2017 年为一次宣传定制了 77 个版本的视频广告。

8.2.2.2　相关性原则

相关性原则要求网络广告的效果测定的内容必须与广告主所追求的目的相关，DAGMAR（Defining Advertising Goals for Measured Advertising Results）方法是这一原则的很好体现。

举例说来，倘若广告的目的在于推出新产品或改进原有产品，那么网络广告评估的内容应针对广告受众对品牌的印象；若广告的目的是在已有市场上扩大销售，则应将评估的内容重点放在受众的购买行为上；若广告的目的在于和同类产品竞争，抵消竞争压力，则广告效果测定的内容应着重于产品的号召力和消费者对产品的信任感。比如，摩根大通曾作了一次广告投放自查，发现程序化购买把公司广告投向了 40 万个网站，大多都是非常小众甚至与公司的受众没有任何关系的网站；最终摩根大通经过人工筛选，把 40 万个网站减少到 5 000 个。

[①]　国家市场监督管理总局. 市场监管总局公布 9 起网络不正当竞争典型案例［EB/OL］.（2023−09−27）［2024−03−15］. https://scjgj.sc.gov.cn/scjgj/c104474/2023/9/27/6bbb4f63336b41c08 508c0237e9d1ca5.shtml.

8.2.2.3 综合性原则

影响网络广告效果的可控因素是指广告主能够改变的因素，如广告预算、媒体的选择、广告登载的时间、广告播放的频率等；不可控因素是指广告主无法控制的外部宏观因素，如国家有关法律和法规的颁布、消费者的风俗习惯、目标市场消费者的文化水平等。在测定网络广告效果时，除了对影响因素进行综合分析外，还要考虑网络媒体使用的并列性及网络广告播放时间的交叉性。只有这样才能克服片面干扰，获得全面、客观的评测效果。

8.2.2.4 科学性原则

对网络广告效果进行评价，要做到如下两方面：

首先，要本着科学的态度，保证调研对象所具有的特性与所搜集的材料之间存在必然的因果关系，或者存在内在的直接影响；

其次，所建立的评价指标体系应能客观、准确地反映实际情况，所建立的评价指标的概念要科学、确切。

8.3 网络广告效果评估的方法、内容与指标

8.3.1 网络广告效果评估的方法

8.3.1.1 服务器端统计访问人数

网络广告的一大优势就是效果的统计比较容易，而不像传统媒体，效果好坏难以掌握。现在，有一些专门的软件可以放在服务器上对网络广告进行分析，生成详细的报表。通过这些报表，广告主可以随时了解在什么时间、有多少人访问过它们的广告页面，有多少人点击过广告图标，或是有多少人访问过载有旗帜广告的网站等。

尽管网络广告有准确计量的优势，但如果你的广告同时出现在若干站点，依然无法监测哪个站点的效果更好。一个比较简单的办法是，看同样数量的某一指标，如CPM，在哪个站点先完成。还有个比较简便的方法，就是如同在邮寄地址中加标识一样，可以在编写指向链接的URL标签时增加标识符号。

8.3.1.2 JavaScript标记模式

JavaScript标记模式是指通过在被统计对象网站的网页上（包括静态页面、动态页面和基于浏览器的视频播放窗口等）嵌入JavaScript监测代码的方式，获取互联网用户访问被统计对象网站的信息。互联网用户使用浏览器访问被统计页面时，后台会同时向监测服务器发送统计信息，监测服务器汇总接收到的浏览器请求数量，统计被监测网站或广告的流量数据。

JavaScript标记模式有利于获取被统计对象网站的全样本（所有被用户访问过的网页和用户在被统计对象网站上的所有访问行为）细节数据。在被统计对象网站的数量和行业分布具有一定规模后，此种模式获取的数据也可以反映互联网行业的中观和宏观状况。

8.3.1.3 查看客户反馈量

一般来说，如果网络广告投放后广告对象的反应比较强烈，反馈量大大增加，则说明所投放的网络广告比较成功；反之，则说明所投放的网络广告不太成功。在数字营销和广告行业，实时监控和分析广告内容的播放情况及其对目标受众的影响，是改善广告效果、优化广告支出的关键。

随着技术的发展，广告投放已经从传统的静态投放模式转变为能够实时调整和优化的动态投放策略。这种转变旨在更准确地到达目标受众，提高广告的转化率和投资回报率。因此，广告主和营销人员越来越依赖先进的技术和方法，以监控广告内容的表现，收集受众反馈，并据此优化广告策略。

8.3.1.4 广告评估机构

网络广告效果评估是一个全新的领域。广告客户一旦选择了网络广告这一方式，就会考虑广告访问量的真实性和准确性，以评估效果。

无论是站点流量审计还是广告服务审计，都是非常严谨的商业行为。如果没有准确、全面的统计结果，广告客户就无所适从，很可能断送网络广告这一新兴产业。

广告评估机构的评估应包括两个方面：

一是量的评估，比较计划和执行在量上的区别。

二是研究广告的衰竭过程。方法是将同一广告的每天的点击率在坐标轴上连成线，研究每个创意衰竭的时间，为设定更换广告创意的间隔时间提供依据。

8.3.1.5 网络广告效果评估软件

目前，已经出现多种把网络广告报价和广告效果评估集成起来的网络广告管理软件，常用的有TrackingIO、TalkingData、友盟等，广告主可以向有关软件研究公司购买。在投入网络广告之前，可以根据它提供的媒体各方面的情况制订计划；在投入网络广告之后，提供软件的公司将把广告效果的各种数据通过软件分类汇总，从而了解到网络广告的效果。

8.3.2 网络广告传播效果评估的内容与指标

广告除了具备复合性的特点之外，还具备阶段性的特点。广告对于广告主来说，其最终目的是促进产品或服务的销售；但广告目的不可能一步实现，中间势必经过几个阶段。传统广告学针对广告传播的阶段性提出了AIDA模式，它指的就是潜在消费者从接触广告开始，一直到完成某种消费行为的几个动作，即attention（注意）→interest（兴趣）→desire（欲望）→action（行动）。与传统广告相比，网络广告在传播渠道上发生了变化，广告的表现方式也不一样；但是，广告基本的AIDA模式仍是值得遵从的法则。广告主可以依据不同的广告目的，用AIDA模式来检验网络广告的效果。广告的AIDA模式的每一个阶段都可以作为网络广告传播效果评估的内容，评估内容与评估指标的对应关系如表8-1所示。

表8-1　　网络广告传播效果的评估内容与评估指标的对应关系

评估内容	评估指标	评估指标的数据来源
attention（注意）	广告曝光次数	媒体网站
interest（兴趣）	点击次数与点击率	媒体网站
desire（欲望）	网页浏览次数	广告主网站
action（行动）	转化次数与转化率 广告到达率	广告主网站

8.3.2.1 广告曝光次数

广告曝光次数（advertising impression）是指网络广告所在的网页被访问的次数，这一数字通常用计数器（counter）来进行统计。假如广告登载在网页的固定位置，那么登载期间获得的曝光次数越多，表示该广告被看到的次数越多，获得的注意力就越多。广告曝光次数一般为广告投放页面的浏览量，它的统计是CPM付费的基础。

8.3.2.2　点击次数与点击率

网民点击网络广告的次数被称为点击次数（click）。其可以客观、准确地反映网络广告效果。点击次数除以广告曝光次数，就可得到点击率（click through rate，CTR）。这项指标也可以用来评估网络广告效果，是广告吸引力评估的一个指标。如果这则广告网页的曝光次数是 1 000，而该网页上的广告被点击了 10 次，那么该广告的点击率为1%。网络广告点击次数统计是CPC付费的基础。

8.3.2.3　网页阅读次数

浏览者在对广告产品产生了一定的兴趣之后，进入广告主的网站，在了解产品的详细信息后，他可能会产生购买欲望。当浏览者点击网络广告之后即进入介绍产品信息的主页或者广告主的网站，浏览者对该页面的一次浏览被称为一次网页阅读。而所有浏览者对这一页面的总的阅读次数被称为网页阅读次数。这个指标也可以用来衡量网络广告效果，它从侧面反映了网络广告的吸引力。

8.3.2.4　转化次数与转化率

网络广告的最终目的是促进产品和服务的销售，而点击次数与点击率指标并不能真正反映网络广告对产品和服务销售情况的影响，于是引入转化次数（conversions）与转化率（conversion rate）的指标。"转化"被定义为受网络广告影响而形成的购买、注册或者信息需求。转化次数就是受网络广告影响所产生的购买、注册或者信息需求行为的次数。转化次数除以广告曝光次数，即得到转化率。广告转化率是指通过点击广告进入推广网站的网民形成转化的比例。广告转化率的统计是进行CPA、CPS付费的基础。

8.3.2.5　广告到达率

广告到达率（reach rate）是指网民通过点击广告进入推广网站的比例。其统计周期通常有小时、天、周和月等，也可以按需设定。被统计对象包括Flash广告、图片广告、文字链接广告、软文、邮件广告、视频广告、富媒体广告等多种形式。广告到达量与广告点击率的比值被称为广告到达率。广告到达量是指网民通过点击广告进入推广网站的次数。广告到达率通常反映广

告点击量的质量，是判断广告是否存在虚假点击的指标之一，也能反映广告
着陆页的加载效率。

8.3.3　网络广告经济效果评估的内容与指标

网络广告经济效果就是网络广告发布后引起产品和服务销售状况发生变
化的效果。但需要指出的是，网络广告是一种具有创造性的活动，其在运作过
程中，存在大量的不可控因素，难以量化。同时，网络广告经济效果往往是持
续性的累积效应，很难界定某一时刻网络广告与销售量的直接关系。同种产品
间的竞争关系也会对网络广告经济效果产生很大影响。竞争方之间的网络广告
经济效果存在相互抵消的现象。尽管如此，企业对网络广告经济效果还是极为
重视的，并将网络广告经济效果作为将来进行网络广告投资的依据。

8.3.3.1　网络广告收入增加额

网络广告收入增加额是指消费者受网络广告登载的影响产生购买而给广告主
带来的销售收入。其计算公式为：

$$T_{(0,1)} = P_1 N_1 - P_0 N_0$$

其中：$T_{(0,1)}$ 表示收入增加额；P_1 表示网络广告所宣传的产品的价格；N_1 表
示消费者在网络广告的影响下购买该产品的数量；P_0 表示广告前的产品价格；N_0
表示广告发布前消费者购买的数量。

8.3.3.2　单位广告销售收入增加率

单位广告销售收入增加率表明每支出1单位的网络广告费用所能实现的销售
额。其计算公式是：

$$T_{(0,1)} = P \times \frac{N}{I_1} \times 100\%$$

其中：$T_{(0,1)}$ 表示单位广告收入增加率；P表示产品的价格；N表示消费者
在网络广告的影响下购买该产品的数量；I_1 表示网络广告投入成本。

8.3.3.3　利润增长率

利润增长率表示网络广告投入前后企业的利润增长程度。其计算公式是：

$$R_{(0,1)} = \frac{R_1 - R_0}{R_0} \times 100\%$$

其中：$R_{(0,1)}$ 表示利润增长率；R_1 表示本期网络广告投放后的利润总额；R_0

表示本期网络广告投放前的利润总额。同样，我们可以计算出单位广告利润率。

8.3.3.4　单位广告费用市场占有率提高率

市场占有率的提高意味着企业产品的竞争力增强。用单位广告费用市场占有率提高率这一相对经济指标来测定网络广告经济效果，可以排除产品生命周期对产品销售额的影响，更具有可比性。其计算公式为：

$$M_{(0, 1)} = \frac{M_1 - M_0}{I_1} \times 100\%$$

其中：$M_{(0, 1)}$ 表示单位广告费用市场占有率提高率；M_1 表示投放网络广告后的市场占有率；M_0 表示投放网络广告前的市场占有率。

网络广告经济效果评价指标除了以上 4 个，还有网络广告投放前后消费者获得率的变化、广告费用的边际效率等。

网络广告理论前沿（八）
考虑同侧和跨侧网络效应的 UGC 平台广告投放和内容创作补贴策略

UGC（user-generated content）平台连接了内容创作者和消费者，双边用户间存在的同侧和跨侧网络效应吸引着他们进入一个或多个平台，从而形成不同的部分多归属结构。基于 Hotelling 模型，本文构建了 UGC 平台的竞争模型，研究了双方均单归属（SS）、仅消费者边部分多归属（MS）以及仅内容创作者部分多归属（SM），3 种部分多归属结构下同侧和跨侧网络效应影响下的平台广告投放和内容创作补贴决策，及其对市场份额和平台利润的影响。

基于 Hotelling 模型，本文构建了包含双边用户的双寡头 UGC 竞争平台，该平台的双边用户群体包括消费者（用 c 表示）和内容创作者（用 g 表示）。消费者和内容创作者的整体规模均标准化为 1。市场上存在两个水平分化的平台（用 i 表示，i∈{A，B}），分别位于 Hotelling 线段的两端。用户（消费者或内容创作者）在线段上的位置代表了其对平台的偏好，每个用户都会产生一定的偏好成本，消费者和内容创作者的偏好成本分别用 λ_c 和 λ_g 表示。平台决定广告投放水平 t^i，消费者可以免费享用内容并获得效用 V，但需要观看平台在内容中植入的广告。遵循消费者对广告是厌恶的这一假设，观看广告会给消费者带来负效应，用 δ 表示消费者对广告的厌恶系数。内容创作者的收益来自平台支付的内容创作补贴 w^i。

实际上，平台中的消费者越多，内容创作者发布内容获得的收益就越多；同样地，进入平台的内容创作者越多，意味着消费者可能有更多的内容可供选择。因此，假设消费者和内容创作者之间存在正的跨侧网络效应，即消费者进入平台会给内容创作者带来额外效用（用 β_g 表示），内容创作者进入平台会给消费者带来额外效用（用 β_c 表示）。此外，消费者之间存在同侧网络效应，由于消费者数量的增加会增强消费者间的互动性，从而对消费者产生正的网络效应，用 α 表示消费者之间产生的同侧网络效应。

双边用户可以选择进入一个平台（S，Single-homing）或者进入两个平台（M，Multi-homing），假设平台 A、B 上单归属消费者和内容创作者的数量分别用 Q_c^A、Q_g^A 和 Q_c^B、Q_g^B 表示，多归属消费者和内容创作者的数量分别用 $Q_c^{A,B}$ 和 $Q_g^{A,B}$ 表示。

基于不同的归属情景，本文讨论了 3 种情况：

（1）消费者和内容创作者均是单归属的；

（2）消费者部分多归属，内容创作者单归属；

（3）消费者单归属，内容创作者部分多归属。

平台的收益来自广告收入，用 $Q_c t^i r$ 表示，其中 r 表示平台的单位广告收入；同时，平台需要向内容创作者支付创作补贴，用 $Q_g w^i$ 表示。因此，平台的利润函数可以表示为：

$$\pi^i = Q_c t^i r - Q_g w^i$$

博弈的顺序包括两个阶段：

第一阶段，平台 A、B 在收益最大化的目标下同时决策广告投放水平 t^i 和内容创作补贴 w^i。

第二阶段，消费者和内容创作者通过平台的策略选择是否加入平台。

本文采用逆向归纳法来求解。

资料来源 李莉，朱星圳，胡娇，等. 考虑同侧和跨侧网络效应的 UGC 平台广告投放和内容创作补贴策略 [J/OL]. 系统管理学报（2023-08-01）[2024-03-15]. https://kns.cnki.net/KCMS/detail/detail.aspx?dbcode=CAPJ&filename=XTGL20230731004&dbname=CAPJLAST.

本章小结

网络广告效果是指网络广告作品通过网络媒体登载后所产生的作用和影响，或者说目标受众对广告宣传的结果性反应。网络广告效果同传统广告效果一样具有复合性，包括传播效果、经济效果和社会效果。但是网络广告效果评估的指标、方法和技术更加精确，可以借用互联网技术和计算机技术。

复习思考题

一、名词解释

广告到达率 广告转化次数 广告转化率 AIDA模式

二、简答题

1. 为什么要进行网络广告效果评估？

2. 网络广告效果评估的原则是什么？为什么分为这几个方面？

3. 网络广告效果评估与传统广告效果评估的差别是什么？

4. 网络广告效果评估是如何运用AIDA模式的？

三、案例分析题

企业在营销方面选择了网络广告，并在一段时间内同时实施了3种方案，投放效果各有不同（见表8-2）。

表8-2 不同方案的投放效果比较

方案	投放网站	投放形式	投放时间	广告点击次数	产品销售量（件）
方案一	A网站	旗帜广告	1个月	2 500	300
方案二	B网站	旗帜广告	1个月	5 000	190
方案三	C网站	旗帜广告	1个月	3 500	270

该企业希望对网络广告效果进行分析，得出整体效果最好的方案，以便在战略方面作出相应的调整。分析人员给出两种不同的评价：

评价一：广告被点击次数最多的是方案二，它能够吸引更多的注意力，这种方案的效果最好。

评价二：第一种方案的效果是最好的，因为产品销售量最多，真正由网络广告效应带来利润。

资料来源 巢乃鹏，杜骏飞. 网络广告原理与实务［M］. 福州：福建人民出版社，2005：215.

讨论：

1. 你对以上两种不同的评价有何看法？在评价网络广告效果时应该考虑哪些因素？

2. 为产品销售量和获得的点击次数分别赋予权重。根据一般的统计数据，每100次点击可形成2次实际购买，由此可以将实际购买的权重设为1.00，每次点击的权重设为0.02。请分别计算3种方案各自的价值。

第8章判断题

第 9 章
网络广告法律政策与规制

学习目标

了解网络广告的内容准则

知道网络广告的行为规范

清楚认识网络广告违法的刑事责任

公正的法律限制不了好的自由，因为好人不会去做法律不允许的事情。

——弗劳德

网络广告学

ADVERTISING

引例
上海发布《诚信自律承诺书》

网络空间是亿万民众共同的精神家园。2020年8月，为进一步凝聚全社会共识，营造互联网企业依法办网、诚信办网的良好氛围，在上海市网信办指导下，哔哩哔哩、喜马拉雅、东方财富网、起点中文网、虎扑、小红书、趣头条、Soul等16家上海属地重点互联网企业签署《诚信自律承诺书》，向社会和用户公开承诺：遵守互联网相关法律、法规，依法办网、诚信办网，不造假、不失信；规范网络信息传播秩序，自觉防范和抵制违法和不良信息，引导网民理性表达；培育积极健康、向上向善的网络文化，努力营造良好网络生态；自觉接受政府、行业组织、社会公众、媒体单位的监督等。16家企业的《诚信自律承诺书》已在"信用上海"网站上发布。

2020年以来，为了落实社会信用体系建设要求，上海市网信办不断创新网络综合治理手段，积极推进互联网信息服务领域信用建设，重点围绕事前信用承诺、事中分类监管、事后奖惩修复3个环节，充分发挥信用在创新网络监管机制、提升综合治网能力方面的作用。此次引导首批16家在音视频、财经资讯、网络文学、社交、聚合资讯等互联网细分领域具有一定行业影响力的互联网企业向社会作出公开承诺，是上海推进网络信用监管工作的第一步。接下来，上海市网信办将按照以点带面、示范引领、循序渐进的原则，探索建立互联网企业信用评价和分级分类监管措施，根据互联网企业信用状况，采取差异化的监管措施，提高事中、事后监管精准化水平，努力营造包容创新、清朗有序的网络环境。

资料来源 网信上海（上海市互联网信息办公室官方微信公号）。

9.1 概　述

随着互联网的飞速发展，网络日益深刻地影响人们的生活方式，网络广告作为一种新的广告模式，因其特有的低成本、互动性等优势而越来越多地受到人们的青睐。网络广告的快速发展对传统广告法律制度提出了新的挑战。网络广告信息的真实有效性、网络用户的自由选择权和网络用户个人信息的不受侵犯，对保护交易安全、促进网络广告健康和持续发展以及维护网络用户合法权益至关重要，加强对网络广告的法律规制日益受到重视，应加强法律和法规引导，促进和保障广告企业诚信经营、规范运作、公平竞争，大力推进广告监管制度化、规范化、程序化、法治化建设。目前规范互联网广告活动的主要有《广告法》《中华人民共和国反不正当竞争法》《中华人民共和国消费者权益保护法》《互联网广告管理办法》等法律、法规。

9.2　网络广告的内容准则

广告应当真实、合法，以健康的表现形式表达广告内容，符合社会主义精神文明建设和弘扬中华优秀传统文化的要求。广告不得含有虚假或者引人误解的内容，不得欺骗、误导消费者。广告不得损害未成年人和残疾人的身心健康。广告不得贬低其他生产经营者的商品或者服务。

广告主应当对广告内容的真实性负责。广告中对商品的性能、功能、产地、用途、质量、成分、价格、生产者、有效期限、允诺等或者对服务的内容、提供者、形式、质量、价格、允诺等有表示的，应当准确、清楚、明白。广告中表明推销的商品或者服务附带赠送的，应当明示所附带赠送商品或者服务的品种、规格、数量、期限和方式。法律、行政法规规定广告中应当明示的内容，应当显著、清晰表示。

广告不得有下列情形：

❶ 使用或者变相使用中华人民共和国的国旗、国歌、国徽，军旗、军歌、军徽；

❷ 使用或者变相使用国家机关、国家机关工作人员的名义或者形象；

❸ 使用"国家级""最高级""最佳"等用语；

❹ 损害国家的尊严或者利益，泄露国家秘密；

❺ 妨碍社会安定，损害社会公共利益；

❻ 危害人身、财产安全，泄露个人隐私；

❼ 妨碍社会公共秩序或者违背社会良好风尚；

❽ 含有淫秽、色情、赌博、迷信、恐怖、暴力的内容；

❾ 含有民族、种族、宗教、性别歧视的内容；

❿ 妨碍环境、自然资源或者文化遗产保护；

⓫ 法律、行政法规规定禁止的其他情形。

广告使用数据、统计资料、调查结果、文摘、引用语等引证内容的，应当真实、准确，并标明出处。引证内容有适用范围和有效期限的，应当明确表示。

广告中涉及专利产品或者专利方法的，应当标明专利号和专利种类。未取得专利权的，不得在广告中谎称取得专利权。禁止使用未授予专利权的专利申请和已经终止、撤销、无效的专利作广告。

广告应当具有可识别性，能够使消费者辨明其为广告。大众传播媒介不得以新闻报道形式变相发布广告。通过大众传播媒介发布的广告应当显著标明"广告"，与其他非广告信息相区别，不得使消费者产生误解。

麻醉药品、精神药品、医疗用毒性药品、放射性药品等特殊药品，药品类易制毒化学品，以及戒毒治疗的药品、医疗器械和治疗方法，不得作广告。

前述规定以外的处方药，只能在国务院卫生行政部门和国务院药品监督管理部门共同指定的医学、药学专业刊物上作广告。

医疗、药品、医疗器械广告不得含有下列内容：

❶表示功效、安全性的断言或者保证；

❷说明治愈率或者有效率；

❸与其他药品、医疗器械的功效和安全性或者其他医疗机构比较；

❹利用广告代言人作推荐、证明；

❺法律、行政法规规定禁止的其他内容。

药品广告的内容不得与国务院药品监督管理部门批准的说明书不一致，并应当显著标明禁忌、不良反应。处方药广告应当显著标明"本广告仅供医学药学专业人士阅读"，非处方药广告应当显著标明"请按药品说明书或者在药师指导下购买和使用"。

推荐给个人自用的医疗器械的广告，应当显著标明"请仔细阅读产品说明书或者在医务人员的指导下购买和使用"。医疗器械产品注册证明文件中有禁忌内容、注意事项的，广告中应当显著标明"禁忌内容或者注意事项详见说明书"。

除医疗、药品、医疗器械广告外，禁止其他任何广告涉及疾病治疗功能，并不得使用医疗用语或者易使推销的商品与药品、医疗器械相混淆的用语。

保健食品广告不得含有下列内容：

❶表示功效、安全性的断言或者保证；

❷涉及疾病预防、治疗功能；

❸声称或者暗示广告商品为保障健康所必需；

❹与药品、其他保健食品进行比较；

❺利用广告代言人作推荐、证明；

❻法律、行政法规规定禁止的其他内容。

保健食品广告应当显著标明"本品不能代替药物"。

广播电台、电视台、报刊音像出版单位、互联网信息服务提供者不得以介绍健康、养生知识等形式变相发布医疗、药品、医疗器械、保健食品广告。

禁止在大众传播媒介或者公共场所发布声称全部或者部分替代母乳的婴儿乳制品、饮料和其他食品广告。

禁止在大众传播媒介或者公共场所、公共交通工具、户外发布烟草广告。禁止向未成年人发送任何形式的烟草广告。禁止利用其他商品或者服务的广告、公益广告，宣传烟草制品名称、商标、包装、装潢以及类似内容。烟草制品生产者或者销售者发布的迁址、更名、招聘等启事中，不得含有烟草制品名称、商标、包装、装潢以及类似内容。

酒类广告不得含有下列内容：

❶诱导、怂恿饮酒或者宣传无节制饮酒；

❷出现饮酒的动作；

❸表现驾驶车、船、飞机等活动；

❹明示或者暗示饮酒有消除紧张和焦虑、增强体力等功效。

教育、培训广告不得含有下列内容：

❶对升学、通过考试、获得学位学历或者合格证书，或者对教育、培训的效果作出明示或者暗示的保证性承诺；

❷明示或者暗示有相关考试机构或者其工作人员、考试命题人员参与教育、培训；

❸利用科研单位、学术机构、教育机构、行业协会、专业人士、受益者的名义或者形象做推荐、证明。

招商等有投资回报预期的商品或者服务广告，应当对可能存在的风险以及风险责任承担有合理提示或者警示，并不得含有下列内容：

❶对未来效果、收益或者与其相关的情况作出保证性承诺，明示或者暗示保本、无风险或者保收益等，国家另有规定的除外；

❷利用学术机构、行业协会、专业人士、受益者的名义或者形象作推荐、证明。

房地产广告中的房源信息应当真实，面积应当标明为建筑面积或者套内建筑面积，并不得含有下列内容：

❶升值或者投资回报的承诺；

❷以项目到达某一具体参照物的所需时间表示项目位置；

❸违反国家有关价格管理的规定；

❹对规划或者建设中的交通、商业、文化教育设施以及其他市政条件作误导宣传。

农作物种子、林木种子、草种子、种畜禽、水产苗种和种养殖广告关于品种名称、生产性能、生长量或者产量、品质、抗性、特殊使用价值、经济价值、适宜种植或者养殖的范围和条件等方面的表述应当真实、清楚、明白，并不得含有下列内容：

❶作科学上无法验证的断言；

❷表示功效的断言或者保证；

❸对经济效益进行分析、预测或者作保证性承诺；

❹以科研单位、学术机构、技术推广机构、行业协会或者专业人士、用户的名义或者形象作推荐、证明。

广告以虚假或者引人误解的内容欺骗、误导消费者的，构成虚假广告。广告有下列情形之一的，为虚假广告：

❶商品或者服务不存在的；

❷商品的性能、功能、产地、用途、质量、规格、成分、价格、生产者、有效期限、销售状况、曾获荣誉等信息，或者服务的内容、提供者、形式、质量、价格、销售状况、曾获荣誉等信息，以及与商品或者服务有关的允诺等信息与实际情况不符，对购买行为有实质性影响的；

❸使用虚构、伪造或者无法验证的科研成果、统计资料、调查结果、文摘、引用语等信息制作证明材料的；

❹虚构使用商品或者接受服务的效果的；

❺以虚假或者引人误解的内容欺骗、误导消费者的其他情形。

9.3　网络广告的行为规范

广告主、广告经营者、广告发布者从事广告活动，应当遵守法律、法规，诚实信用，公平竞争。互联网广告主、广告经营者、广告发布者之间在互联网广告活动中应当依法订立书面合同。广告主是指为推销商品或者服务，自行或者委托他人设计、制作、发布广告的自然人、法人或者其他组织。广告经营者是指接受委托提供广告设计、制作、代理服务的自然人、法人或者其他组织。广告发布者是指为广告主或者广告主委托的广告经营者发布广告的自然人、法人或者其他组织。广告代言人是指广告主以外的，在广告中以自己的名义或者形象对商品、服务做推荐、证明的自然人、法人或者其他组织。

《互联网广告管理办法》规定广告主发布互联网广告的，主体资格、行政许可、引证内容等应当符合法律、法规的要求，相关证明文件应当真实、合法、有效。广告主可以通过自建网站，以及自有的客户端、互联网应用程序、公众号、网络店铺页面等互联网媒介自行发布广告，也可以委托广告经营者、广告发布者发布广告。广告主自行发布互联网广告的，广告发布行为应当符合法律、法规的要求，建立广告档案并及时更新。相关档案保存时间自广告发布行为终了之日起不少于3年。广告主委托发布互联网广告，修改广告内容时应当以书面形式或者其他可以被确认的方式，及时通知为其提供服务的广告经营者、广告发布者。

为广告主或者广告经营者推送或者展示互联网广告，并能够核对广告内容、决定广告发布的自然人、法人或者其他组织，是互联网广告的发布者。互联网广告发布者、广告经营者应当按照国家有关规定建立、健全互联网广告业务的承接登记、审核、档案管理制度；审核查验并登记广告主的名称、地址和有效联系方式等主体身份信息，建立登记档案并定期核实更新。互联网广告发布者、广告经营者应当查验有关证明文件，核对广告内容，对内容不符或者证明文件不全的广告，不得设计、制作、代理、发布。互联网广告发布者、广告经营者应当配备熟悉广告法规的广告审查人员；有条件的还应当设立专门机构，负责互联网广告的审查。

互联网广告可以以程序化购买广告的方式，通过广告需求方平台、媒介方平台以及广告信息交换平台等所提供的信息整合、数据分析等服务进行有针对性的发布。通过程序化购买广告方式发布的互联网广告，广告需求方平台经营者应当清晰标明广告来源。广告需求方平台经营者是互联网广告发布者、广告经营者。广告需求方平台经营者、媒介方平台经营者、广告信息交换平台经营者以及媒介方平台成员，在订立互联网广告合同时，应当查验合同相对方的主体身份证明文件、真实名称、地址和有效联系方式等信息，建立登记档案并定期核实更新。媒介方平台经营者、广告信息交换平台经营者以及媒介方平台成员，对其明知或者应知的违法广告，应当采取删除、屏蔽、断开链接等技术措施和管理措施，予以制止。

互联网广告活动中不得有下列行为：

❶提供或者利用应用程序、硬件等对他人正当经营的广告采取拦截、过滤、覆盖、快进等限制措施；

❷利用网络渠道、网络设备、应用程序等破坏正常广告数据传输，篡改或者遮挡他人正当经营的广告，擅自加载广告；

❸利用虚假的统计数据、传播效果或者互联网媒介价值，诱导错误报价，谋取不正当利益或者损害他人利益。

《广告法》规定广告主、广告经营者、广告发布者不得在广告活动中进行任何形式的不正当竞争。广告主委托设计、制作、发布广告时，应当委托具有合法经营资格的广告经营者、广告发布者。

广告主或者广告经营者在广告中使用他人名义或者形象的，应当事先取得其书面同意；使用无民事行为能力人、限制民事行为能力人的名义或者形象的，应当事先取得其监护人的书面同意。

广告发布者向广告主、广告经营者提供的覆盖率、收视率、点击率、发行量等资料应当真实。

广告代言人在广告中对商品、服务作推荐、证明，应当依据事实，符合法律和有关行政法规的规定，并不得为其未使用过的商品或者未接受过的服务作推荐、证明。不得利用不满10周岁的未成年人作为广告代言人。对在虚假广告中作推荐、证明受到行政处罚未满3年的自然人、法人或者其他组织，不得利用其作为广告代言人。

不得在中小学校、幼儿园内开展广告活动，不得利用中小学生和幼儿的教材、教辅材料、练习册、文具、教具、校服、校车等发布或者变相发布广告，但公益广告除外。在针对未成年人的大众传播媒介上不得发布医疗、药品、保健食品、医疗器械、化妆品、酒类、美容广告，以及不利于未成年人身心健康的网络游戏广告。针对不满14周岁的未成年人的商品或者服务的广告不得含有下列内容：

❶劝诱其要求家长购买广告商品或者服务；

❷可能引发其模仿的不安全行为。

任何单位或者个人未经当事人同意或者请求，不得向其住宅、交通工具等发送广告，也不得以电子信息方式向其发送广告。以电子信息方式发送广告的，应当明示发送者的真实身份和联系方式，并向接收者提供拒绝继续接收的方式。利用互联网发布、发送广告，不得影响用户正常使用网络。在互联网页面以弹出等形式发布的广告，应当显著标明关闭标志，确保一键关闭。公共场所的管理者或者电信业务经营者、互联网信息服务提供者对其明知或者应知的利用其场所或者信息传输、发布平台发送、发布违法广告的，应当予以制止。未参与互联网广告经营活动，仅为互联网广告提供信息服务的互联网信息服务提供者，对其明知或者应知利用其信息服务发布违法广告的，应当予以制止。

9.4　网络广告的监督管理

我国应逐步推动广告监督管理体制完善。

完善与我国国情相适应的"政府监管、行业自律、社会监督"的广告监管模式。完善虚假违法广告整治联席会议制度，推动联席会议制度在省（自治区、直辖市）、市（地、州）、县（市、区）的落实和重要作用的发挥，做到各负其责，上下联动，齐抓共管。健全广告监管制度，坚持事前指导、事中监控、事后惩处相结合的全程监管，健全媒体发布虚假违法广告责任追究制度。

完善广告监测体系。健全广告监测制度规范，统一广告监测标准，建立全国广告监测网络，强化监测结果的应用。

建立虚假违法和低俗不良广告应急处理机制。完善广告监管执法联动体系。建立市场监管系统内部联动机制和跨地区的区域执法联动机制，实施广告监测、监管、执法联动，增强快速处置能力。建立联席会议成员单位联动机制，对典型虚假违法广告，加强联合公告、联合告诫、联合查处等工作。

建立广告信用监管体系。建立广告企业信用数据库，记录和归集广告活动主体开展广告经营活动、广告监测、广告案件查处等信息，实施信用分类监管。完善广告活动主体失信惩戒机制和严重失信淘汰机制，规范广告经营秩序，提高行业信用度。

《广告法》规定由国务院市场监督管理部门主管全国的广告监督管理工作，国务院有关部门在各自的职责范围内负责广告管理相关工作。县级以上地方市场监督管理部门主管本行政区域的广告监督管理工作，县级以上地方人民政府有关部门在各自的职责范围内负责广告管理相关工作。

对互联网广告违法行为实施行政处罚，由广告发布者所在地市场监督管理部门管辖。广告发布者所在地市场监督管理部门管辖异地广告主、广告经营者有困难的，可以将广告主、广告经营者的违法情况移交广告主、广告经营者所在地市场监督管理部门处理。广告主所在地、广告经营者所在地市场监督管理部门先行发现违法线索或者收到投诉、举报的，也可以进行管辖。对广告主自行发布的违法广告实施行政处罚，由广告主所在地市场监督管理部门管辖。

发布医疗、药品、医疗器械、农药、兽药和保健食品广告，以及法律、行政法规规定应当进行审查的其他广告，应当在发布前由有关部门（以下称为广告审查机关）对广告内容进行审查；未经审查，不得发布。广告主申请广告审查，应当依照法律、行政法规向广告审查机关提交有关证明文件。广告审查机关应当依照法律、行政法规的规定作出审查决定，并应当将审查批准文件抄送同级市场监督管理部门。广告审查机关应当及时向社会公布批准的广告。任何单位或者个人不得伪造、变造或者转让广告审查批准文件。

市场监督管理部门在查处违法广告时，可以行使下列职权：

❶对涉嫌从事违法广告活动的场所实施现场检查；

❷询问涉嫌违法的有关当事人，对有关单位或者个人进行调查；

❸要求涉嫌违法当事人限期提供有关证明文件；

❹查阅、复制与涉嫌违法广告有关的合同、票据、账簿、广告作品和互联网广告后台数据，采用截屏、页面另存、拍照等方法确认互联网广告内容；

❺责令暂停发布可能造成严重后果的涉嫌违法广告。

市场监督管理部门依法行使前述规定的职权时，当事人应当协助、配合，不得拒绝、阻挠或者隐瞒真实情况。市场监督管理部门对互联网广告的技术监测记录资料，可以作为对违法的互联网广告实施行政处罚或者采取行政措施的电子数据证据。

市场监督管理部门和有关部门及其工作人员对其在广告监督管理活动中知悉的商业秘密负有保密义务。任何单位或者个人都有权向市场监督管理部门和有关部门投诉、举报违反法律的行为。市场监督管理部门和有关部门应当向社会公开受理投诉、举报的电话、信箱或者电子邮件地址，接到投诉、举报的部门应当自收到投诉之日起7个工作日内，予以处理并告知投诉、举报人。市场监督管理部门和有关部门不依法履行职责的，任何单位或者个人都有权向其上级机关或者监察机关举报。接到举报的机关应当依法作出处理，并将处理结果及时告知举报人。有关部门应当为投诉、举报人保密。

消费者协会和其他消费者组织对违反法律规定、发布虚假广告侵害消费者合法权益，以及其他损害社会公共利益的行为，依法进行社会监督。

9.5　网络广告的行业自律

完善的行业自律是促进广告业健康发展的重要力量。《广告法》也规定广告行业组织依照法律、法规和章程的规定，制定行业规范，加强行业自律，促进行业发展，引导会员依法从事广告活动，推动广告行业诚信建设。中国广告协会互动网络委员会经原国家工商行政管理总局[①]和民政部的批准成立，并于2007年6月13日在原国家工商行政管理总局举行了成立大会。为促进广告行业的自我约束，维护广告市场的秩序和互联网用户的合法权益，促进我国互联网广告行业健康和谐发展，委员会在成立大会上发布了《中国互动网络广告行业自律守则》（以下简称《自律守则》），自2007年6月13日起施行。

广告是引导消费、拉动内需、促进经济增长的重要力量，也是传播先进文化、弘扬道德风尚、构建和谐社会的重要载体。抵制庸俗低俗、奢靡之风，坚持

---

①　2018年改为国家市场监督管理总局。

正确导向、传播先进文化、弘扬新风正气，是广告行业义不容辞的社会责任。为强化行业自律，规范行业行为，2016年中国广告协会根据《中华人民共和国广告法》等法律、法规及相关政策规定实施《广告行业抵制庸俗低俗、奢靡之风广告自律公约》（以下简称《自律公约》）。

9.5.1 《自律守则》的内容和实施

9.5.1.1 《自律守则》的内容

网络广告应当符合《广告法》及其他法律、法规的有关规定。网络广告应当符合社会主义精神文明建设的需要，有利于维护社会公共秩序和树立良好的社会风尚，弘扬健康民族文化。网络广告应当尊重妇女和有利于儿童的身心健康，并正确引导大众消费。不适合未成年人的商品和服务，不应使用未成年人的形象和名义制作广告。

尊重互联网用户的知情权和选择权，维护网络用户的正当权益，不得利用信息的不对等而进行错误的引导。网络广告对商品或者服务的功效、性质和条件等内容有表示的，应当准确、客观，且能够被科学的方法所证实，不得有任何夸大；涉及商品的成分、含量及其他数据、统计资料的，应当提供有效的证明文件。

广告主之间应通过公平的方式开展竞争，不得利用网络广告进行不正当的市场营销，或干扰、损害他人合法的广告活动。网络广告经营者应尊重他人的劳动及知识产权，不得设计、制作在商品和服务的功能、承诺等方面使人误解的广告，尊重他人的劳动与知识产权。

网络广告经营者和发布者应当认真履行广告的审查义务。网络广告中使用代言人的，应遵守各类广告法律、法规和《自律守则》的要求。网络广告经营者和发布者在提供软件安装服务时，应明确提示用户并经用户许可，反对强制或欺瞒安装，反对无法卸载或恶意删除。坚决反对恶意广告弹出、恶意捆绑、窃取用户信息等恶意软件行为。

9.5.1.2 《自律守则》的实施

广告主、网络广告经营者、网站及其他参与网络广告活动的公司及个人，在广告活动中应自觉遵守《自律守则》的规定。中国广告协会互动网络委员会作为守则的执行机构，负责组织《自律守则》的实施。

中国广告协会互动网络委员会对网络广告纠纷的投诉进行协调处理，并提供广告法律、法规的咨询。委员会会员单位之间发生争议时，应通过协商方式解决、也可以请求委员会进行调解处理。对于涉嫌违反法律、法规和《自律守则》的网络广告，任何机构和个人均有权向委员会投诉和举报。委员会经调查核实后，作出批评、自律劝告、通报等相关处理意见，督促其限期整改；逾期未予整改、情节严重的，委员会将通过新闻媒体向社会披露。

9.5.2　《自律公约》的内容

《自律公约》的内容包括广告应当真实、合法，以健康的表现形式表达广告内容。广告的内容应倡导富强、民主、文明、和谐，倡导自由、平等、公正、法治，倡导爱国、敬业、诚信、友善，符合社会主义核心价值观的要求。

坚决抵制广告对商品或服务进行不真实宣传，对商品或服务的性能、功效、质量等作虚假表述，使用不真实、不准确的数据、资料。坚决抵制盲目追捧、夸大其辞，假借消费者名义进行虚假宣传，误导社会消费的代言广告。坚决抵制内容平庸、粗俗且令大众强烈反感的恶俗广告。坚决抵制违背公序良俗、隐含性暗示、庸俗低级、给大众带来不愉快体验，造成大众审美庸俗低俗化，违反文化和伦理道德标准的情色广告。坚决抵制对某一群体或某类属成员含有偏见或贬低的歧视性广告，包括种族歧视、性别歧视、宗教歧视、文化歧视和社会地位歧视等。坚决抵制过分宣传享乐主义、炫耀攀比、无节制消费、贵族化生活、脱离百姓日常生活实际的炫富广告。坚决抵制宣扬奢靡文化及畸形的送礼文化、集团消费文化，违背崇尚节俭、厉行节约等中华传统美德的礼品消费广告。

9.6　违法广告公告制度

为进一步加大对严重虚假违法广告的曝光力度，充分发挥社会舆论对广告违法者的监督作用，建立广告监管长效机制，国务院有关部门和机构按照《虚假违法广告专项整治工作方案》的要求，依据有关法律、法规制定了虚假违法广告公告制度。

违法广告公告包括：

❶部门联合公告，由国务院有关部门和机构联合发布，或者由国家市场监督管理总局会同有关部门向社会发布。

❷广告监督管理机关公告，由国家市场监督管理总局向社会发布。

❸广告审查机关公告，由广告审查机关向社会发布。

违法广告公告内容包括典型虚假违法广告案例曝光、违法广告提示、违法广告案例点评、涉嫌严重违法广告监测公告等。

违法广告公告应在新闻媒体上广泛刊播。部门联合公告有关宣传报道的内容和口径经整治虚假违法广告部际联席会议确定后,可由新华社播发通稿,或由国家市场监督管理总局向有关新闻媒体提供。媒体刊播违法广告公告相关信息应当及时、全面、客观、准确。对于公告中涉及的违法广告活动主体要如实刊登。国家广播电视总局、宣传部等应对电视台、广播电台、报纸、期刊等大众媒体执行本制度的情况进行监督检查。

9.7 法律责任

违反广告法律、法规的当事人,应该承担相应的民事责任、行政责任和刑事责任。

9.7.1 行政责任与刑事责任

发布虚假广告的,由市场监督管理部门责令停止发布广告,责令广告主在相应范围内消除影响,处广告费用3倍以上5倍以下的罚款,广告费用无法计算或者明显偏低的,处20万元以上100万元以下的罚款;2年内有3次以上违法行为或者有其他严重情节的,处广告费用5倍以上10倍以下的罚款,广告费用无法计算或者明显偏低的,处100万元以上200万元以下的罚款,可以吊销营业执照,并由广告审查机关撤销广告审查批准文件、1年内不受理其广告审查申请。

医疗机构有前述规定违法行为,情节严重的,除由市场监督管理部门依照法律处罚外,卫生行政部门可以吊销诊疗科目或者吊销医疗机构执业许可证。

广告经营者、广告发布者明知或者应知广告虚假仍设计、制作、代理、发布的,由市场监督管理部门没收广告费用,并处广告费用3倍以上5倍以下的罚款,广告费用无法计算或者明显偏低的,处20万元以上100万元以下的罚款;2年内有3次以上违法行为或者有其他严重情节的,处广告费用5倍以上10倍以下的罚款,广告费用无法计算或者明显偏低的,处100万元以上200万元以下的罚款,并可以由有关部门暂停广告发布业务、吊销营业执照。

广告主、广告经营者、广告发布者构成犯罪的,依法追究刑事责任。

有下列行为之一的,由市场监督管理部门责令停止发布广告,对广告主处

20万元以上100万元以下的罚款，情节严重的，可以吊销营业执照，由广告审查机关撤销广告审查批准文件、1年内不受理其广告审查申请；对广告经营者、广告发布者，由市场监督管理部门没收广告费用，处20万元以上100万元以下的罚款，情节严重的，可以吊销营业执照：

❶发布《广告法》第九条、第十条规定的禁止情形的广告的；

❷违反《广告法》第十五条规定发布处方药广告、药品类易制毒化学品广告、戒毒治疗的医疗器械和治疗方法广告的；

❸违反《广告法》第二十条规定，发布声称全部或者部分替代母乳的婴儿乳制品、饮料和其他食品广告的；

❹违反《广告法》第二十二条规定发布烟草广告的；

❺违反《广告法》第三十七条规定，利用广告推销禁止生产、销售的产品或者提供的服务，或者禁止发布广告的商品或者服务的；

❻违反《广告法》第四十条第一款规定，在针对未成年人的大众传播媒介上发布医疗、药品、保健食品、医疗器械、化妆品、酒类、美容广告，以及不利于未成年人身心健康的网络游戏广告的。

有下列行为之一的，由市场监督管理部门责令停止发布广告，责令广告主在相应范围内消除影响，处广告费用1倍以上3倍以下的罚款，广告费用无法计算或者明显偏低的，处10万元以上20万元以下的罚款；情节严重的，处广告费用3倍以上5倍以下的罚款，广告费用无法计算或者明显偏低的，处20万元以上100万元以下的罚款，可以吊销营业执照，并由广告审查机关撤销广告审查批准文件、1年内不受理其广告审查申请：

❶违反《广告法》第十六条规定发布医疗、药品、医疗器械广告的；

❷违反《广告法》第十七条规定，在广告中涉及疾病治疗功能，以及使用医疗用语或者易使推销的商品与药品、医疗器械相混淆的用语的；

❸违反《广告法》第十八条规定发布保健食品广告的；

❹违反《广告法》第二十一条规定发布农药、兽药、饲料和饲料添加剂广告的；

❺违反《广告法》第二十三条规定发布酒类广告的；

❻违反《广告法》第二十四条规定发布教育、培训广告的；

❼违反《广告法》第二十五条规定发布招商等有投资回报预期的商品或者服务广告的；

❽违反《广告法》第二十六条规定发布房地产广告的；

❾违反《广告法》第二十七条规定发布农作物种子、林木种子、草种子、种畜禽、水产苗种和种养殖广告的；

⑩违反《广告法》第三十八条第二款规定，利用不满10周岁的未成年人作为广告代言人的；

⑪违反《广告法》第三十八条第三款规定，利用自然人、法人或者其他组织作为广告代言人的；

⑫违反《广告法》第三十九条规定，在中小学校、幼儿园内或者利用与中小学生、幼儿有关的物品发布广告的；

⑬违反《广告法》第四十条第二款规定，发布针对不满14周岁的未成年人的商品或者服务的广告的；

⑭违反《广告法》第四十六条规定，未经审查发布广告的。

广告不具有可识别性的，或者违法变相发布医疗、药品、医疗器械、保健食品广告的，由市场监督管理部门责令改正，对广告发布者处10万元以下的罚款。

广告代言人有下列情形之一的，由市场监督管理部门没收违法所得，并处违法所得1倍以上2倍以下的罚款：

❶违反《广告法》第十六条第一款第四项规定，在医疗、药品、医疗器械广告中作推荐、证明的；

❷违反《广告法》第十八条第一款第五项规定，在保健食品广告中作推荐、证明的；

❸违反《广告法》第三十八条第一款规定，为其未使用过的商品或者未接受过的服务作推荐、证明的；

❹明知或者应知广告虚假仍在广告中对商品、服务作推荐、证明的。

违反《广告法》第四十四条第二款规定，利用互联网发布广告，未显著标明关闭标志、确保一键关闭的，由市场监督管理部门责令其改正，对广告主处5 000元以上3万元以下的罚款。

违反《广告法》第四十五条规定，公共场所的管理者和电信业务经营者、互联网信息服务提供者，明知或者应知广告活动违法不予制止的，由市场监督管理部门没收违法所得。违法所得5万元以上的，并处违法所得1倍以上3倍以下的罚款；违法所得不足5万元的，并处1万元以上5万元以下的罚款；情节严重的，由有关部门依法停止相关业务。

违反《广告法》规定，隐瞒真实情况或者提供虚假材料申请广告审查的，广告审查机关不予受理或者不予批准，予以警告，1年内不受理该申请人的广告审查申请；以欺骗、贿赂等不正当手段取得广告审查批准的，广告审查机关予以撤销，处10万元以上20万元以下的罚款，3年内不受理该申请人的广告审查申请。

因发布虚假广告，或者有其他法律规定的违法行为，被吊销营业执照的公司、企业的法定代表人，对违法行为负有个人责任的，自该公司、企业被吊销营业执照之日起3年内不得担任公司、企业的董事、监事、高级管理人员。

违反《广告法》规定，拒绝、阻挠市场监督管理部门监督检查，或者有其他构成违反治安管理行为的，依法给予治安管理处罚；构成犯罪的，依法追究刑事责任。广告审查机关对违法的广告内容作出审查批准决定的，对负有责任的主管人员和直接责任人员，由任免机关或者监察机关依法给予处分；构成犯罪的，依法追究刑事责任。市场监督管理部门对在履行广告监测职责中发现的违法广告行为或者对经投诉、举报的违法广告行为，不依法予以查处的，对负有责任的主管人员和直接责任人员，依法给予处分。市场监督管理部门和负责广告管理相关工作的有关部门的工作人员玩忽职守、滥用职权、徇私舞弊的，依法给予处分。

违反《广告法》规定，伪造、变造或者转让广告审查批准文件的，由市场监督管理部门没收违法所得，并处1万元以上10万元以下的罚款。有法律规定的违法行为的，由市场监督管理部门记入信用档案，并依照有关法律、行政法规的规定予以公示。

9.7.2　民事责任

违反《广告法》规定，发布虚假广告，欺骗、误导消费者，使购买商品或者接受服务的消费者的合法权益受到损害的，由广告主依法承担民事责任。广告经营者、广告发布者不能提供广告主的真实名称、地址和有效联系方式的，消费者可以要求广告经营者、广告发布者先行赔偿。

关系消费者生命健康的商品或者服务的虚假广告，造成消费者损害的，其广告经营者、广告发布者、广告代言人应当与广告主承担连带责任。

前述规定以外的商品或者服务的虚假广告，造成消费者损害的，其广告经营者、广告发布者、广告代言人，明知或者应知广告虚假仍设计、制作、代理、发布或者做推荐、证明的，应当与广告主承担连带责任。

广告主、广告经营者、广告发布者违反《广告法》规定，有下列侵权行为之一的，依法承担民事责任：

❶在广告中损害未成年人或者残疾人的身心健康的；

❷假冒他人专利的；

❸贬低其他生产经营者的商品、服务的；

❹在广告中未经同意使用他人名义或者形象的；

❺其他侵犯他人合法民事权益的。

网络广告理论前沿（九）
《广告法》严厉打击虚假夸张宣传问题

2020年12月7日，中央政治局第二十五次集体学习时再次对知识产权保护工作提出重要要求，国家对著作权、商标、知识产权的保护越来越重视。2021年4月29日修正的《广告法》加大了对虚假广告的打击力度，重点打击广告中的虚假夸张宣传问题。《广告法》总结实践经验，以定义加列举的形式对虚假广告的具体情形进行了界定，同时进一步明确责任主体、加大惩处力度。党的二十大报告也指出："加强知识产权法治保障，形成支持全面创新的基础制度。"

设计公司、策划团队、广告主在宣传自己产品时注重"吸睛"无可厚非，但广告也讲究导向，看似不起眼的文字描述说不定已经触碰到法律的底线，违反了《广告法》。

《广告法》第九条第三项规定，严禁使用"国家级""最高级""最佳"等用语。《广告法》第五十七条规定，若有本法第九条、第十条规定的禁止情形的广告的，由市场监督管理部门责令停止发布广告，对广告主处20万元以上100万元以下的罚款，情节严重的，并可以吊销营业执照，由广告审查机关撤销广告审查批准文件、1年内不受理其广告审查申请；对广告经营者、广告发布者，由市场监督管理部门没收广告费用，处20万元以上100万元以下的罚款，情节严重的，并可以吊销营业执照。

资料来源　苏州市市场监管局. 严查！这里公布2021年第一批违法广告典型案例[EB/OL].［2024-03-30］. https://baijiahao.baidu.com/s?id=1701144305435202748&wfr=spider&for=pc.

学思践悟

尽快修改《广告法》第四十四条，根治弹窗广告

打开电脑网页、登录手机客户端，一些扰人的弹窗广告"不约而至"。用户试图关闭时，却发现关闭标志隐蔽难寻，有的还被虚假关闭按钮欺骗，反被诱导至其他广告页面……

扰人弹窗广告如何整治？

《广告法》第四十四条规定："利用互联网发布、发送广告，不得影响用户正常使用网络。在互联网页面以弹出等形式发布的广告，应当显著标明关闭标志，确保一键关闭。"然而，一些弹窗

广告发布者并没做到确保关闭标志"显著",更没做到"一键关闭",严重影响网络用户正常使用网络。应尽快修改《广告法》第四十四条,理顺广大网络用户和网络广告发布者、经营者的权利和义务关系,保障广大用户自主选择是否点击浏览广告的权利。同时,要加强网络广告监管,加大处罚整治力度,除了提高罚款金额,必要时还可以增加信用惩戒和市场准入等方面的处罚手段。

对于平台作为互联网服务提供者的审查审核责任,平台方应对互联网广告发布者、经营者的主体身份、资质、资格,以及广告内容的合法性、真实性履行审核义务,规范发布者行为,并利用过滤、屏蔽等技术手段,增强对弹窗广告的整治效果。

资料来源 田福良. 全国政协委员周世虹:根治弹窗广告,尽快修改广告法44条〔N〕. 人民政协报,2021-03-01.

本章小结

网络广告作为一种新的广告模式,其快速发展对传统广告法律制度提出了新的挑战。为了规范互联网广告活动,保护消费者的合法权益,促进互联网广告业的健康发展,维护公平竞争的市场经济秩序,应加强法律和法规引导、促进和保障广告企业诚信经营、规范运作、公平竞争,大力推进广告监管制度化、规范化、程序化、法治化建设。首先,广告应当真实、合法,以健康的表

现形式表达广告内容,符合社会主义精神文明建设和弘扬中华优秀传统文化的要求。其次,广告主、广告经营者、广告发布者从事广告活动,应当遵守法律、法规,诚实信用,公平竞争。再次,我国应逐步推动广告监督管理体制完善,完善与我国国情相适应的"政府监管、行业自律、社会监督"的广告监管模式,即明确网络广告监管机关管辖权,厘定网络广告监管机关的职责,建立第三方监测机制,加强网络广告行业自律和社会监督管理。最后,对于违反广告法律、法规的当事人,应该承担相应的民事责任、行政责任和刑事责任。

网络广告的法律规制将对违法网络广告行为的打击纳入法治化轨道上来,以法治手段对付违法行为,以强大的国家强制力和公信力保障违法行为的责任承担和法律惩治,维护法律尊严,确

保广告活动对社会经济生活的正面引导。

复习思考题

一、名词解释
网络广告的内容准则　网络广告的行为规范

二、简答题
1. 简述广告主、广告经营者和广告发布者的含义。
2. 简述医疗、药品、医疗器械广告中不得含有的内容。
3. 简述保健食品广告中不得含有的内容。
4. 简述网络广告活动中禁止的行为。
5. 简述《中国互动网络广告行业自律守则》的主要内容。
6. 简述市场监督管理部门在查处违法广告时可以行使的职权。

三、案例分析题
2022年11月14日，江苏省苏州市工业园区市场监管局广告监测发现，苏州同舟电子商务有限公司在某电商平台销售产品时宣传"支持心脏健康""守护血糖健康""肺动能片"等内容，涉嫌发布虚假广告。经查，当事人销售的是普通商品，未能提供上述宣传的相应依据。调查还发现，2018年4月至2019年12月，当事人在某电商平台通过跨境电商方式销售女性子宫卵巢养护精华、辅酶Q10、HVP水解蛋白铬螯合物、肺健康、褪黑素、精氨酸、白藜芦醇等7款商品，相关食品均未在国内进行保健食品注册或者备案，是普通商品，当事人却宣称其有改善睡眠、缓解体力疲劳等作用，并突出宣传"提升'精'力""'精'力旺盛"等。同时，当事人对宣称的"调整月经、远离心悸、调整血糖、清理肺片、美白、全网累计销售50万+瓶"等内容，也无法提供相关证明材料。

资料来源　中国新闻网. 市场监管总局发布2023年"铁拳"行动十大典型案例 [EB/OL]. (2024-04-08) [2024-04-20]. http://m.chinanews.com/wap/detail/zw/cj/2024/04-08/10194795.shtml.

讨论：
1. 请分析以上广告中的违法之处。
2. 保健品广告应遵守哪些法律规定？

主要参考文献

［1］窦文宇. 内容营销：数字营销新时代［M］. 北京：北京大学出版社，2021.

［2］科特勒，阿姆斯特朗. 市场营销——原理与实践［M］. 楼尊，译. 17版. 北京：中国人民大学出版社，2020.

［3］刘光磊. 网络广告学［M］. 哈尔滨：东北林业大学出版社，2016.

［4］朱海松. 移动互联网时代国际4A广告顶级文案创意思维［M］. 北京：人民邮电出版社，2015.

［5］杨坚争，杨立钒，周杨. 网络广告学［M］. 3版. 北京：电子工业出版社，2011.

［6］麦奎尔. 受众分析［M］. 刘燕南，李颖，杨振荣，译. 北京：中国人民大学出版社，2004.

［7］查紫怡. 社区性媒介平台的信息流广告效果研究——以小红书为例［J］. 新媒体研究，2022，8（17）：52-56.

［8］周灏，徐嘉敏. "小红书"APP社区电商的商业模式研究［J］. 投资与创业，2021，32（4）：127-130.

［9］董旭. 浅析网络语言在广告传播中的运用与规范［J］. 科技风，2017（8）：291.

［10］高灵萱. Instagram运营模式的成功之道及其借鉴意义［J］. 今传媒，2017，25（5）：93-95.

［11］张笑. 从受众心理看主动分享型广告的创意策略［J］. 青年记者，2016（33）：91-92.

［12］魏然. 互联网语境下的国际广告前沿理论综述：解析网络媒体对国际广告全球化和本土化的双重影响［J］. 新闻大学，2016（2）：69-75；149-150.

［13］张薇. O2O模式在移动电子商务时代的应用与发展［J］. 商业经济研究，2015（35）：66-68.

［14］刘妍妍. 女性消费心理与企业营销策略［J］. 赤峰学院学报（自然科

学版），2015，31（10）：55-58.

　　［15］刘颖. 浅析屈臣氏自有品牌的成功及对我国零售商的启示［J］. 中小企业管理与科技，2015（6）：16-17.

　　［16］万君，秦宇，赵宏霞. 消费者对网络视频关联广告的躲避行为研究——基于逆反心理视角［J］. 财经论丛，2015（2）：84-90.

　　［17］李文明，吕福玉. 女性经济的发展趋势与应对策略［J］. 云南民族大学学报（哲学社会科学版），2015（1）：66-74.

　　［18］吴东英. 全球化与品牌传播的多元文化整合——以汽车品牌广告诉求设计为例［J］. 西安交通大学学报（社会科学版），2014，34（3）：57-62.

　　［19］袁红，崔延. 消费者社会化分享行为及其信息搜寻有效性研究［J］. 情报杂志，2014（9）：187-193.

　　［20］益普索. "双十一"狂欢的"消费故事"——益普索针对2 000名网购群体"双十一"购物行为&体验以及电商营销效果大调查［J］. 市场研究，2013（12）：9-13.

　　［21］黄璐. 城市女性消费心理及营销对策分析［J］. 北方经济，2013（21）：60-61.

　　［22］许璐. 广告主认可原生广告，凤凰网加速营销创新［J］. 广告大观（综合版），2013（9）：35-36.

　　［23］周修亭，张胜战，张建华. 移动互联网营销的模式与策略［J］. 长春理工大学学报（社会科学版），2012，25（9）：87-88.

　　［24］钟书库，张文琪. 跨文化广告传播中的中国元素［J］. 新闻世界，2010（9）：110-111.

　　［25］王淑娟. AISAS模式下的广告创意新趋势［J］. 新闻界，2010（4）：140-141；136.

　　［26］薛媛. 广告创意设计中的视觉传达策略［J］. 中国广告，2007（10）：144-146.

　　［27］樊葵. 论受众选择机制的有限效力［J］. 杭州师范学院学报（社会科学版），2003，25（2）：60-63.

　　［28］戴烽，刘奇伟. 浅析电视广告受众的选择性心理［J］. 江西师范大学学报（哲学社会科学版），2003，36（4）：77-81.

　　［29］刘婉仪. 抖音原生广告及其传播机制与传播策略研究［D］. 北京：北京外国语大学，2022.